Anni Dyck und Ruth Läufer

Der Acker ist die Welt

Dieses Buch ist »Brücke der Freundschaft e. V.« gewidmet, dem Verein, der seit seiner Gründung uns glaubend, betend und gebend begleitet hat.

Anni Dyck und Ruth Läufer

Der Acker ist die Welt

EDITION WORTSCHATZ

Druck und Bindung des vorliegenden Buches erfolgten in Deutschland

Das verwendete Papier ist FSC-zertifiziert. Als unabhängige, gemeinnützige, nichtstaatliche Organisation hat sich der Forest Stewardship Council *(FSC) die Förderung des verantwortungsvollen und nachhaltigen Umgangs mit den Wäldern der Welt zum Ziel gesetzt*

FSC www.fsc.org
MIX
Papier aus verantwortungsvollen Quellen
FSC® C083411

Die Deutsche Bibliothek verzeichnet diese Publikation in der Deutschen Nationalbibliografie; detaillierte bibliografische Daten sind im Internet über www.d-nb.de abrufbar

Bibelzitate, soweit nicht anders angegeben, wurden der Lutherbibel in der revidierten Fassung von 1984, durchgesehene Ausgabe in neuer Rechtschreibung, entnommen. © 1999 Deutsche Bibelgesellschaft, Stuttgart

Umschlaggestaltung: Jörg Ehlerding, Kirchberg
Umschlagbild: Elena Volkova, Nr. 14394455, www.istockphoto.com
Satz und Herstellung: Edition Wortschatz

Edition Wortschatz Schwarzenfeld
ISBN 978-3-943362-36-7, Bestell-Nummer 588 860

www.edition-wortschatz.de

EDITION WORTSCHATZ

Inhalt

Statt eines Vorworts

Was geschieht mit unserem Leben,
wenn wir es Gottes Führung anvertrauen?
Eigene Pläne mögen durchkreuzt werden,
bessere Pläne kommen ins Blickfeld,
neue Horizonte werden erschlossen ...
Und doch ist es in einem täglichen
Abhängig sein von Gott,
dass Unerwartetes geschieht,
Fruchtbringendes, Vorwärtsweisendes ...

Ruth Läufer

I. Zusammengeführt

1. Abstoßen vom Festland (Ruth)

Das ist sie also, die *Sam Ratulangi*. Majestätisch liegt das große Frachtschiff im Hafen von Genua. Wir drei Schwestern kommen uns klein und unscheinbar vor, als wir den schmalen Schiffssteg hochklettern und gleich darauf versuchen, mich beim Verantwortlichen als Passagier vorzustellen. Es ist Ende Juli 1966.

Es wimmelt von Menschen, das Schiff wird beladen, die Frau des Kapitäns ist an Bord. Auch der erste Offizier hat seine Angehörigen um sich. Aber das Frachtschiff lässt sich Zeit, die Abfahrt wird um zwei Tage verschoben. Wir drei schlafen in meiner Kajüte, tummeln uns aber tagsüber in Genua.

Dann bricht der letzte Morgen an. Das Schiff lichtet die Anker, ich stehe an der Reling, um meinen Schwestern zum Abschied zu winken und, oh Schreck! Neben ihnen steht die Frau des Kapitäns und auch alle anderen, die mit uns so frei aus- und eingegangen waren. In diesem Moment wird mir bewusst: Ich bin die einzige Frau unter der rauen Mannschaft des Frachtschiffs.

Vielleicht hat selbst der Kapitän meine Gefühle erahnt. Bald führt er mich in die größte Kabine im Schiff, die ich für die kommenden Wochen allein bewohnen darf. Als die Schiffsglocke zum Essen ruft, erlebe ich die nächste Überraschung: Es ist für mich am Tisch des Kapitäns und des ersten Steuermanns gedeckt. Wie soll ich mit deren Unterhaltung zurechtkommen? Und das für Wochen? Vermutlich bin ich die Einzige, die – während das große Schiff stolz und ruhig auf Kurs geht – in der Kajüte kniet und Gott anruft, mir in dieser ungewöhnlichen Situation zu helfen.

Bis heute sind unauslöschliche Bilder dieser wochenlangen Seereise in meinem Herzen. Das Mittelmeer, der Suezkanal, das Sinaie-Gebirge, und dann lange Tage, ja Wochen, in denen nur Himmel und Wasser zu sehen waren. Die Tage mit einer ruhigen See wurden seltener. Ich war auf der Kommandobrücke willkommen, durfte durch die Ferngläser sehen, aber ich wurde auch angewiesen, dass Seekrankheit, selbst bei hohem Wellengang, nicht akzeptiert würde. Der Kapitän kommandierte dann:

»Aufs Deck kommen!«
»Nach vorne sehen!«
»Das Gesicht gegen den Fahrtwind halten!«
»Tief durchatmen!«

Und siehe da, die Übelkeit verschwand und auch die Furcht vor den hohen Wellenbergen. Bei Tisch schüttete der Kapitän dann einfach etwas von dem Inhalt seines Wasserglases auf die blütenweiße Tischdecke. Auf diesem Nassflecken hafteten Gläser und Teller auch bei hohem Wellengang. Zwar schwappte die Suppe immer noch vergnügt von einem Tellerrand zum anderen, aber sie wurde mit schwankender Hand geschickt in den Mund befördert. Erst im Nachhinein wurde mit klar, welch hohes Risiko der Kapitän trug. Ohne Arzt und medizinische Hilfe durfte seine einzige Passagierin nicht krank werden.

Dies war schon das zweite Mal, dass ich nach Indonesien aufbrach. Während meiner ersten Ausreise im Oktober 1963 war ich nicht so allein auf dem Schiff gewesen. Drei muntere Ordensschwestern, ein Pater und noch ein oder zwei Zivilpersonen hatten den Passagierbereich bevölkert.

Jetzt schlichen die Stunden langsam dahin. Aber in meiner Kajüte stand ein metallener Tropenkoffer, der Schätze barg, die zu heben ich jetzt Zeit fand. Sie bestanden aus Anschauungsmaterialien für den biblischen Unterricht für Kinder. Während ich nun Bild um Bild aus dem Koffer nahm und mit den schönen Wasserfarben anmalte, die auch mitgekommen waren, wanderten meine Gedanken zurück in die Vergangenheit. Wie war ich an all diese Schätze geraten? Wie war ich überhaupt willig geworden für den Dienst an Kindern im fernen Indonesien?

Mein »Ja« zu einem Dienst für Gott

Der Weg dahin war nicht leicht gewesen. Ich war zwar in einer christlichen Familie in Lahr-Dinglingen aufgewachsen, wo mein Vater als Schriftsetzer arbeitete. Meine Mutter kam aus Württemberg. Wir wuchsen in einer Gemeinschaft auf, die von engen Formen eines falsch verstandenen Christseins geprägt war. Wie meine beiden älteren Schwestern fiel auch ich in der Schule durch die uns vorgeschriebene nicht zeitgemäße Kleidung auf, beispielsweise durch schwarze Strümpfe und strenge Stiefel. Doch schon als Kind war meine liebste Beschäftigung, schöne Kleider zu entwerfen; das wurde später mein Beruf.

Die Lehre als Damenschneiderin lag hinter mir, und nach der Gesellenprüfung ging ich bewusst auf die Meisterprüfung zu. Aber dann ertrug mein Rücken das lange gebeugte Sitzen nicht mehr. Ich musste den Beruf wechseln. Als Verkäuferin legte ich später die Prüfung zur Einzelhandelskauffrau ab, aber auch das brachte nicht die erhoffte Stabilisierung des Rückens. Eines Tages war ich wieder krank, diesmal bei Freunden in der Schweiz. Was sollte ich nur tun? An einem Samstagnachmittag hörte ich die Parschauer Kinder singen:

»Muss ich gehn mit leeren Händen,
muss ich so vor Gott bestehn ...«

Das rüttelte mich auf! Während einer schweren Krankheitszeit als Zehnjährige hatte ich Gott versprochen, ihm zu dienen, wenn er mich gesundmachen würde. Aber später glaubte ich nicht mehr, dass Gott das Versprechen eines Kindes ernst nehmen würde. Nun erinnerte dieses Lied mich daran. Ein wenig mürrisch und verzagt kam es über meine Lippen: »Gott, wenn Du mich so noch haben willst, da bin ich denn!«

Zurück in Deutschland informierte ich mich über Bibelschulen und konnte nur zwei Monate später mit der Ausbildung in der Bibelschule Wiedenest beginnen. Inzwischen war ich 29 Jahre alt. Nach zwei Jahren Bibelschule folgte ein halbjähriges Sprachstudium in England, dann meldete ich mich beim *Weltweiten Einsatz für Christus* (WEC) in London als Missionskandidatin. Dort fiel durch das lebendige Berichten der Missionarin Grace Chang über Indonesien der erste Funke in mein Herz, dass dies das Land meiner Berufung werden könnte.

Mein »Ja« zur Arbeit mit Kindern

Den eigentlichen Ruf zur Arbeit unter Kindern erhielt ich während einer Schulung der KEB (Kinder-Evangelisations-Bewegung). Frau Gerda Rinne konnte uns das Herz warm machen für Kinder und viele praktische Hilfen vermitteln. Dadurch erhielt ich eine solide Grundlage im Blick auf die kommende Arbeit. Ganz einfache Anschauungsmittel wurden mir zum Ruf. Unter anderem waren es drei Kerzen, die erste schon fast abgebrannt, die zweite mittelgroß und die dritte noch fast neu. Das Kind wurde als diese große Kerze gesehen. Mein Herz war tief berührt worden. Ich suchte mir eine stille Ecke im Park des Seeheimgeländes und bekannte vor Gott, dass ich die frühen Kindheitsjahre nie für so wichtig gehalten hatte. Ich wollte einmal mit Teenies und Jugendlichen arbeiten, aber nicht mit Kindern. So war ich vorbereitet auf die Anfrage von der Bibelschule in Batu, Indonesien und konnte auch ein ganzes »ja« finden, als sie mich baten, bei ihnen die Kinderarbeit zu übernehmen. Dafür musste ich mich dann noch in verschiedenen Werken weiterbilden lassen.

Einige Camp-Wochen beim Bibellesebund gaben mir Gelegenheit, Tag und Nacht hautnah mit Kindern zusammen zu sein. Jeden Morgen saßen wir mit einer Gruppe von Kindern um die Bibel. Dabei verwendeten wir die vom Agape-Verlag in der Schweiz herausgegebenen Lektionen. Zum ersten Mal las ich in meinem Lehrerheft den Namen *Anni Dyck* und lernte ihre lebendige Art, biblische Geschichten zu erzählen, schätzen. Bald darauf konnte ich auf der Tannenhöhe im Kinderheim der Aidlinger Schwestern hospitieren. Die wöchentlichen Andachten für Kinder waren so anschaulich und frisch gestaltet, dass ich mir auch von dort Anschauungsmaterial mitnahm.

Meine Aussendung nach Indonesien fand in meiner Heimatgemeinde in Lahr statt. Pastor Dr. Scheunemann hielt die Festpredigt. Ein Satz von ihm traf mich ins Herz: »Wenn du in Deutschland Kinder zum Herrn geführt hast, wirst du es auch in Indonesien tun, wenn nicht – dann wird es auch dort nicht klappen.« Seit dieser Aussendung waren zwei Jahre vergangen. In Batu hatte ich die Möglichkeit gehabt, an der Bibelschule zu unterrichten. Ich hatte die Arbeit der Studenten in den Dörfern besucht und gesehen, dass sie keinen Lehrplan hatten für ihren Dienst an den Kindern. Ja, ich war sogar in die große presbyterianische Kirche in Malang eingeladen worden, um dort Sonntagsschullehrer zu schulen. Aber Kindern zu helfen, Jesus anzunehmen, nein, das hatte ich in meinem ersten Einsatz nicht gekonnt.

Und dann war in diesem gerade zurückliegenden Heimataufenthalt, den ich krankheitshalber so früh antreten musste, etwas geschehen, über das ich nur staunen konnte. Meine Heimatgemeinde hatte eine Gastrednerin eingeladen, um eine Kinderwoche durchzuführen. Weil ich gerade zu Hause war, hatte man mich um Mithilfe gebeten. Ich war frühzeitig gekommen um zu erfahren, was meine Aufgabe sein würde. Und was war sie? Den Kindern bei ihrer Ankunft die Jacken und Mäntel abzunehmen und sie an die Garderobe zu hängen ... Das war ernüchternd.

Die Gastrednerin lud schon am Schluss des ersten Nachmittags die Kinder ein: »Wer Jesus annehmen will, darf noch hierbleiben.« Eine ganze Reihe Kinder blieben sitzen. Während ich noch an der Garderobe beschäftigt war, kam die Leiterin eilig vorbei und fragte: »Könntest du uns nicht helfen?« Sie wies mir zwei Mädchen zu, mit denen ich beten sollte. Beide nahmen Jesus an, die Ältere an diesem ersten Tag und ihre jüngere Schwester tags darauf. Das geschah genau an dem Ort, an dem Pastor Scheunemann die betreffenden Worte bei meiner ersten Aussendung gesagt hatte. Gott hatte meinen Mangel gesehen und mich noch einmal ein Praktikum bei der KEB machen lassen. Zusammen mit Frau Irmtraud Friedrich war ich zu Kinderstunden in Parks und auf Spielplätzen unterwegs gewesen. Ihre liebevolle Zuwendung zu den Kindern lehrte mich, mit Kindern kindgemäß zu sprechen und ihnen zu helfen, sich in persönlichem Gebet an Jesus zu wenden. In der KEB-Zentrale gab es dazu noch viel Anschauungsmaterial, das ich frei kopieren durfte, und das jetzt Stück für Stück aus dem Aluminiumkoffer kam.

Trotz dieser positiven Erfahrung plagten mich nun, wo wir den Inseln Indonesiens immer näherkamen, auch

Gedanken an manche Niederlagen in meinen ersten beiden Jahren in Batu. Dem hoffnungsvollen Anfang waren Zeiten des Kämpfens gefolgt. Ich hatte Malariaschübe bekommen und eine Muskelschwäche davongetragen, und manches in der Kultur war fremd und unverständlich geblieben. Würde ich jetzt bei meinem zweiten Term besser bestehen können? Ein Traum, den ich auf dem Schiff hatte, spiegelte meine innere Unruhe wieder. Ich mühte mich unsäglich ab, mit einigen verschlungenen Seilen zurechtzukommen, an ihnen zu ziehen und sie zu entwirren, aber erfolglos. Und dann waren plötzlich zwei leise Worte da – »Ja, Vater« – durch die ich mein Mühen loslassen konnte und frei wurde. So kurz, so bündig war Gottes Antwort auf meine Furcht vor dem Neuen: »Ja Vater«. Ich sollte frei werden!

Neuer Anfang in Batu

Das kleine Haus hinter dem Mädchenwohnheim, in das ich im ersten Einsatz eingezogen war, wartete schon auf mich. Eine amerikanische Mitarbeiterin hatte es bis zu meiner Rückkehr bewohnt. Jetzt plante sie weiterzuziehen. Sie erzählte mir, dass sie fast das ganze Jahr krank gewesen sei. Das berührte mich eigenartig. Was war wohl der Grund gewesen? Aber dann wandte ich mich ganz meinen beiden Mitarbeiterinnen zu. Ninik und Sesanti freuten sich sehr, dass wir nun wieder gemeinsam an die Arbeit gehen konnten. Der Unterrichtsplan für das neue Semester stand an. Uns wurde viel Zeit eingeräumt, sodass wir für alle fünf Klassen planen konnten: von der Einführung in die Kinderarbeit in der ersten Klasse über die praktische Durchführung und Auswertung ihrer Dorfeinsätze in Klasse zwei und drei, und nach dem Praktikumsjahr die Ausbildung in der fünften Klasse, damit sie später selbst in den Gemeinden Sonntagsschulhelferkurse durchführen konnten. Dazu war uns die Einteilung aller 75 Studenten der Bibelschule für die Wochenendeinsätze anvertraut. Die »Stimme der Sonntagsschule«, *Suara Sekolah Minggu* genannt, eine monatliche Zeitschrift für alle Ehemaligen und Interessierten in den Gemeinden, sollte herausgegeben werden. Zudem musste die Weihnachtsfeier für die Kinder geplant und vorbereitet werden. Ein volles Programm!

Wie groß war meine Enttäuschung, als nur zwei Wochen später die bekannten Symptome wiederauftauchten. Die starken Schmerzen, die Schüttelfröste und das zeitweise Versagen der Beine waren vor meinem Heimaturlaub als eine Störung im Muskelsystem diagnostiziert worden als Folge der vorhergegangenen Malaria. Die gleichen Symptome wurden jetzt durch eine starke Bronchitis ausgelöst. Schon wieder brannte ich nur noch auf Sparflamme.

Aber Ninik und Sesanti waren während meiner Abwesenheit gereift und mutig geworden. Sesanti hatte in den Dörfern einfache Mitarbeiter geschult, sodass die Studenten jeweils einen Helfer in ihrem Dorf zur Seite hatten. Sie hatten auch Einladungen zu Schulungen außerhalb Batus angenommen und durchgeführt; und als es mir wieder besser ging, standen wir fest zusammen. Die Weihnachtsfeier wurde nach viel vorhergehendem Kampf ein voller Erfolg. Etwa 400 Kinder aus vielen umliegenden Dörfern drängten sich in der Aula der Bibelschule. Der Höhepunkt der Feier war – nach der Weihnachtsgeschichte – der Aufruf an die Kinder, Jesus in ihr Herz einzuladen. Viele Kinder kamen diesem Aufruf nach.

Nach Weihnachten bot uns der Leiter der Bibelschule, Herr Detmar Scheunemann, an, ein eigenes Department innerhalb der Bibelschule zu gründen. Von da ab durften wir unsere eigenen Sitzungen halten und die Arbeit planen, ohne von der Schulbehörde eine Erlaubnis einholen zu müssen. So war bald ein Ostercamp für die vielen Mädchen geplant, die an Weihnachten Jesus angenommen hatten. 125 Mädchen nahmen an diesem ersten Ostercamp teil. Pfingsten wurde für die Jungen freigehalten und – was fast unmöglich schien – auch 70 Jungen ließen sich einladen.

Gottes Geist scheidet und erneuert

Es war Mitte März 1967, und ich war wieder krank. Da hörte jemand die Nachbarn vom Haus gegenüber sagen: »Die Christen sind auch nicht besser dran als wir. Wir konnten nicht in diesem Haus wohnen, weil wir krank wurden, und nun ist auch immer jemand von ihnen in diesem Haus krank.« Das machte mich hellhörig! Hatte meine Krankheit vielleicht auch etwas mit Angriffen des Feindes zu tun? Stimmte es wirklich, was ich eines Tages gesehen hatte und nicht einordnen konnte: Ein dunkler Geist war durch die Wohnung geschwebt. Ich bat die Leiter der Bibelschule mit mir zu beten. Tags darauf konnte ich aufstehen. Meine Beine trugen mich wieder.

Mutmachend war ein Erlebnis Anfang Mai des gleichen Jahres. Eine Gruppe aus Holland war zu Besuch, eine auffallend fröhliche Gruppe, die bei mir frühstückte. Ich erlebte danach einen guten Tag, ohne Druck, Kampf oder Anfechtung. Gab es das wirklich, dass man so froh und leicht leben konnte? Eines Tages verriet uns Bruder Andrew – einer der Gäste, damals noch wenig bekannt – dass er oft bete, dass Menschen einen Geschmack von Freiheit erleben, so dass sie hungrig werden nach mehr. Das war mir also an jenem Morgen zuteilgeworden, ein Geschmack von Freiheit die ich so nicht kannte.

Die Nachmittage und Abende bestritt Corrie ten Boom mit Vorträgen für die Studenten und uns Mitarbeiter. Ihr Lieblingsthema war ja: »Im Licht wandeln«, ehrlich und authentisch vor Gott und mit dem Nächsten leben. Das machte sie auch uns lieb. Leider musste Corrie wegen einer beginnenden Hepatitis weitere Reisepläne absagen und schnell nach Holland zurückkehren. Als ich sie eines Abends am Arm nahm und in ihr Zimmer brachte, konnte ich mich ihr kurz anvertrauen. »Corrie, das alles mag für Europa gut sein, aber wir hier sind eine Gemeinschaft mit so vielen verschiedenen Kulturen. So im Licht zu wandeln ist bei uns nicht möglich.« Corrie blieb stehen, sah mir tief in die Augen und sagte ruhig: »Das gilt aber für alle!«

Der Besuch war abgereist, doch ihre Gebete begleiteten uns weiter. Sicher hatten auch unsere Besucher gespürt, wie äußerst gespannt derzeit die politische Lage war. Der erste Präsident Indonesiens versuchte in seinem Land, das vom Volksglauben und Islam geprägt war, kommunistische Ideen einzubringen. Die Bevölkerung war aufgewühlt und diskutierte diese Gedanken selbst in den Dörfern Javas, in deren Mitte wir lebten. In diese Spannungen wurden auch unsere Bibelschulstudenten während ihrer Wochenenddienste in den umliegenden Dörfern hineingezogen. Das äußerte sich bald in ihrem Verhalten nach den morgendlichen Andachten. Einige waren gleichgültig geworden, andere spotteten darüber, wie ein Bibeltext gerade ausgelegt worden war. Sarjito, ein Student der fünften Klasse, litt so sehr unter dem, was er hörte und miterlebte, dass er sich dem Lehrerkollegium gegenüber öffnete. Wir beschlossen, nach der Tagesarbeit gemeinsam den Herrn zu suchen. Es ging gar nicht lange, bis wir merkten: Gott suchte uns. Wir brachten zwischen den allabendlichen Gebetsstunden Unstimmigkeiten unter uns in Ordnung, und danach konnten wir einmütiger zum Herrn rufen, uns seinen Weg zu zeigen.

Am Ende dieser intensiven Woche waren wir in der Nacht vom Sonntag auf den Montag bis um zwei Uhr morgens beisammen gewesen. Dieser Montag war Gebetstag. Wir hatten beschlossen, den Studenten mitzuteilen, was Gott unter uns getan hatte. Der Bibelschulleiter stand auf und bezeugte vor uns allen, wie er sich vor seinen Geschwistern im Lehrerkollegium gedemütigt und Unstimmigkeiten in Ordnung gebracht hatte. Nach ihm stand einer der deutschen Lehrkräfte auf und bekannte das gleiche. Danach wollte er mit Gebet schließen. Aber dieses Gebet fand kaum noch ein Ende. Im Raum war es für kurze Zeit hell geworden – die Gegenwart Gottes war unter uns. Studenten begannen zu weinen, Sünden zu bekennen und Gott um Vergebung anzurufen. Manifestationen des Feindes wurden sichtbar. Ein Reinigungsprozess hatte begonnen, der über Wochen andauern sollte.

Es war die Zeit der schriftlichen und mündlichen Prüfungen vor Semesterabschluss; das bedeutete besonders arbeitsreiche Wochen. Trotzdem kamen wir nicht mehr ohne unsere abendlichen Zusammenkünfte aus, um all das, was unter uns aufgebrochen war, vor Gott auszubreiten. Tagsüber standen wir hilfesuchenden Studenten und Mitarbeitern bei.

In diesem Erwachen legte Gott besonderen Nachdruck auf die ersten Gebote. Er offenbarte sich als ein eifersüchtiger Gott, der die Sünden der Väter an den Kindern heimsucht bis ins dritte und vierte Glied. Aber auch als ein Gott, der vergibt, wenn wir uns um dieser Sünden willen vor ihm demütigen und sie bekennen (3. Mose 26,40). Und das Wunder geschah, Leiter, Lehrer und Studenten, wir alle konnten uns vor Gott und voreinander demütigen. Auch ich erkannte Bindungen in meinem Leben aus vorhergehenden Generationen und eines Abends betete der ganze Lehrkörper und alle Studenten für mich um Befreiung.

Nach diesem tiefen Wirken des Heiligen Geistes unter uns konnten für die Praktikumszeit Teams in manche neuen Gebiete ausgesandt werden. Nord-Sumatra mit seinen vielen Batak-Kirchen fand Beachtung. In Mittel-Sumatra öffneten sich Kirchen und Ambon, Timor, Sumbawa und die besonders vom Okkultismus belastete Insel Sawu wurden angelaufen.

Die Kinder kommen in Scharen

Als Kinder- und Jugenddepartment führten wir in dieser Zeit in Batu unseren ersten zwölftägigen Schulungskurs für Sonntagsschullehrer aus Ost- und Westjava durch. Sesanti und ich waren danach als Gastsprecher auf einem Jugendcamp in Semarang eingeladen und konnten dort 400 Jugendliche erreichen. Von dort ging es zur vierten Jahresversammlung der *Indonesischen Missionsgemeinschaft*, die in diesem Jahr erstmalig in Bandung stattfand. Wieder zurück in Batu war der Besuch eines Pastors von Flores ein besonderer Höhepunkt, denn er lud uns ein, im kommenden Jahr als Team auf seine Insel zu kommen.

Und schon bald stand Weihnachten wieder vor der Tür. Die Zahl der Kinder in den Sonntagsschulen war im Laufe des Jahres zurückgegangen. Zum ersten Mal hatten die verschiedenen muslimischen Gebetsstätten in unserer Umgebung auch die Kinder mit eingebunden. Sie mussten Abend für Abend die arabischen Gebete mit rezitieren, deren Inhalt sie nicht verstanden. Eine dieser dörflichen Gebetsstätten war neben unserem Haus. Uns tat das Herz weh, wenn wir an all die Kinder dachten, die im Dezember zuvor ihr Herz Jesus geöffnet hatten. Wir planten die Feiern nicht mehr im großen Rahmen der Aula, sondern in den Häusern der Christen. In unserem Dorf war dafür das Mädchenwohnheim vorgesehen. Und was geschah? Plötzlich waren sie wieder da, von allen Seiten strömten Erwachsene und Kinder zu unserer Weihnachtsfeier, der Raum reichte nicht mehr aus. Etwa 100 Kinder konnten ins Wohnzimmer von

Familie Volkhard Scheunemann umgeleitet werden. Dichtgedrängt saßen sie auf dem Boden. Sesanti und ich improvisierten ein zweistündiges Programm. Die Kinder konnten noch die Lieder, die sie letztes Jahr gelernt hatten, und sangen sie mit Begeisterung.

Und die Erwachsenen, die mit den Kindern zur Weihnachtsfeier geströmt waren? Wie lange hatte uns bekümmert, dass in unserem Dorf niemand von ihnen auf die Einladung, zu Jesus zu kommen, reagiert hatte. Nun meldeten sich nach der Ansprache von Pak Octavianus gleich vierzig Menschen, die ein neues Leben beginnen wollten. Etwa fünfundzwanzig von ihnen bildeten nach Weihnachten die erste Gemeinde in unserem Dorf. Ich fragte später einmal einen Dorfbewohner: »Was war denn an diesem Weihnachten anders als in anderen Jahren?« Er deutete auf sein Herz und sagte mit Gewissheit: »An diesem Weihnachtsfest haben wir hier verstanden.« Unsere innere Befreiung hatte Auswirkungen nach außen!

Besuch aus der Schweiz

Dass die Besuche in der indonesischen Missionsgemeinschaft nicht abreißen wollten, gehörte für uns schon zum Alltag. Im Mai 1968 besuchte uns Dr. Marthe Ropp aus Tayu. Sie begleitete Anni Dyck, die Verlagsleiterin vom Agape Verlag in Basel. Anni erbat sich von mir zwei Stunden für ein Interview, denn sie war auf den Spuren der Erweckung in Indonesien. Sie hörte mir gespannt zu, als ich ihr erzählte, was Gott in unserer Mitte an Lehrern und Studenten getan und wie sich unser Dienst danach erweitert hatte. Sie war auch sehr interessiert an dem, was bei uns in der Kinderarbeit geschah. Da hatten wir schon etwas vorzuweisen. Ich zeigte Anni Dyck die Hefte, die wir herausgaben, *Suara Sekolah Minggu*. Sic waren im Kopierverfahren hergestellt und einige Zeichnungen waren als Unterrichtshilfen beigefügt. Sie verstand zwar, dass wir mit viel einfacheren Mitteln arbeiten mussten, als ihr in der Schweiz zur Verfügung standen. Aber sie meinte doch: »Ich verstehe, dass Sie kein besseres Papier und keine besseren Druckmöglichkeiten haben, aber könnten diese Hefte nicht wenigstens alle in der gleichen Größe zugeschnitten werden?« So hatten wir also keinen zu großen Eindruck auf die Fachkraft aus der Schweiz gemacht.

Hinaus in die Inselwelt

In der Praktikumszeit im Sommer dieses Jahres war ein Besuch auf der Insel Flores eingeplant. Ein kleines Frachtboot erwartete uns im Hafen von Surabaya. Wir fünf Frauen, zwei Studentinnen aus der fünften, zwei aus der dritten Klasse und ich, richteten uns unter der Leitung eines indonesischen Bruders auf dem Deck ein. Wir hatten Matten mitgebracht, um darauf zu schlafen und genügend Trinkwasser, um bis zum nächsten Hafen durchzukommen. Der Koch fing dann auf hoher See die Fische vom Heck aus. Wer sich bei Seegang um die Mittagszeit noch bei ihm anstellen konnte, bekam Fisch und Reis auf seinen mitgebrachten Aluminiumteller geschöpft.

Die Hauptstadt Ende auf der Insel Flores überraschte uns durch ihre große protestantische Kirche, in der sich 400–500 Personen sonntags zum Gottesdienst trafen. Während der fünf Evangelisationsabende, der zehn Tage der Weiterführung und des vierzehntägigen Sonntagsschullehrgangs wurde uns die geistliche Unwissenheit der Christen dort schmerzlich bewusst. Starke Männer suchten uns auf, um ihr Leben in Ordnung zu bringen, darunter sogar Polizisten.

Überwältigend war die Menge der Kinder, die sich freuten, dass auch für sie etwas lief. Als Abschluss unseres Einsatzes war ein besonderer Nachmittag für sie alle geplant. Dreißig Helfer und Helferinnen waren vorbereitet, aber das war bei weitem nicht genug. Als wir nach einem guten Programm den Kindern sagten: »Wer heute Jesus annehmen möchte, darf sich melden«, strömten etwa 400 Kinder nach vorne. Obwohl bald in der ganzen Kirche größere und kleinere Gruppen saßen und die Helfer ihr Bestes taten, war in mir die unruhige Frage: »Was haben wir falsch gemacht? Haben die Kinder wirklich verstanden, um was es geht?«

Weitere Dienste in Sumbawa, Lombok und auf der Insel Bali schlossen sich an. Es war ein Vorrecht, den Dienst unserer Bibelschüler nun in den Außenbezirken kennenzulernen und sie durch unseren Besuch zu ermutigen und zu stärken. Sie dagegen ließen uns wissen, wie viel ihnen das kleine Blatt bedeutete, das wir herausgaben, in dem für jeden Sonntag eine Lektion für die Kinder abgedruckt war.

Bei der Auswertung dieser reichen Praktikumserfahrungen stand eins fest. Es genügte nicht, dass wir in *Suara Sekolah Minggu* für jede Woche nur eine vorbereitete Lektion brachten. »Wir brauchen Material für drei Altersstufen«, war das Fazit!

Einsgemacht durch das Kreuz

Hoffnung machte, dass das Team sich vergrößerte. 1969 stieß Marcia Grove von Amerika zu uns. Sie hatte ein Herz für die Teenies und Jugendlichen und übernahm auch, sobald es ihr sprachlich möglich war, die Ausarbeitung einer Unterrichtseinheit, die auf diese Altersstufe einging. Sesanti war zurückgekehrt, Absolventen der Bibelschule und ein begabter Zeichner halfen uns, und zwei Schreibkräfte konnten eingestellt werden. Aber trotz allen Bemühens gab es immer wieder Engpässe, wegen denen wir die Endtermine einfach nicht schafften.

Marcia und ich planten ein stilles Wochenende in den Bergen, um den Herrn zu suchen und Weisung von ihm zu empfangen. Aber bald nach Ankunft in einem kleinen Hotel fiel Marcia in tiefe Depression, sodass sie nichts mehr tun oder denken konnte. Hilflos stand ich am Samstagabend unter dem Sternenhimmel. Die Größe Gottes leuchtete in meine kleine Welt. Ich konnte nur stammeln: »Vater, was sollen wir tun?« Am nächsten Morgen fuhren wir zurück ins Batu-Tal. Marcia kam erst aus ihrer Depression heraus, nachdem wir wieder zu Hause waren. Und dann hörte ich wenige Tage später in meinem Herzen ganz unerwartet die leise, aber bekannte Stimme: »Betet um Anni«.

Bevor unser Leiter, Pak Octavianus, in diesem Jahr auf eine Einladung hin nach Deutschland fuhr, konnte ich ihm diese Begebenheit erzählen. Er sah mich an, als wollten wir nach den Sternen greifen. Er versprach dann aber doch, Anni Dyck in Basel auszurichten, dass jemand in Batu für ihr Kommen in die Kinderarbeit in Indonesien betete.

Bald kam auch für mich die Zeit für einen zweiten Heimaturlaub. Im Herbst 1970 traf ich Anni im Missionshaus des WEC in Eppstein an. Seit unserer Begegnung in Batu waren zwei Jahre vergangen. Anni hatte inzwischen klar verstanden, dass Gott sie in eine Mitarbeit in der Gemeinschaft in Batu führen wollte. So begegneten wir uns auf einer neuen Basis. Die Leitung des Missionshauses war mit dem Plan einverstanden, eine Woche zu zweit in London im Zentrum des WEC zu verbringen. Erst in dieser Woche lernten wir uns richtig kennen. Und das geschah nicht in einer »guten Stube«, sondern in einem ungeheizten, nicht sehr sauberen und verspäteten Zug, der uns von Straßburg nach Dover bringen sollte und in dem uns beiden sterbensschlecht wurde. Aber wir hielten uns tapfer. Anni war sogar trotz eigenem Elend noch hilfsbereit.

Viele Begegnungen mit Freunden aus den verschiedensten Ländern machten die Woche in London wertvoll. Aber es gab auch Irritationen. Für Anni war alles im WEC neu. Sie hatte Mühe, die vielen Eindrücke zu verarbeiten und fragte sich noch einmal allen Ernstes, ob sie wirklich *diesem Verein* beitreten wolle. Ich dagegen begann mir Sorgen zu machen. Passten wir überhaupt zusammen? Konnte und würde es gut gehen zwischen uns?

Eines Abends nahmen wir an der Gebetszeit der Kandidaten teil. Unter uns kniete Len Moules, der frühere Internationale Leiter des WEC. Plötzlich, während des gemeinsamen Gebets, veränderte sich meine Sicht. Jesu Gegenwart war spürbar unter uns, ein neues Verstehen des Kreuzes ließ meine Bedenken schwinden, wie der Nebel sich vor der Sonne auflöst. Durch sein Kreuz sind wir eins gemacht in aller Verschiedenheit des Charakters, der Prägung, Ausbildung und des hinter uns liegenden Weges! Ich fand Boden unter den Füßen für eine Zweierschaft, die, wie ich damals noch nicht wusste, für Jahrzehnte Gottes Geschenk an uns werden sollte.

2. Neue Horizonte (Anni)

Ein anziehendes Buch

In unserem Familienbesitz befindet sich ein Foto, aufgenommen 1933, kurz nachdem wir in unser neu gemietetes Haus in Hasserode am Harz eingezogen waren. Auf dem Abhang im hinteren Garten unter einem großen knorrigen Birnbaum ist eine fröhliche Ernte im Gang. Ganz hinten, am Rand des Bildes sitzt ein etwa zweijähriges Mädchen, ganz vertieft in ein Buch: Mutters Bibel. Einige bunte Bilder darin haben es ihr angetan. Dieses kleine Mädchen bin ich. Wäre es nicht lustiger bei den Birnen gewesen? Das Buch muss eine größere Anziehungskraft gehabt haben!

An einem Sonntag im Dezember – die erste rote Kerze brannte am Adventskranz – lagen neben meinem Frühstücksteller und dem Teller meiner älteren Schwester je ein Neues Testament mit Bildern von Schnorr von Carolsfeld. Da war ich etwa neun Jahre alt. Ich erinnere mich lebhaft an jenen Adventsmorgen und die Freude über das unerwartete Geschenk. Von da ab nahmen wir unsere Neuen Testamente stolz mit in den Kindergottesdienst. Aber erst als Vierzehnjährige begann ich regelmäßig in der Bibel zu lesen.

Die Vision: Das will ich tun!

Als ich, zwanzigjährig, meine Ausbildung zur Kindergärtnerin im Fröbelseminar in Stuttgart begann, weitete sich meine Welt. Ich musste mich mit anderen Geistesströmungen auseinandersetzen. Konnte man Kinder nicht auch zu glücklichen Menschen erziehen, ohne Hinführung zu einem bewussten Christsein, in dem es um ein persönliches Verhältnis zu Jesus ging? Viele meiner Mitschülerinnen waren überzeugt, dass im Kindergartenplan wohl Raum sein sollte für eine biblische Geschichte in der Woche, aber sonst sollte man den Kindern ihre Freiheit lassen. Ich lernte, einen Standpunkt zu beziehen und ihn auch in Gesprächen über den Glauben zu vertreten. Es gab so viel Neues zu lernen, Pädagogik und Entwicklungspsychologie, sowie praktische Fächer zu absolvieren, dass diese Fragen am Rand blieben.

Nach dem ersten Studienjahr– es war das Jahr 1953 – fühlte ich mich ferienreif. Deshalb war ich nicht so begeistert über den dicken Umschlag, der mich gleich zu Anfang der Ferien erreichte. Er kam aus Basel, dem Sitz des *Mennonite Central Committee* (MCC), einer amerikanischen Hilfsorganisation, die kurz nach dem Zweiten Weltkrieg nach Europa gekommen war. Ihre Mitarbeiter wollten nicht nur beim materiellen Wiederaufbau helfen, sondern auch geistliche Aufbauarbeit in Deutschland leisten. Aus dem Umschlag quollen Bögen mit Zeichnungen und Bildern und aus dem Amerikanischen übersetzte biblische Geschichten. In dem Begleitbrief stand, dass gegen Ende der Sommerferien eine zehntägige Kinderbibelfreizeit in Heilbronn unter Leitung des MCC geplant sei. Ob ich bereit sei, mitzuarbeiten. Sie hätten erfahren, dass ich zurzeit eine Ausbildung als Kindergärtnerin mache. Nach einigem Zögern sagte ich zu.

Am Heilbronner Hauptbahnhof hielt das MCC-Auto, das mich abholen wollte. Die Straßen der Stadt, durch die wir fuhren, waren durch Luftangriffe während des Krieges besonders schwer getroffen worden und noch nicht voll wiederaufgebaut. Dann hielten wir an einer Schwedenbaracke aus Holz, einer Spende an die Heilbronner Mennonitengemeinde, die ihre Räume während eines Bombenangriffs verloren hatte.

Bald saß ich mit einer mir ganz unbekannten Mannschaft am Mittagstisch: Heilbronner, Amerikanerinnen, und ich als einzige Norddeutsche mitten unter ihnen. Gleich nach dem Mittagessen war ich in einem Wirbel von Vorbereitungen eingebunden; die Freizeit sollte am nächsten Tag beginnen. Zum Schluss gingen wir noch einmal durch die vier Unterrichtsräume. Da standen nicht nur die Stühle und die Tafel bereit. In jedem Raum war durch Bilder an den Wänden und andere Gegenstände angedeutet, um welches Thema es am nächsten Vormittag gehen würde. Jeder Raum sagte auf seine Weise »Willkommen« zu der Altersstufe, die darin unterrichtet werden würde.

Am nächsten Morgen kamen die Kinder gelaufen, als könnten sie es gar nicht erwarten, dass *ihre* Freizeit begänne. Sie kamen auch zu früh, was immer ein gutes Zeichen ist. Neu für mich war die Erfahrung, dass wir nicht in erster Linie Gemeindekinder erreichten, sondern Kinder aus der Nachbarschaft, die zum Teil kaum wussten, wer Jesus war. Sie alle fanden für zwei Wochen ein warmes Zuhause in der Baracke. Jeder war willkommen, jeder hatte sein Buch und klebte seinen Stern auf die Anwesenheitsliste. Zwei Wochen lang waren wir eine große glückliche Familie, die Gottes Wort lernte, darüber sprach und Gottes Willen tun wollte. Für mich war die große Entdeckung während der Kinderbibelwoche, dass das Wort Gottes und unser Alltag untrennbar zusammengehören. Nach dieser Kinderbibelfreizeit wusste ich, was ich in Zukunft tun wollte: Material für Kinderbibelfreizeiten entwickeln, das unserer Kultur angepasst war! Ich wollte junge Menschen ausbilden, auch kirchenfremden Kindern das Wort Gottes so zu sagen, dass sie gelaufen kämen, voller Erwartung!

Zurüstung in den USA

Meine Verbindung zum *Mennonite Central Committee* baute mir die Brücke zu meiner ersten Stelle, die ich als frisch examinierte Kindergärtnerin antrat. In dem Kinderheim in Bad Dürkheim, das das MCC für Großstadtkinder eingerichtet hatte, die aus ihren ausgebombten Städten zu einer Kur an die frische Luft kommen sollten, betreute ich anderthalb Jahre die Gruppe der Kindergartenkinder. Dann spannte sich die Brücke weiter über den Atlantischen Ozean zu einem zweijährigen Studium in den USA. Mein Staatsexamen als Kindergärtnerin gab mir die Studienberechtigung am Goshen College, Indiana. Im Herbst 1954 begann ich mein Studium als *special student*: Ich konnte die Fächer belegen, die mich in meinem Berufsziel förderten, ohne einen akademischen Abschluss anzustreben.

Im Goshen College ging ein heller Stern über meinem Leben auf, der *Christian Education* hieß. Ich belegte Fächer bei Dr. Mary Royer, die einen der Kinderbibelkurse geschrieben hatte, die wir in Heilbronn unterrichtet hatten. Nun durfte ich das, was ich in Heilbronn in der Praxis gesehen hatte, von Grund auf studieren. Diesen Weg, Kinder in ihrer ganzen Existenz mit dem Wort Gottes zu erreichen, wollte ich in Deutschland weiterverfolgen. Es war mein Ziel, nicht nur zu übersetzen, sondern neu zu gestalten, Material in meiner Kultur zu schaffen, nach biblischen, christlich-pädagogischen Prinzipien.

In meinem Studienjahr im Goshen College kam ich zu den Quellen all dessen, was ich für die nächsten fünfzig Jahre meines Einsatzes für Kinder brauchte. In dem sich anschließenden Studienjahr im Bethel College, Kansas, konzentrierte ich mich mehr auf christliche Literatur und Psychologie. Ohne Studienabschluss, aber mit gutem Handwerkzeug kehrte ich im Herbst 1956 nach Deutschland zurück und begann meine Mitarbeit im Agape-Verlag in Basel.

Kinder und Bücher: Agape Verlag, Basel

Basel war kurz nach dem Krieg als idealer Standort des MCC im Drei-Länder-Eck gewählt worden. In der neutralen Schweiz war es möglich, französische, deutsche, holländische und Schweizer Mennoniten nach den jahrelangen Spannungen des Krieges zusammenzubringen. Der Agape-Verlag war in einer vornehmen Villa auf dem Bruderholz untergebracht. Dieses dreistöckige Haus war ursprünglich erworben worden, um darin die neu ins Leben gerufene Europäische Mennonitische Bibelschule unterzubringen. Aber sie war so schnell gewachsen, dass sie sich nach einem neuen Areal umsehen mussten. So hatte der Agape-Verlag alle Räume zur Verfügung. Allerdings war das Haus zu groß für uns. Deshalb vermieteten wir immer einige Räume. Wir waren eine große internationale Familie. Die Verlagsmitarbeiter kamen aus der Schweiz, aus Frankreich, aus den USA, Kanada und Deutschland. Unsere Untermieter, oft Studierende, die ihren Doktor in der theologischen Fakultät der Universität Basel machten, kamen aus den USA, Japan, Norwegen, Indonesien, Deutschland und der Schweiz. In diesem Haus verbrachte ich die nächsten vierzehn Jahre.

Die Aufgabe unseres Verlages war eine zweifache. Es galt, die Agape-Serie zu entwickeln, in deutscher und französischer Sprache. Sie bestand mit der Zeit aus zehn zehntägigen Bibelkursen für Kinder im Alter von fünf bis vierzehn Jahren. Jeder Kurs bot außer dem Handbuch für den Leiter ein Arbeitsheft für die Kinder an.

Die zweite Aufgabe bestand darin, dieses Material in den Gemeinden in der Schweiz, in Deutschland und in Frankreich bekanntzumachen und Helfer zu schulen. Denn solche Kinderfreizeiten waren in den fünfziger und beginnenden sechziger Jahren noch unbekannt. Jugendarbeit ja, aber Kinder? Genügten Religionsunterricht und Kindergottesdienst nicht? Warum ließ man die Kinder nicht einfach ihre Sommerferien genießen?

Nun arbeitete ich also in einem Verlag und in einem Team mit, in dem ich die Vision, die Gott mir in Heilbronn gegeben hatte, verwirklichen durfte. Es war die Arbeit mit Kindern und Büchern in fruchtbarem Rhythmus, der das Material davor bewahrte, theoretisch zu werden. Von September bis Juni schrieben und druckten wir die Bücher, die in dem betreffenden Jahr unterrichtet werden würden. In den Monaten Juli und August waren wir dann »im Außendienst« unterwegs.

Indonesien rückt ins Blickfeld

Im Juli 1967 nahm ich an der achten Mennonitischen Weltkonferenz teil, die in Amsterdam unter dem Thema *Das Zeugnis des Heiligen Geistes* stattfand. Dort traf ich auch Vertreter der indonesischen Gemeinden. Am Freitagmorgen erschien in der täglichen Ausgabe der Konferenznachrichten eine kleine Notiz, dass am Abend Pfarrer Djojodihardjo aus Pati, Mitteljava, über die Erweckungsbewegung in den dortigen Mennonitengemeinden berichten würde. Pastor Djojodihardjo erzählte uns an jenem Abend, wie Gottes Heiliger Geist sein Leben erneuert hatte und wie er nun auch Erneuerung in den Gemeinden wirke. Ich hörte gebannt zu. Der Heilige Geist ist ein Geist der Hoffnung. An jenem Freitagabend wurde die Hoffnung auf Erneuerung in mir geboren für die Welt, in der ich aktiv werden wollte.

Ein weiterer Vertreter aus Indonesien, Albert Widjaya, sah sich an unserem Bücherstand das Material zur biblischen Unterweisung der Kinder an. »Wir brauchen solches Material«, sagte er und lud mich ein, nach Java zu kommen und den Mennonitengemeinden bei der Schaffung solchen Materials zu helfen. Im darauffolgenden Jahr 1968 erbat ich mir zwei Monate unbezahlten Urlaub. Ich wollte die indonesischen Gemeinden in Java kennenlernen.

Ob denn bei ihnen in den Schulferien auch Kinderbibelwochen durchgeführt würden, fragte ich Gemeindevertreter in Jakarta und Semarang. »Noch nicht!« Viele Kinder seien in den langen Sommerferien besonders in den großen Städten einfach auf den Straßen und hätten nicht viel Sinnvolles zu tun. Als ich in javanischen Dörfern die gleiche Frage stellte, war die Antwort: »Nein! Kein Kind kann zehn Tage lang an einer Kinderbibelfreizeit teilnehmen. Die Eltern könnten ihm höchstens Reis für fünf Tage mitgeben.«

Ein Höhepunkt meines Indonesienaufenthalts war der Besuch in Batu in den Bergen Ostjavas, wo Detmar Scheunemann, ein Missionar des WEC (Weltweiter Einsatz für Christus) 1957 eine Bibelschule ins Leben gerufen hatte. Die Missionsgemeinschaft hatte im Jahr zuvor eine Erweckung erlebt, und ich hörte Zeugnisse, die mir halfen, Gottes Weg in jenen für Indonesien so entscheidenden Jahren zu verstehen. In Batu lernte ich auch Ruth Läufer kennen, die zusammen mit indonesischen Mitarbeiterinnen Sonntagsschulmaterial herausbrachte. Es wurde auf einfache Art vervielfältigt und dann durch die Bibelschüler im weiten Inselreich verbreitet. Da auf allen Inseln neben den Stammessprachen Indonesisch eingeführt worden war, fand das Material eine sehr weite Verbreitung. *Suara Sekolah Minggu* (Stimme der Sonntagsschule) war in vielen Gemeinden bekannt. Ich ahnte, wie viel Mühe und Hingabe in dieser Arbeit steckten, die meiner Tätigkeit in Basel ja verwandt war.

»Komm wieder, wir haben viel Arbeit für dich«, sagte Albert Widjaja, der chinesische Bruder, der mich in Amsterdam eingeladen hatte, beim Abschied zu mir. Es war nicht schwer, ihm zu glauben. Noch nie hatte ich so viele Kinder auf einmal gesehen. Im Gegensatz zu Deutschland und der

Schweiz hatten die meisten von ihnen noch nie von Jesus gehört.

Und ich kam wieder… drei Jahre später, im Juli 1971, aber nicht als Mitarbeiterin für Kinderarbeit in den chinesischen Mennonitengemeinden Mitteljavas. Gott hatte sehr klar einen anderen Weg geführt. Ich hatte den Kandidatenkurs des WEC im Taunus besucht und ging als Mitglied dieser Mission nach Batu.

II. Unser Auftrag im Inselreich Indonesien

3. Weitergehen zu zweit

Zu Hause in *Tekoa*

Ich sitze im Garten hinter unserem Haus unter einem Bananenbaum, mein Sprachbuch auf dem Schoß. Durch den engen Gang zwischen Haus und Gartenmauer ist eine kleine Nachbarin von der Hütte nebenan geschlüpft. Sie setzt sich nicht weit von mir ins Gras und sieht mich interessiert an. Dann beginnt die Fünfjährige die Unterhaltung.

»Ibu sudah mandi?« (Hast du schon dein Gussbad gehabt?)

»Sudah«, sage ich zustimmend, froh, dass ich die Kleine verstanden habe.

»Waktu mandi pakai sabun?«, fährt sie fort. (Hast du dazu Seife genommen?)

»Pakai«, ist meine zustimmende Antwort.

»Sabun Ibu warna apa?« (Was für eine Farbe hat deine Seife gehabt?)

»Sabun saya warna biru.« (Meine Seife war blau), sage ich und freue mich, dass mir die Farbe auf Indonesisch einfällt. Dann frage ich zurück:

»Sabun adik warna apa?«

»Kuning« (Gelb), kommt die prompte Antwort. Damit weiß meine kleine Nachbarin alles, was sie wissen wollte. Oder hatte sie nur neugierig einen ersten Kontakt gesucht? Sie steht auf, verabschiedet sich höflich: »Selamat tinggal,

Ibu!« (Bleibe im Frieden) und schlüpft durch den engen Gang zurück, so leise, wie sie gekommen war.

Meine erste Unterhaltung auf Indonesisch! Ermutigt blieb ich zurück. Ich hatte das Kind und das Kind hatte mich verstanden. Dann stand auch ich auf, um das Lernen durch einen kleinen Rundgang durch unser Gelände zu unterbrechen.

Wir waren seit dem Tag vor meiner Ankunft glückliche Hausbesitzer! Unser Grundstück hatte zur Straßenseite hin eine 40 m lange und 2 m hohe Steinmauer. Auf der gegenüberliegenden Seite grenzte es an ein kleines Haus aus geflochtenen und getünchten Bambuswänden, daneben ragte das zweistöckige Mädchenwohnheim des Bibelinstituts auf. Unser geräumiger Hof wies einige Blumenbeete auf. Im hinteren Garten planten wir einen Rasenplatz anzulegen.

Unser Wohnhaus war ein weißgetünchtes Steinhaus. Von der Haustür aus kam man in einen weiten Raum, drei Schritte breit und zwölf Schritte lang, mit gewachstem grauen Steinboden und weiß gekalkten Wänden. Links lagen drei Schlafzimmer. Wenn man zur hinteren Tür hinausging, kam man durch einen überdeckten Gang – der Regenzeit wegen – zum lang gestreckten Nebengebäude. Dort befand sich eine Abstellkammer für das Kindermaterial, die bald mein »Privatbüro« wurde, in dem ich ungestört schreiben konnte. Dann kam eine Küche, eine weitere Abstellkammer und das »Bad«, das eine Besucherin aus Deutschland einmal als »Waschloch« bezeichnete. Aus einem großen Wasserbehälter konnte man mit Hilfe eines Schöpfers ein erfrischendes Gussbad nehmen – sehr angenehm in den Tropen!

Am 30. Juli 1971 hatten Ruth Läufer, Gerlinde und Gisela Scheunemann mit drei ihrer Kinder als Vertreter der Missionsgemeinschaft mich am Flughafen in Surabaya abgeholt.

Ruth war am Tag zuvor in dieses Haus eingezogen, in dem wir nun zu zweit wohnen würden.

Alle Häuser der Mitarbeiter in Batu trugen Namen, die entweder einen biblischen Ort bezeichneten oder einen christlichen Begriff wie *Sukacita* (Freude), *Pengharapan* (Hoffnung) oder *Rahmat Jubilate* (Jubelnde Gnade). Unser Haus nannten wir *Tekoa* nach 2. Chronik 20: Josafats Sieg über die Ammoniter und Moabiter. Auch wir würden in Kämpfe kommen, auch uns würde der Feind nicht unangefochten lassen; denn wir brachen mit der Verkündigung des Wortes Gottes an die Kinder in Satans Gebiet ein, in dem er lange geherrscht hatte. Das unerschrockene Lob Gottes, schon bevor der Sieg errungen war, ertönte in der Wüste *Tekoa*.

Wie alle anderen Familien hatten wir eine treue Haushaltshilfe, Samira, die das Haus in Ordnung hielt, die Wäsche wusch, auf dem Markt einkaufte, das Mittagessen kochte und den Abwasch besorgte. Aber unser Abendbrot machten wir selber und waren dann den Abend über ungestört. Ruth und ich waren fast gleich alt, aber recht verschieden veranlagt, dazu süddeutsch und norddeutsch, was sich bis in die Essensgewohnheiten hinein ausdrückte. Aber da meistens Reis auf dem Tisch stand, spielte das keine so große Rolle. Wir waren verschieden begabt und geprägt durch verschiedene Lebenserfahrungen, dazu hatten wir beide schon die Lebensmitte erreicht. Eins hatten wir gemeinsam: Wir waren beide Erzieherinnen. Deshalb einigten wir uns gleich am Anfang auf zwei Dinge, die uns Freiheit und Weite gebracht haben: Wir wollten nie versuchen, einander zu »erziehen«, und immer sollte die dritte und vierte in unserer Gemeinschaft Raum haben.

Das zweite Prinzip konnten wir bald praktizieren. Ursula Pasut, auch eine deutsche WEC-Missionarin, wurde für einige Monate unsere Hausgenossin. Dazu nahm die Hausmutter des Mädchenwohnheims, das neben *Tekoa* lag, Ibu Esther, in der ersten Zeit an unserem Mittagessen teil. Das war meinem Indonesisch sehr förderlich!

Mein Ankunftstag war ein Samstag gewesen. Am darauffolgenden Sonntag traf ich schon eine ganze Reihe Mitarbeiter der Missionsgemeinschaft, zu der ich nun gehörte. Am Montag nahm Ruth mich mit auf das Schulgelände, wo ein Team von Bibelschülern Lektionen für den *Sonntagsschulhelfer* schrieb, den ich auf meiner Besuchsreise ja bereits gesehen hatte. Sie saßen in kleinen Gruppen an Tischen. Ruth hatte eine Bibelschülerin, die gut Englisch konnte, gebeten, für mich zu übersetzen. So konnte ich mich am Studieren des Bibeltextes beteiligen, der den Lektionen zugrunde lag, die nachher von den einzelnen ausgearbeitet werden würden. Es war für mich ein erster Einblick in die Arbeit, die nun elf Wochen lang während der Praktikumszeit Arbeitsalltag für diese Gruppe sein würde. Damit regelte sich auch mein Tagesablauf: Teilnahme am Bibelstudium am Morgen, danach Sprachstudium!

Einmal in der Woche hatte ich kleine Schülerinnen und Schüler, mit denen ich Deutsch sprechen konnte. Gisela und Gerlinde Scheunemann leiteten die Deu-Mi-Vo (Deutsche Missionarskinder-Volksschule), die damals von elf Kindern besucht wurde. Sie baten mich, dort die wöchentliche Religionsstunde zu übernehmen. Das tat ich sehr gern!

Sprachstudium im Reisfeld

Eines Vormittags im November hatte ich nach der Religionsstunde keine Lust, nach *Tekoa* zurückzukehren, wo mir manchmal die Decke auf den Kopf zu fallen schien. Ich nahm mein Sprachbuch und mein Vokabelheft und ging ins Freie. Die Regenzeit hatte begonnen. Aber an diesem Morgen lachte die Sonne vom Himmel, die Berge hatten ihre Nebelhüllen abgeworfen. Der schmale Grassweg, neben dem ein kleiner Bach floss, führte durch Felder, auf denen der Mais mannshoch stand. Da es der Fastenmonat Ramadan war, hatten alle Kinder schulfrei und arbeiteten mit auf den Feldern. Während ich die Weite der Landschaft genoss, merkte ich, wie sehr sich mein Leben in den letzten Wochen in dem begrenzten Raum zwischen Haus, Schule und Kirche abgespielt hatte. Auch als *orang baru* (Neuankömmling) konnte man schnell in eine Routine verfallen!

Ich suchte mir einen Platz am Wegrand, wo die Maisblätter Schutz vor der heißen Sonne boten und vertiefte mich in mein Sprachbuch. Es dauerte nicht lange, da hockten sieben Kinder auf der anderen Seite des Baches, die eine Unterhaltung mit mir begannen über das Woher (Dari mana, Ibu?) und Wohin (Ibu mau ke mana?). Die Mutigsten sprangen über den Bach. Ein etwa zwölfjähriger Junge nahm nach einigem Zögern meinen Bleistift und schrieb seinen Namen – Budi – in mein Vokabelheft. Eine lebendige Sprachstunde, nach der ich erfrischt heimging.

Wer übernimmt was?

Etwas später im gleichen Monat saß ich gegen Abend mit Ruth zusammen. Da es jeden Abend gegen halb sechs Uhr dunkel wurde – unabhängig von der Jahreszeit – brannte die gemütliche Stehlampe. Wir besprachen die Zukunft. Ruth eröffnete mir, wie sie meine künftige Tätigkeit sah. Sie würde mir schon bald die Verantwortung für das Edieren der von den Bibelschülern geschriebenen Lektionen, die Herstellung und den Versand des *Sonntagsschulhelfers* übertragen. Sie selbst würde die administrative Arbeit des Kinder- und Jugenddepartments übernehmen, dazu den Unterricht an der Bibelschule.

Ich war eine Weile ganz still. Ruth ahnte nicht, warum! Mein Plan, über den ich noch nicht mit ihr gesprochen hatte, war, Material für Kinderbibelwochen in Indonesien zu schreiben und einzuführen. Ich wollte nicht jahrelang Sonntagsschullektionen schreiben und edieren, was viel langwieriger war und das in einer mir noch recht fremden Sprache!

Es waren nur noch einige Wochen bis Weihnachten. Ruth gab mir Zeit, über ihren Vorschlag nachzudenken und darüber zu beten. Während der freien Wochen über Weihnachten und Neujahr wollte sie Marcia in Sumatra besuchen. Ich plante, die Weihnachtstage mit Freunden zu verbringen, die im Mennonitischen Krankenhaus in Taju, Mitteljava, arbeiteten. Danach würden wir uns im Januar in Jakarta treffen. Wenn ich mich anders geführt sähe, war Ruth bereit, den *Sonntagsschulhelfer* weiter zu betreuen, während ich mich in die Administration im Büro einarbeiten und den Unterricht an der Bibelschule übernehmen könnte.

Als Ruth und ich uns im Januar in Jakarta trafen, stand mein Entschluss fest. Meiner Begabung entsprechend kam nur eine Option in Frage: Das Schreiben des *Sonntagsschulhelfers*. Ruth hingegen hatte das Wort aus Römer 12,7 gezeigt, dass ihre Gaben Lehren und Administration seien. So wurde dann die Arbeitsteilung.

Weil wir nun eins waren in unserer Zielrichtung, lagen zehn interessante Tage vor uns, fünf in Jakarta und fünf in Bandung, der nächstgrößten Stadt Westjavas. In diesen beiden Städten wurde die meiste Literatur für das Land hergestellt und vertrieben. Wir besuchten Buchhandlungen und Verlage, um herauszufinden, was der Markt bereits an Material für die biblische Unterweisung von Kindern bot und was noch gewünscht wurde.

Nach dem Ende der holländischen Besatzungszeit 1948 war eine große Lücke entstanden, was das Material für die biblische Unterweisung von Kindern in der indonesischen Sprache betraf. Das holländische Material wurde nur noch von älteren Leuten verstanden. Dr. Leatha Humes, eine Mitarbeiterin von *Overseas Missionary Fellowship* (OMF) aus USA, arbeitete an einem indonesischen Kurrikulum für den Religionsunterricht in den Schulen, in Zusammenarbeit mit dem Christlichen Verlagshaus in Jakarta. Der Inhalt der Bibel war für die verschiedenen Altersstufen aufgeteilt. Für die Sonntagsschulen blieb nicht viel übrig, wenn man sich nicht wiederholen wollte.

Was von den Buchhandlungen einstimmig erwähnt wurde, war der Mangel an Bildern und weiterem Anschauungsmaterial.

Genau da setzten wir an, als wir wieder in Batu waren. Wir würden unser eigenes Material für den Kindergottesdienst schreiben und damit den Grundstock weiterentwickeln, den Ruth mit ihrem Schreibteam in den letzten Jahren geschaffen hatte. Das Kernstück jeder Lektion sollten Geschichten aus der Bibel sein, dem Verständnis der verschiedenen Altersstufen angepasst. Dazu sollte neues Bildmaterial geschaffen werden, damit Auge und Ohr gleichzeitig angesprochen würden, um den Eindruck zu vertiefen.

Auf dem zwölf Meter langen Steinboden in *Tekoa* legten wir die Blätter für den Grundplan aus, den wir erarbeiteten. Wir verteilten den Inhalt der Bibel auf acht Jahre zu je 52 Lektionen. Nach diesem Grundplan begannen wir schon Erschienenes zu sichten, zu überarbeiten und danach neu zu schreiben.

Es war schön, nun zu zweit zu sein. Wir hatten nur etwa drei Wochen gebraucht, um uns aneinander zu gewöhnen, als wir merkten: es braucht mehr, als nur ein sorgsames Achtgeben, um dem anderen gerecht zu werden. Ein freier Samstagmorgen fand uns in den nahen Vorbergen mit dem Blick aufs Batu-Tal. Jede von uns begann vorsichtig zu erzählen. Die Quintessenz dieses Morgens war, dass wir beide gedacht hatten, wenn die andere wüsste, wer ich bin, würde sie mich nicht so freundlich annehmen. Wir ließen die Schutzwände der Vorsicht fallen und gaben uns so, wie wir waren. Das war entspannend und befreiend. So konnte Gemeinschaft wachsen, auch durch manche Tiefe hindurch. Einmal fuhren wir nach einem vollen Tag von Malang zurück nach Batu. Zu Annis großem Erstaunen sagte ich, mit Blick nach vorn, um in der kaum beleuchteten Straße das Auto heil durchzulavieren: »Heute war ich den ganzen Tag so bedrückt.« Anni war das entgangen. Ich hatte meine Rolle als Leiterin der Besprechung gut gespielt, aber dabei selbst an einer immer wiederkehrenden Depression gelitten. Durch die Offenheit hatte ich plötzlich auch darin eine Weggefährtin.

Gott bereitete uns eine große Überraschung, als eines Tages im Februar zwei junge Chinesinnen aus einer Mennonitengemeinde in Mitteljava vor unserer Tür standen: Rina und Debora, die ich 1968 während meines ersten Besuches in Indonesien kennengelernt hatte. Sie hatten ihr Theologiestudium abgeschlossen. Nun fragten sie an, ob sie nicht ein Jahr lang bei uns mitarbeiten dürften, um praktische Erfahrungen in der Kinderarbeit zu gewinnen. Sie zogen in unser drittes kleines Schlafzimmer ein und wurden meine Sprachhelferinnen. Denn jeden Morgen studierten wir zu dritt die Bibelabschnitte zu unseren Lektionen und besprachen sie – alles auf Indonesisch – bevor die beiden ans Schreiben gingen und ich ans Sprachelernen.

Befreiung und Beauftragung

Es war kurz vor Ostern. Von irgendwoher tauchte der Gedanke auf: »Wie wäre es, wenn wir in der Karwoche unsere Dorfkinder an drei Nachmittage einladen würden, um ihnen von Jesu Leiden für uns zu erzählen. Am Ostermorgen könnten wir dann in unserem Garten Jesu Auferstehung feiern!« Der Gedanke schlug ein. So war die Kinderbibelwoche, die ich gewissermaßen Gott zurückgegeben hatte, vier Monate später schon wiedererweckt. Es verging von da ab kein Jahr mehr, an dem wir nicht solche Kinderbibelwochen in der Osterzeit oder in den Sommerferien durchführten.

Am Gründonnerstag bevölkerten etwa hundert Kinder unseren Garten. Die Kinder mit muslimischem Hintergrund, die nicht kommen durften, schauten über die Mauer oder saßen in den Bäumen des Nachbargartens. Die nächsten zwei Nachmittage verlegten wir die Stunden in das Nachbarhaus, das unsere Gemeinschaft gemietet hatte. In dem geschützten Raum waren an jedem Nachmittag einige Kinder bereit, mit uns Leitern zu beten und ihr Herz Jesus zu öffnen, während die anderen still auf ihren Plätzen saßen und in ihren Heften malten.

Der Ostersonntag brach an. Am Abend zuvor hatten wir in unserem Garten unter dem Bananenbaum eine große Attrappe aufgestellt: Das Grab Jesu, von dem man den Stein wegrollen konnte. Früh am Morgen versammelte sich eine erwartungsvolle Kinderschar. Sie saßen auf Bastmatten auf dem Gras mit Blick auf das verschlossene Grab. Hier in diesem taufrischen Garten die Osterbotschaft zu verkündigen war so natürlich, so echt! Der Auferstandene war unsichtbar unter uns: »Friede sei mit euch!«

Für mich – Ruth – hatte dieses Osterfest 1972 noch eine besondere Bedeutung. Nach der frohen Auferstehungsfeier mit den Kindern gingen wir in die kleine Kirche auf dem Bibelschulgelände, in der Werner Jahnke die Osterpredigt hielt. Auf dem kurzen Weg von der Kirche in unser Büro konnte ich den Inhalt der Predigt für mich zusammenfassen: Jesus ist König! »Jesus, mein König«, flüsterte ich leise. Und während mein Geist und Herz anbeteten, begann mein Körper zu reagieren. Wieder einmal konnte ich kaum noch gehen. Was war das nur?

Zwischen Ostern und Pfingsten legten Anni und ich am Abend immer wieder einmal eine besondere Gebetszeit ein. Manchmal schloss sich ein stilles Hören an auf das, was Gott uns offenbaren wollte. Es ging dabei um meine Depressionen und ihre Ursache. Die reichten hinein in die frühe Kindheit: Eine liebevolle Mutter und ein fleißiger Vater hatten für unser äußeres Wohl gesorgt. Aber wir alle wuchsen in einem sehr gesetzlich geprägten Umfeld auf. Und schon als Kind hatte ich diese Art der Frömmigkeit in mich aufgesogen. Gott, der wusste, dass wir einmal vielen Kindern dienen würden, ließ darin nichts durchgehen. Schritt für Schritt öffnete er uns das Verständnis, wie es zu so einer Depression kommen konnte und wie dem Feind zu begegnen war, der durch die negativen Erlebnisse Raum in mir bekommen hatte.

An Pfingsten war es nach all den Abenden des Betens und auf Gott Hörens und Bekennens endlich soweit, dass ich im Geist triumphieren konnte über jeden Geist der Dunkelheit, der noch Besitzrechte in mir hatte. Erleichtert schlief ich an jenem Abend ein. Am folgenden Morgen kam im Gebet eine Prophetie über meine Lippen. Anni war Zeugin, wie Gott drei Verheißungen gab:

1. In Timor würden wir die staubigen Füße Jesu salben.
2. Wir würden eine Stätte/ein Haus der Erholung für die Gemeinschaft erstellen.
3. Mit weißen Haaren würden meine Füße auf Chinas Boden stehen.

Wir waren sehr überrascht und tief bewegt. Ich sollte an diesem Morgen eine Bibelarbeit in der Gemeinschaft halten, aber ich ließ mich entschuldigen. Ich war zu tief erschüttert, um jetzt gleich vor unsere Freunde zu treten, als ob nichts geschehen wäre. Pak Octavianus besuchte uns, um zu erfahren, warum ich so kurzfristig eine Entschuldigung geschickt hatte. Er war der erste, der von dieser Prophetie erfuhr.

Tags darauf war ich wieder einsatzbereit, aber die Sache hatte noch ein Nachspiel. China war zu der Zeit noch ein völlig verschlossenes Land. Die Weisung, dass ich mit weißen Haaren auf Chinas Boden stehen würde, wies zwar auf eine spätere Zeit hin. Trotzdem war die Sache furchterregend. Eines Nachmittags wachte ich aus der kurzen Siesta – die in den Tropen das Frühaufstehen ausglich – auf, von Furcht gelähmt, und wusste, diese Furcht hatte mit China zu tun. Würde ich dort sterben müssen um des Auftrags willen? Nach längerer Zeit, in der ich mich nicht bewegen konnte, wich die Furcht. Später kam das Verstehen durch, dass der Gute Hirte mir Schritt für Schritt vorangehen würde. In diesem Wissen kam ich zur Ruhe.

Timor: Jesu staubige Füße salben

Am 31. Juli war es ein Jahr, dass ich nach Batu gekommen war. Diesen Tag erlebten wir sehr bewusst. Am nächsten Tag begann dann die elfwöchige Praktikumszeit, in der ich voll verantwortlich sein sollte für zwei Gruppen von je sechs Bibelschülern und -schülerinnen, die für die Kleinen und die Mittelstufe schreiben würden. Ruth übernahm das Team für die 9- bis 11-Jährigen. Zuerst lagen diese Wochen wie ein Riesenberg vor uns. Aber bald konnten wir nur staunen und danken. Unsere Leute waren fröhlich an der Arbeit. Sie brauchten zwar viel Anleitung, aber jeder »Schreiber« hatte in zwei Wochen vier Stundenentwürfe geschafft, die danach auf meine Redaktionsarbeit warteten.

Während der Jahreskonferenz vom 15.–23. Juli 1972 hatten wir auch Teilnehmer von der Insel Timor. Am letzten

Sonntag luden wir drei Frauen von Pastoren und Kirchenältesten aus Kupang und Soe zu einem Frühstück nach *Tekoa* ein. Sie erzählten uns, dass am 26. September alle Evangelisationsteams, die sich nach der Erweckung zusammengeschlossen hatten, zum siebenten Jahrestag der Erweckung nach Soe kommen würden. Dazu luden sie uns ein.

Sollte sich so die erste Verheißung erfüllen, die Gott Ruth gegeben hatte – »Jesu staubige Füße in Timor salben«? Aber konnten wir unser Schreibteam zwei Wochen lang allein lassen? Wir brachten die Frage vor die Gemeinschaft. Es stellte sich heraus, dass eine dieser beiden Wochen durch einen von der Regierung geplanten Schulungskurs belegt war, da mussten wir unserem Team sowieso frei geben. Die Gemeinschaft sagte ja zu unserer Reise.

Unser Abreisetag war der 22. September. Doch vorher war noch eine Mauer zu durchbrechen. Wir standen vor der wichtigen Veränderung, das Sonntagsschulmaterial drucken zu lassen, anstatt es nur zu vervielfältigen. Immer noch fehlte die letzte Information vom Drucker. Wir konnten jedoch nicht gehen, ohne klare Instruktionen zurückzulassen. Am Nachmittag vor dem Abflug kam der Brief, der eine Entscheidung möglich machte!

Am nächsten Morgen brachen wir ganz früh auf. Nach einem Flug über die Inseln Bali, Lombok, Sumbawa und Sumba landeten wir am 22.9. mittags in der Küstenstadt Kupang. Der braune Inselboden, der bis hoch in die Berge hinauf mit Muscheln und Versteinerungen durchsetzt ist, war ausgedörrt. Das Vieh irrte auf der Suche nach Wasser umher. Im starken Kontrast zu der Dürre stand das satte Grün der Palmbäume.

Nach einer Nacht im gastfreien Haus der Familie Amalo brachen wir am Samstagmorgen in einem Kleinbus nach Soe auf. Wir legten die 80 km in vier Stunden zurück. Es ging durch einige seichte Flussbetten, ehe wir ins Hochland kamen. Ab und zu sahen wir dunkelhäutige Timoresen, die auf Fußpfaden zu ihren einfachen runden Strohhütten, zum Teil ohne Fenster, zurückkehrten. Sie lagen so versteckt, dass man sie fast übersehen konnte.

Soe selbst liegt auf einer Anhöhe, auf der morgens und abends ein scharfer Wind weht. Wir wohnten während unseres Aufenthalts bei ehemaligen Batu-Bibelschülern, die jetzt eine kleine Bibelschule in Soe leiteten. Ursula Pasut, die sich für einen Einsatz in Ost-Timor vorbereitete, wohnte auch bei ihnen. Es gab ein frohes Wiedersehen. Noch am gleichen Abend machten wir einen Besuch bei Superintendent Daniel und Pastor Manuain, die der Gemeinde vorstanden. Ruth konnte ihnen von der Verheißung sagen, »dass wir in Timor die staubigen Füße Jesu salben sollten«. Sie nahmen unser Zeugnis an. Wussten sie doch aus eigener Erfahrung, dass der Herr mit ganz konkreten Aufgaben senden konnte.

Am Sonntagabend kamen wir mit vielen anderen in der Kirche zusammen, in der sieben Jahre zuvor das Feuer des Heiligen Geistes auf die Anwesenden gefallen war. Das Gebäude, das 1000 Menschen fasste, war bis auf den letzten Platz besetzt. Etwa 60 Teams waren aus dem Inland gekommen. Manche von ihnen hatten in vier Nachtmärschen 80 km zurückgelegt. Sie kamen barfuß in ihren bunt gewebten Timortüchern. Die, die lesen konnten, trugen ihre abgegriffenen Bibeln in kleinen Beuteln oder Tüchern bei sich. Ohne dass wir es vorher wussten, war geplant, in diesem Jahr die Teams nicht berichten zu lassen, sondern sie durch gründliche biblische Unterweisung für ihren weiteren Dienst auszurüsten. Hier war Raum für Ruths Auftrag. Einige Male sprach Mel Tari, ein früheres Teammitglied, der mit seiner jungen amerikanischen Frau nach Timor zurückgekommen war. Ruth wurde zunächst gebeten, am Montag kurz zu erzählen, wie Gott uns nach Soe geführt hatte. Daraufhin bat Pastor Daniel sie, auch am Dienstag zweimal zu sprechen. Der Herr gab Ruth für die Morgenversammlung das Wort vom Guten Hirten und seinen Schafen und für den Nachmittag die Texte Johannes 15 und Matthäus 7,21–23: Vom Weinstock und seinen Reben und von dem Unterschied zwischen Früchten und Werken. Pastor Daniel selbst übersetzte vom Indonesischen ins Timoresische.

In den folgenden Tagen erhielten wir Gelegenheit, mit kleineren Frauengruppen der Teams zu sprechen. Sie waren zum Teil in geistlicher Not bis hin zu Verirrungen. In diesem Dienst – und nicht durch Interviews, zu denen es gar nicht kam – durften wir etwas von der geistlichen Lage im Erweckungsgebiet in Timor verstehen. Nur wenige konnten lesen, so dass Visionen und Aufträge nicht am Wort Gottes geprüft werden konnten. Diejenigen, die schon vor Empfang des Heiligen Geistes durch okkulte Praktiken Verbindung mit der unsichtbaren Welt hatten, waren nach beiden Seiten hin offen, wenn sie sich nicht klar von Satan trennten. So entstand Vermischung bis hin zum bewussten Nachmachen der einmal erlebten Wunder. Und doch war der Herr in Timor weiterhin am Werk. Er selbst hatte sich dieser abgelegenen Insel angenommen, auf der so viel Zauberei und Aberglauben herrschte. Nun, nach dem evangelistischen Aufbruch, war gesunde biblische Lehre und Weiterführung nötig. Die empfingen die Teams reichlich während ihrer Zusammenkunft in Soe.

Auf mich fiel während dieser gesegneten Tage ein Schatten: Eifersucht. Wie gern hätte auch ich einmal zu den Teams gesprochen, mein Indonesisch war doch auch schon recht gut. Aber nur Ruth wurde zum Dienst der Wortverkündigung gebeten. Ich war traurig über diese Eifersucht, aber der Schatten wollte nicht weichen. Auch nicht, als ich am letzten Morgen vor unserer Rückkehr nach Kupang gebeten wurde, eine Bibelarbeit für eine Gruppe Jugendlicher zu halten. Nach einer Nacht in Kupang, noch unter dem Moskitonetz, bekannte ich Ruth unter Tränen meine Eifersucht als Sünde vor Gott; danach beteten wir gemeinsam um Vergebung. Damit war der Schatten verschwunden – für immer! Wir haben in über vierzig Jahren vielerlei Dienste und Aufgaben allein und gemeinsam getan, aber wir haben keine Vergleiche gezogen. Wir konnten uns an unseren unterschiedlichen Gaben freuen und sie einsetzen, wo immer sie gebraucht wurden, auch über das Gelingen im Leben und Dienst der anderen. Welche Befreiung!

4. Andere stoßen dazu

Die Kinderbibelwoche breitet sich aus

Schon im Januar 1973 war uns klargeworden, dass wir um Ostern die Kinderbibelwochen auch auf weitere Orte ausdehnen sollten. In unserem Nachbardorf Songgokerto gab es schon einige christliche Familien, in deren Häusern die Bibelschulstudenten Kinderstunden hielten. Auch in Sumberedjo, einem ganz animistisch-islamischen Dorf gab es eine Christenfamilie. Sie hatte zugestimmt, dass die Kindernachmittage in ihrem Haus stattfinden dürften. Der vierte Ort sollte in der Stadt Malang sein, wo eine kleine Jungschararbeit entstanden war. Zu dieser luden wir Kinder aus einer fünften und sechsten Volksschulklasse ein, in der Bibelschüler aus Batu Religionsunterricht hielten.

Unsere Mitarbeiterinnen nahmen diesen Plan mit Freuden auf. Auch das Echo unter den Bibelschülern war erfreulich: 25 freiwillige Helfer meldeten sich. An den praktischen Nachmittagen liefen bald die Vorbereitungen auf Hochtouren: 400 Plaketten zum Anstecken wurden gebastelt, dazu etwa 130 wortlose Büchlein, die wir für die Einzelgespräche brauchten. Wir übersetzten schon seit Februar den gekürzten Text des Buches *Hamid und Kinza* von Patricia St. John. Ich trat noch persönlich mit der Autorin in Kontakt, ehe sie 1993 in England starb. Gerne gab sie uns die Erlaubnis, gekürzte Texte aus ihren Büchern zu verwenden. Sie freute sich von Herzen, dass ihre Geschichten solch gutes Echo unter den Kindern in Indonesien fanden und vielen halfen, den Schritt ins Reich des Lichtes zu tun.

Ruth kam im März aus Deutschland zurück und konnte noch ganz in unsere Vorbereitungen einsteigen. Und wieder kamen die Kinder in Scharen zu den Kinderbibelfreizeiten in der Karwoche. In Sumberejo, wo sich sonst nur 20–30 Kinder über die Schwelle des Hauses wagten, saßen an allen Nachmittagen 150 Kinder dichtgedrängt auf Matten auf dem Boden. Kein Kind riskierte es aufzustehen, weil es sonst seinen Sitzplatz verloren hätte. Am Ende des Programms waren sie schwer zu bewegen, nach Hause zu gehen. Es war so schön gewesen. Auch an den anderen Orten kamen zwischen 60–80 Kinder. Ob im Dorfhaus, im Garten oder im Jugendraum – überall wurde die gleiche Botschaft verkündigt: Wir sind eingeladen, aus dem Reich der Finsternis ins Reich des Lichtes zu kommen.

Ein Höhepunkt war an allen vier Orten der dritte Nachmittag, an dem die Geschichte von Onesimus, dem entlaufenen Sklaven Philemons, von den Helfern gespielt wurde. Die Indonesier haben reiche Gaben, etwas aus dem Stegreif darzustellen und sind begeisterte Zuschauer bei jeder Art von »Drama«. Durch diese Darstellung wurde den Kindern klar, wie eine Begegnung mit Jesus ein Leben verändern kann und wie aus einem »Unnütz« ein für Gott nützlicher Mensch werden kann. Am vierten Tag gaben wir den Kindern Gelegenheit zurückzubleiben, wenn sie Jesus in ihr Herz einladen wollten. Es dauerte immer eine ganze Weile, bis sich die Gruppen schieden, weil in Indonesien vieles gemeinsam getan wird. Auch die Jüngsten hoben ihre Finger und riefen: »Gulo« (Ich). Aber bald gingen die, die nicht persönlich angesprochen waren, gerne spielen. Viele der zurückgebliebenen Kinder nahmen an diesem Nachmittag Jesus in ihr Herz auf!

Durch ihre Mitarbeit in diesen Kinderwochen lernten die Bibelschüler eine Art der Verkündigung kennen, die auch viele außenstehende Kinder erreichte.

Nach diesen Kinderwochen im April 1973 luden wir die Kinder an allen vier Orten an jedem Mittwochnachmittag zu einer frohen Kinderstunde ein. Wir sangen und spielten mit ihnen, hörten eine Geschichte und beteten am Schluss für sie und ihre Familien. Diese Nachmittage wurden für manches Kind eine Brücke zum sonntäglichen Kindergottesdienst. Damit war der nächste Arbeitszweig geboren: *Rabu Gembira* (der fröhliche Mittwoch). In *Tekoa* hisste ich an jedem Mittwochnachmittag eine Fahne, und die Kinder kamen gelaufen. Diese direkten Kontakte mit Kindern halfen mir, beim Entwerfen und Schreiben der Stunden für den Kindergottesdienst lebensnah zu bleiben.

Schreiben kann man lernen

Wir merkten bald, dass die Bibelschüler und -schülerinnen in unseren Schreibteams eine Fortbildung brauchten. Deshalb wagten wir etwas noch nie Dagewesenes: Wir planten ein zehntägiges Schreibseminar. Als Hauptreferentin luden wir Frau Nancy Nasution aus dem Christlichen Verlagshaus in Jakarta ein. Dieses Seminar fand vom 14.–23. Mai 1973 statt. 30 Teilnehmer aus Batu nahmen daran teil, dazu einige auswärtige Gäste und alle Mitarbeiter des Kinder- und Jugenddepartments. Wir übten uns in allen Stilarten: von gründlicher Beobachtung für sachliche Berichterstattung bis hin zu Fiktion – selbst erdachten Geschichten!

Zuerst lauschten die Teilnehmer den interessanten Ausführungen der Gastdozentin. Aber dann hieß sie uns Bleistifte und Kulis zu zücken – die leeren Seiten starrten uns an! Es half alles nicht, es musste etwas auf das Papier! Denn am Abend sollte jeder ohne Ausnahme seine Schreiberfolge den andern Teilnehmern vortragen. Als Fiktion an die Reihe kam, bogen wir uns manchmal vor Lachen, aber niemand nahm es übel. Dann wieder überkam uns ein Gruseln, wenn in einer Geschichte zu viel Blut floss und man die Hauptperson am Ende als Leiche aus einem Teich fischen musste. Die Anweisung der Dozentin lautete: »Wenn man ein Unglück heraufbeschworen hat, kann man es nicht dadurch lösen, dass man den Helden sterben lässt.«

Mit der Zeit wurden die Töne sanfter, die Konturen schärfer, die Beschreibung von Personen, Landschaften und Problemen gefächerter. Das zuerst spärliche Lob der Dozentin floss reichlicher. Wir gewannen Mut, uns in diesem wichtigen Feld christlicher Literatur einzubringen. Manche Geschichten, die in dem Schreibseminar entstanden, nahm die Dozentin in ihre kleinen Bändchen auf, die sie im Christlichen Verlagshaus in Jakarta veröffentlichte. Sie sollten zum Lesen anregen, und nun hatte sie endlich einmal Geschichten von indonesischen »Autoren« und nicht nur übersetzte Geschichten aus dem Ausland.

Angefochten

Die Kinderfreizeiten an vier Orten und der gelungene Schreibkurs gaben dem Jahr 1973 Farbe und Erinnerungswert. Wir gingen durch weit offene Türen und es sieht so aus, als hätten wir kaum Widerstand gehabt. Aber dem war nicht so. Auch ich, die so gern positiv voranging, musste lernen, dass wir gewissermaßen in Feindesland waren und dass jeder Schritt vorwärts, den wir machten, schwer angefochten wurde. An dem Tag, an dem wir in den vier Kinderfreizeiten die Kinder einluden, zu Jesus zu kommen, begannen unsere Schwierigkeiten in der Küche. Eine verborgene Unehrlichkeit kam ans Licht: Eine schwer beleidigte Küchenhilfe hatte ihr Gesicht verloren und verunsicherte die zweite Küchenhilfe. Dadurch war das scheinbare Gleichgewicht in Haus und Garten ins Wanken gekommen, und das ist in Indonesien schwerwiegend. Wir wussten aber: Der Herr war am Werk in ihnen und in uns. Doch je mehr wir beteten, desto schwieriger wurde es.

Eine Krankheitswelle setzte ein. Eine Mitarbeiterin nach der anderen wurde krank. Bei einer entwickelte sich eine langwierige Leberkrankheit. Auch Ruth bekam Grippe, und am Ende der Woche auch die oben erwähnte Küchenhilfe und ihr Mann, unser Gärtner. Beide verließen uns. Nach dem Schreibseminar legte sich die zweite Küchenhilfe aufs Krankenlager. Auch Harianto, der im Seminar seine Begabung zum Schreiben entdeckt und entwickelt hatte, erkrankte.

Dabei wartete der nächste Einsatz auf uns. Das OM-Schiff LOGOS wollte in Jakarta vor Anker gehen. Wir planten, Exemplare des *Sonntagsschulhelfers* und die Mappen mit Flanellbildern an Bord auszustellen und zu verkaufen. Das Material wurde in Kisten und Tonnen verpackt und nach Jakarta verfrachtet.

An Bord der LOGOS

Eine Mitarbeiterin und ich brachen am 15. Juni nur zu zweit nach Jakarta auf. Statt gleich an Bord der LOGOS zu gehen wie geplant, landeten wir in einer Pension in Jakarta. Unerwartete Schwierigkeiten waren aufgetreten. Dieses Schiff, das zwei Jahre lang ungehindert indonesische Inseln angelaufen und im Segen gearbeitet hatte, durfte nicht in den Hafen der Hauptstadt einlaufen. Es folgten Tage des Betens, Wartens und Hoffens, der endlosen Verhandlungen ... Die Wolke von Argwohn um das Schiff lichtete sich auch nicht, als die LOGOS endlich im Hafen anlegen durfte und wir an Bord gehen konnten. Aber etwas gelang: Vier der an Bord befindlichen Autos konnten an Land gebracht und vier Teams zu einem zehntägigen Einsatz in die umliegenden Städte ausgesandt werden. In Konferenzen und Jugendveranstaltungen kamen Menschen zum Glauben. Die Teams kehrten nach zehn Tagen froh zurück.

Inzwischen war es in zähen Verhandlungen gelungen, die Genehmigung für eine Buchausstellung, nicht aber zum Verkauf von Büchern zu erlangen. Die indonesische Literatur durfte nicht an Bord gebracht werden. Alle weiteren geplanten Dienste der LOGOS in indonesischen Gewässern wurden von höchster Stelle untersagt. Wir ahnten, dass es ein Kampf »nicht gegen Fleisch und Blut« war. Trotzdem hatte das Lob Gottes in den Tagen des untätigen Wartens an Bord der LOGOS weiten Raum. Doch dann war es recht traurig, während der letzten fünf Tage viele Besucher an Bord zu haben, die sich die guten christlichen Bücher ansahen und mit leeren Händen wieder vom Schiff gehen mussten. Einmal beobachtete ich eine kleine Schmuggelaktion, in der doch einige Bücher von Bord gebracht wurden. Aber ich machte beide Augen und den Mund zu. Am 2. Juli fuhren Ruth Suhada und ich zurück nach Batu, wohin auch unsere Kisten und Tonnen wieder geschickt worden waren. Am 3. Juli verließ die LOGOS Indonesien mit Kurs auf Malaysia.

Auszeit in den Tenggerbergen

Im Sommer und Herbst dieses denkwürdigen Jahres kamen Ruths 80-jähriger Vater und ihre Schwester Luise uns für einige Monate in Batu besuchen. Mutter Läufer war im Juni heimgegangen. Nun wollten sie das Land kennenlernen, für das sie schon viel gebetet hatten. In diesen Monaten festigte sich Luises Ruf nach Ost-Timor. Sie richtete ihre Gedanken nach vorn.

Dann, gegen Jahresende – wir waren schon fast im Aufbruch in die wohlverdienten Weihnachtsferien – wurde uns ein Haus im Nachbardorf Pesanggrahan angeboten. Dort sollten unsere Mitarbeiterinnen ein festes Zuhause finden. Die Mieter waren fluchtartig ausgezogen als sie merkten, dass in der Küche ein Geist hauste, der sie plagte.

Ein annehmbarer Kaufpreis konnte ausgehandelt werden. Zusammen mit den Vertretern der Gemeinschaft nahmen wir das Haus betend in Besitz. Ein Bruder befahl dem Küchengeist im Namen Jesu zu gehen. Er ging – für immer! Wir nannten das Haus *Siloam, Stätte der Heilung*.

Dann brachen wir todmüde in unserem neuen tomatenroten VW Variant in die Weihnachtsferien auf. Wir begannen zu entspannen, als wir gegen Abend durch die Tenggerberge fuhren. Uns war ein geräumiges Obergemach in einem Haus außerhalb des Dorfes Nongkodjaja angeboten worden. Als wir dann unser Auto auf dem Grundstück einen Augenblick unbewacht stehen ließen, stahlen Kinder unsere Bettwäsche und verkauften sie gleich auf dem Markt, wo sie Freunde am nächsten Morgen für uns zurückkaufen konnten!

Dort in den Tenggerbergen erlebten wir stille, schöne Weihnachtstage. Wir schliefen ganz tief in der gesunden Bergluft. Als Ratten in einer Nacht unsere Schuhe beknabberten, ließen wir nachts ein Licht auf dem Fußboden zwischen unseren Betten brennen. Tagsüber sahen wir manchmal einen Rattenschwanz aus der offenen Luke über den Fenstern hängen. Während wir durch die schönen Tenggerberge wanderten, eilten unsere Gedanken voraus. Wir waren wohl auf der richtigen Fährte, wenn wir uns vornahmen, noch viel stärker hinaus in die Gemeinden zu gehen, gleichzeitig aber unseren Stützpunkt in Batu auszubauen. Vor unserem Auge stand ein Freizeitheim, die Verwirklichung der zweiten Verheißung! Mit dieser Vision gingen wir in das Jahr 1974.

5. In die Tiefe und in die Weite

Rufe mich an in der Not

Zu Anfang des Jahres 1974 gab Gott mir das Wort aus Psalm 50,15: »Rufe mich an in der Not, so will ich dich erretten, und du sollst mich preisen.« In welcher Not?, fragte ich mich. Allen ging es soweit gut, die Vorbereitungen für die Kinderbibelwochen in fünf Dörfern und die evangelistischen Jugendabende in der Aula unseres größten Gebäudes auf dem Bibelschulgelände hatte Gott gesegnet. In den Kinderfreizeiten waren Kinder bewegt worden, sich Jesus als dem guten Hirten anzuvertrauen.

In *Tekoa* hatte Gott uns mit Else Wackler, einer deutschen Missionarin des WEC, eine liebe Hausgenossin gegeben. Sie sollte die indonesische Missionsgemeinschaft zuerst in Batu kennenlernen, ehe sie nach Süd-Sumatra weiterzog. So konnten Ruth und ich nach einer bewegten Karwoche und dem Osterfest ein Wochenende zum Ausruhen in den Höhenkurort Selecta gehen. Dort hatte Ruth vor fünf Jahren um eine Mitarbeiterin für das Kinder- und Jugenddepartment gebetet. Nun arbeiteten wir schon drei Jahre zusammen! In der Stille überdachten wir die Arbeit in den vor uns liegenden Monaten.

Ruth kam von Selecta mit Fieber zurück nach Batu. Mit starken Darmkoliken musste sie eine Woche zur Untersuchung in das Krankenhaus nach Kediri gehen. So vergingen sechs, sieben Wochen. Wir hatten den Herrn in Selecta ernstlich gebeten, uns einen Ausweg aus dem Übermaß an Arbeit zu zeigen. Und nun war viel mehr Arbeit da.

Eines Morgens las ich in dem Andachtsbuch *Tisch in der Wüste*: »Beginne für die Unmöglichkeiten zu danken.« Ich durfte nun in dieser *unmöglichen* Lage den Herrn neu erleben. Else Wackler verstand sich als Krankenschwester viel besser auf Ruths Pflege als ich. In Selecta hatten wir eine neue Arbeitseinteilung beschlossen, ohne etwas von Ruths Erkrankung zu ahnen, die sich nun bewährte: Ich arbeitete mehr im Büro, vertrat Ruth in Sitzungen, übernahm an der Bibelschule ihre Unterrichtsstunden ... Ich erfuhr aufs Neue: Jede Auflehnung gegen eine Situation bringt Unfrieden und Verzagtheit, jedes Annehmen öffnet dem Frieden die Tür, der »höher ist als alle Vernunft«.

Kudus und Colo: Gott spricht

Vor der Praktikumszeit im August folgten Ruth und ich der Einladung der Christusträger-Schwestern, die im Krankenhaus der chinesischen Mennonitengemeinden in Kudus in Mitteljava arbeiteten. Sie hatten im Jahr zuvor ihre Ferien bei uns in Batu verbracht. Nun durften wir 12 Tage in ihrem Ferienhaus in Colo in den Muria-Bergen ausruhen, in denen Ruth wieder zu Kräften kommen sollte. An den Vormittagen überarbeiteten wir den Plan des dritten Jahrgangs unseres Kindermaterials, für das in der Praktikumszeit Lektionen geschrieben werden sollten. Wir genossen es sehr, einmal nur an *einer* Sache zu sein. An den Nachmittagen ruhten wir aus und gingen in der kühlen Bergluft spazieren.

Wieder in Batu begann auch Ruth die Teamzeit mit viel Hoffnung, aber nach knapp zwei Wochen musste sie mit Darmkrämpfen ins Krankenhaus nach Malang gebracht werden. Die Diagnose: Chronische Colitis. Nach zwei Wochen kam sie noch elender heim, als sie gegangen war. Durch einen Diätfehler war eine Gastritis dazugekommen. Wie dankbar waren wir für Marianne Kissners Hilfe, die jetzt die einzige Krankenschwester in Batu war. Es ging bereits aufwärts, da traten weitere Koliken auf. Etwas musste geschehen! Am 2. September baten wir die Schwestern in Kudus telegraphisch um Hilfe. Das Telegramm kam nie an, aber zwei der Schwestern standen am nächsten Tag vor unserer Tür. Sie hatten Gott auch ohne Telegramm verstanden. Sie nahmen Ruth liegend in ihrem Auto mit.

In Kudus wurde Ruth fachkundig und liebevoll von der deutschen Ärztin Dr. Wanda und ihren Schwestern gepflegt. Als das Schlimmste überstanden war, durfte sie sich in dem Ferienhaus in Colo erholen. Ich hielt die Stellung in Batu mit dem größten Schreibteam, das wir je gehabt hatten: 18 Studenten. Gott gab ein extra Maß an Kraft. Die Studenten erkannten die Notlage und halfen sich gegenseitig, so gut es ging. Mit Gottes Hilfe schafften wir unser Pensum. Statt einer Abschlussfeier für die Teamzeit machten wir eine Wanderung, während der wir uns auch Zeit nahmen, Gott für seine Hilfe während der Schreibwochen zu danken.

Im Oktober besuchte ich Ruth in Colo. Mein Heimaturlaub stand vor der Tür. Ich hatte geplant, Weihnachten zu Hause zu verbringen. Aber dann kam eine Unruhe über mich, die ich nicht abschütteln konnte. Nach gemeinsamem Gebet wusste ich, dass ich erst Ende Januar in Urlaub fahren sollte. Es ermöglichte ein ruhiges Fertigmachen aller noch anstehenden Arbeiten.

»Ihr werdet mit Freuden ausziehen und im Frieden geleitet werden.« Mit diesem Wort aus Jesaja 55 war ich vor dreieinhalb Jahren nach Indonesien aufgebrochen. Dieses Wort las Ruth auch in der Abschiedsandacht vor meinem Aufbruch zum Flughafen nach Surabaya.

Kauf des verheißenen Landes

Ich, Ruth, schlüpfte fast mühelos in Annis kleines Büro in Tekoa und war bald mit Edieren von Lektionen, mit Departmentspost und Buchführung beschäftigt. Mit Familie Hadfield, die in Annis Abwesenheit zu mir gezogen war, verband mich vieles und es war ein gutes Miteinander; gemeinsam freuten wir uns über ihre beiden kleinen Jungen. Doch dann kam ein großes Leid über sie. Klein Jeremy, der Jüngere der beiden, starb nach nur eineinhalbtägiger Krankheit. Noch am Montag war er munter auf Entdeckungsreisen durchs Haus gekrabbelt – das Leben war für ihn sehr interessant geworden, seit er sich allein vorwärts bewegen konnte – und am Dienstagmittag tat er seinen letzten Atemzug. Dr. Kuhl – so schnell wie möglich herbeigerufen – machte Wiederbelebungsversuche, aber vergeblich. Duain, sein dreijähriger Bruder, verarbeitete den Verlust erstaunlich schnell und die leidgeprüften Eltern wandten sich nach der Überwindung des ersten Schmerzes noch eifriger als bisher der Jugendarbeit zu.

Mir war, während ich lange Wochen in den Bergen Mitteljavas krank lag, eine neue Einsicht zuteil geworden. Gott hatte uns verheißen, etwas für die Gemeinschaft zu tun, um den mit Arbeit Überlasteten Entspannung zu ermöglichen. Ein Freizeithaus stand uns vor Augen und auch Raum für die wachsende Jugendarbeit wurde dringend benötigt. Ich hatte bis dahin Gottes Verheißung recht passiv bewahrt. In den Wochen des Wartens lernte ich, um die Verwirklichung von Gottes Verheißung zu beten.

Zuerst fanden wir ein Haus in Malang, das wir für die Jugendarbeit mieten konnten und in das später auch Familie Hadfield einzog. Aber für das Freizeithaus hatten wir die ganze Umgebung abgesucht und noch nichts gefunden. Und dann entdeckten wir wie zufällig oberhalb Selectas ein zum Kauf ausgeschriebenes Grundstück: einen Bergabhang mit einer verwahrlosten Hütte auf der obersten Terrasse und einem ungepflegten Apfelgarten, aber mit einer atemberaubenden Aussicht in das Batu-Tal. Zu unserem großen Erstaunen konnten unsere indonesischen Geschwister das Land zu einem sehr niedrigen Preis kaufen. Mit vielen

Informationen kam auch ich im Herbst 1975 nach Deutschland. Zwei Tage mit Anni in meinem Zuhause in Lahr reichten gerade aus, ihr von diesem Landkauf zu berichten und viele Einzelheiten der auf sie wartenden Arbeit zu besprechen. Dann vertauschten wir die Rollen wieder – ich blieb in Deutschland, Anni flog zurück nach Indonesien.

Kaum konnte ich, Anni, erwarten, mir das Stück Land oberhalb von Selecta anzusehen, das während meines Heimaturlaubs erworben worden war. Eines Nachmittags stand ich staunend auf unserem neuen Grundstück. In steilen Terrassen fiel das Land ab bis zu einem Bach, der die untere Grenze bildete. Von dort stiegen die mit Apfelbäumen bepflanzten Terrassen wieder an, zwischen denen kleine Gartenhäuschen zu sehen waren. Dahinter erhob sich majestätisch der Berg Arjuno. Tief unter uns lag das Batu-Tal mit den Häusern des Bibelschulgeländes. Die Luft hier oben in 1200 m Höhe war angenehm kühl, noch frischer als in dem 800 m hoch gelegenen Batu. Wir mussten uns allerdings noch zwei Jahre gedulden, ehe wir mit dem Bauen des ersten Hauses beginnen konnten.

Offene Türen in Kalimantan

Es war September, und ich war wieder in Batu. In dem halben Jahr, das ich in Deutschland gewesen war, hatte sich vieles verändert. Ruth würde einen langen Genesungsurlaub in Deutschland brauchen. Das norwegische Ehepaar Leithe mit ihren zwei Kindern wohnte nun bei mir in *Tekoa*. Sie fühlten sich in die Kinderarbeit in Batu gerufen, erlernten zunächst aber einmal die indonesische Sprache. Hadfields waren weitergezogen nach Malang, in die Jugendarbeit.

Während der vor uns liegenden Jahre 1976–78 hatten wir mehr Zeit, auswärtige Dienste anzunehmen, weil wir den dreijährigen Zyklus der Sonntagsschullektionen wiederholten und somit keine neuen Lektionen schreiben mussten. Nun bot sich die Möglichkeit, die Bezieher unseres Materials auf anderen Inseln zu besuchen und ihre Situation kennenzulernen. Das Aufatmen begann schon mit Beginn der Weihnachtsferien.

Im Jahr zuvor hatte eine Familie aus Kalimantan uns mit ihrem Besuch überrascht. Sie sollte eine wichtige Rolle in der Entwicklung unserer Arbeit spielen: Dr. Gam Seng Shae mit Frau und Tochter. Dr. Shae war Burmese, seine Frau Alice Amerikanerin. Alice hatte vor ihrer Heirat einige Jahre als Missionarin in Myanmar gearbeitet. Nun unterrichteten beide an der Theologischen Akademie in Banjarmasin. Shaes waren Bezieher des *Sonntagsschulhelfers* und wollten einmal sehen, wo dieses für sie sehr hilfreiche Material seinen Ursprung hatte.

Das Weihnachtsfest 1975 durfte ich bei Famlie Shae auf der Insel Kalimantan erleben. Als ich die Umrisse dieser Insel vom Flugzeug aus unter mir auftauchen sah, stand das Wort vor mir: »Die Inseln warten auf seine Weisung.« Unser Kindermaterial hatte durch die Initiative von Familie Shae Eingang in die Gemeinden gefunden. Ich begegnete während meiner elf Tage auf dieser Insel immer wieder Menschen aus dem Dajakvolk, die den *Sonntagsschulhelfer* benutzten und für die wir beteten, obwohl wir sie noch nie gesehen hatten. An Heilig Abend fanden sich tausend Kinder in der Kirche zu ihrer Weihnachtsfeier ein.

Nach Weihnachten machten wir eine dreitägige Reise den Fluss hinauf. In Kuala Kapuas besuchten wir einen Pfarrer, der unser Material bezog, und mit seinen Helfern 600 Kinder am Sonntagmorgen betreute. Auf dieser Flussreise begleitete uns ein Theologiestudent, Yan Siberson, den Shaes sehr gründlich in das Gebiet der Kinderarbeit eingewiesen hatten. Er blieb mit uns und unserer Arbeit in

Verbindung, als Familie Shae als Dozenten an das Trinity College nach Singapur wechselte. Nach seinem Examen wurde er auf Synodenebene für die Kinder- und Jugendarbeit der Evangelischen Kirche Kalimantas eingesetzt. Es war wohl seinem Einfluss zu verdanken, dass die Synode 1977 den *Sonntagsschulhelfer* als »das brauchbarste Material, das es in Indonesisch gibt« einführte.

Intermezzo in Bali

Gleich nach Ostern – Ruth war noch immer in Deutschland – kam Familie Shae aus Kalimantan in Batu vorbei und nahm mich mit auf die Insel Bali. Dort wollten sie Roger und Lelia Lewis besuchen, Experten auf dem Gebiet der christlichen Unterweisung. Wie schön war es, im Schatten tropischer Bäume mit Alice und Lelia zu fachsimpeln. Hier waren fähige Frauen, die regen Anteil an allem nahmen, was in unserem Kinder- und Jugenddepartment in Batu geschah. Sie freuten sich über die Entwicklung des Materials für Kinderbibelwochen, das so guten Anklang um Batu herum gefunden hatte. Ich sprach die Frage der Überarbeitung und evtl. Neugestaltung des *Sonntagsschulhelfers* für die Jahre 79, 80 und 81 an. Ihre Frage: »Warum eine Generalüberholung? Der Grundplan ist doch gut! Vielleicht könntet ihr in einigen Abschnitten etwas ändern.« Am besten sei es, dies in einer kurzen, konzentrierten Zeitspanne zu tun mit guten Editoren für die drei Altersstufen. So machten wir es dann auch.

Mit solch fähigen Frauen so Wichtiges durchzusprechen war ein Hochgenuss, der uns selten zuteil wurde. Ich wünschte mir nur, Ruth hätte dabei sein können!

Auf den Inseln Timor und Rote

Für Mai 1976 war eine große Evangelisation in Timor und Rote geplant. In Batu beteten wir schon monatelang für diesen Event. Dr. Mooneyham, der Leiter von World Vision USA, hatte seine Mitarbeit zugesagt. Wir vom Kinder- und Jugenddepartment hatten bei solchen Groß-Evangelisationen immer die Nachhut gebildet. Wenn nach geistlichem Erwachen in den besuchten Kirchen das Vertrauen zu Batu gewachsen war und die Furcht, dass wir eine Sekte sein könnten, sich verflüchtigt hatte, vertrauten sie uns ihre Kinder an. Bei der Evangelisation in Timor und Rote waren wir eingeladen von Anfang an mitzuarbeiten.

Sollte ich auch mitfahren? Wir würden vier Wochen unterwegs sein. Konnte ich die Arbeit in Batu so lange allein lassen? Und doch wollten wir alle drei gern gehen, unsere Praktikantinnen Susanna, Ruth Swan und ich. Wir begannen, für unser Reisegeld zu beten. Als besonderes Zeichen erbaten wir uns auch Gaben aus Indonesien. Am Samstag darauf kam eine ganz unerwartete Überweisung von zwei Kindern aus Sulawesi. Das war der Anfang.

Das Zeichen

Dann gab der Herr ein weiteres Zeichen. Der Einsatz in Timor würde evangelistisch sein, meine Gabe war aber mehr das Lehren. Wenn ich in Timor Kinder zum Herrn führen wollte, dann musste ich das auch hier auf Java tun – in meiner Jungschargruppe in Malang. Während meiner Bibelarbeit am Karfreitag zeigte ich den Jungen und Mädchen das Bild von Rembrandt *Die drei Kreuze*. Es lag eine ungewöhnliche Stille über dem Raum. Ich lud die Kinder ein, Jesus zu danken für das, was er für sie getan hatte. Die, die Jesus in ihr Herz aufnehmen wollten, bat ich sitzen zu bleiben; die anderen dürften still nach Hause gehen. Alle Kinder blieben sitzen. Ich sah mich hilfesuchend nach Susanna um. Sicher hatten sie mich nicht verstanden. Sie wiederholte das Gleiche noch zweimal: Aber die Kinder hatten verstanden. Niemand wollte nach Hause gehen. Alle wollten beten.

Vor Beginn der Jungscharstunde waren zwei Batu-Bibelschüler hereingekommen und hatten sich zu uns gesetzt. »Wir haben heute Nachmittag Zeit und wollen einmal bei eurer Jungscharstunde dabei sein,« sagten sie. So konnten wir die Kinder in fünf Gruppen teilen. Die Jungen gingen zu den jungen Männern, die Mädchen zu Susanna, Ruth Swan und mir. Es war den Kindern ganz ernst. Sie baten Jesus um Vergebung und luden ihn ein, in ihr Herz zu kommen. Nach diesem Nachmittag war ich bereit, nach Timor zu gehen.

Offene Türen in Timor …

1976 war das Jahr, in dem indonesische Soldaten in Ost-Timor eindrangen, um das Gebiet, das die Portugiesen verlassen hatten, für Indonesien einzunehmen. Grausame Kämpfe waren im Gang, es gab viele Tote auf beiden Seiten. Zu dieser Zeit wollte die indonesische Regierung keine Ausländer nach Timor lassen. Unter dieses Einreiseverbot fielen Dr. Mooneyham und ich. Die Gemeinschaft versuchte umsonst, für uns eine Einreise-Erlaubnis zu bekommen. Ich hatte aber innerlich noch nicht aufgegeben. Am Tag bevor das große Team abreiste, kamen wir noch einmal im Leiterkreis zusammen. Mein Herz war schwer. Es ging nicht nur um mich. Am Nachmittag hatte Susanna mir gesagt, dass es zu belastenden Missverständnissen zwischen ihrem Verlobten und ihr gekommen sei. So könne sie nicht gehen! Wir hatten um Gelegenheit für eine Versöhnung gebetet … Dann, um 9 Uhr abends, kam die Nachricht, dass die Einreisegenehmigung für Dr. Mooneyham und mich eingetroffen sei! Am nächsten Morgen suchte Susanna mich auf. Sie weinte vor Freude. Nach Mitternacht hatten ihr Verlobter und sie sich versöhnt. Nun konnten wir alle reisen.

In Kupang wurde dem Team aus Batu ein fürstlicher Empfang bereitet. Die ganze Stadt war auf den Beinen. Den Gästen wurden gewebte Timorschals umgehängt, um sie zu ehren. Vom Flugplatz bewegten wir uns in einer fast unüberschaubaren Schlange von Autos und Motorrädern auf die Stadt zu. Ich aber sah die vielen dunklen Kinder mit ihren staubigen, glanzlosen Haaren am Weg stehen, voller Erwartung!

In der ersten Woche waren Susanna, Ruth Swan und ich mit eingespannt in den großen Evangelisationsfeldzug, zu dem Abend für Abend Tausende von Menschen ins Freiheitsstadion strömten. Morgens hielten wir in zwei großen Kirchen Versammlungen für Kinder. Dort legten wir den Grund. Abends kamen die Kinder manchmal darauf zurück, was wir am Morgen gesagt hatten und baten uns, mit ihnen zu beten. Ein Mädchen brachte einen Brief mit, der so begann: »Ich habe gehört, dass im Freiheitsstadion Sünden vergeben werden, deshalb möchte ich bekennen, dass…« Am nächsten Abend fand ich nach der Wortverkündigung zwei Jungen im Dunklen auf dem Versammlungsgelände sitzend. »Habt ihr am Morgen verstanden, was ich gesagt habe?« fragte ich sie. Einer schwieg, der andere sagte: »Ein bisschen.« »Könnt ihr beten?« »Ein bisschen.« Ich setzte mich zu ihnen auf das staubige Gras und betete für sie, dass das »bisschen« mehr werden möge. Zwei Abende später suchten sie mich: »Willst du uns helfen? Wir haben schon viel Böses getan und möchten es bekennen.« Gottes Geist hatte sein Werk an ihren Herzen getan. Sie nahmen Jesus in ihr Leben auf.

... und Rote

Susanna und Ruth Swan blieben auch für die letzten beiden Wochen in Kupang und hielten Sonntagsschullehrerkurse. Ich brach mit einer jungen Timoresin nach Rote auf. Ein Schiff brachte uns auf diese kleine Timor vorgelagerte Insel. Als wir uns der von allen gefürchteten Strömung näherten, in der der Indische Ozean mit dem Timor-Meer zusammenkommt, wurde es in der lustigen Gesellschaft totenstill. Wir lagen flach auf dem Deck, damit der Mastbaum bei Bedarf über uns hin- und hergeschwenkt werden konnte. Nach einer Stunde waren wir hindurch und alle begannen entspannt zu lachen! Dann wurde es dunkel und kalt. Taschenlampen glühten auf. Nahe der Küste mussten wir in ein kleineres Boot der Rote-Leute umsteigen, die uns abholten. Aber auch dieses konnte nicht bis an den Strand fahren. Alle Koffer und die Menschen, die Mut und Geld hatten, wurden auf den Schultern von kräftigen Männern an Land getragen. Wir andern wateten durch das knietiefe Wasser dem Strand zu.

In Rote wurden wir an drei Orten erwartet. Morgens und abends hielten wir Unterricht für Sonntagsschullehrer. Sie kamen mit ihren verwegenen Hüten in ihrer Timortracht barfuß über die Weide auf unser Haus zu, Schreibheft und Bibel unter dem Arm, Bauern und Hirten. Am Nachmittag warteten die Kinder auf uns. Am ersten Nachmittag nahm auf meine Einladung hin der Sohn des Pfarrers Jesus in sein Herz auf. Ich beobachtete, wie er am nächsten Morgen in der Pause seinen Mitschülern das *wortlose Büchlein* erklärte, das ich ihm geschenkt hatte. Nachmittags blieb der schlimmste Junge aus der Gemeinde zurück. Er bekannte alles, was ihn plagte und was er Böses getan hatte und erfuhr Jesu Vergebung. Als am Abend seine Mutter zu mir in die Seelsorge kam, beklagte sie sich auch über ihren schlimmen

Sohn. Da konnte ich ihr sagen: »Ihr Junge ist heute Nachmittag zu Jesus gekommen. Er wird anders werden.« Wie glücklich war sie!

Während meines Aufenthalts auf der Insel Rote durfte ich zwei kostbare Erfahrungen mit Jesus machen, die mich für immer begleitet haben. Einmal schliefen wir zu dritt in einem kleinen Zimmer, der Boden bestand aus gestampftem Lehm. Zehn andere Teilnehmerinnen, die in der Kirche auf Sandboden schliefen, hatten ihre Koffer, Kleider und Taschen bei uns eingestellt. Ich kam mir oft wie eine Wühlmaus vor, wenn ich mir immer wieder alle meine Sachen für die Kindernachmittage zusammensuchen musste. Als ich mit meiner Ungeduld zu Jesus ging, war seine Antwort: »Ich kenne das, das war auch meine Lage: Von Menschen umringt und fast ins Meer gedrängt, oft keine Zeit zum Essen… Ich stand vor Tage auf, um überhaupt in Ruhe beten zu können.«

Auf der Rückfahrt von Rote blieb unser kleines Schiff die Nacht über in einer geschützten Bucht, um erst am nächsten Morgen die gefährliche Strömung zu überqueren. Jeder lag in sein Tuch gewickelt auf dem Boden, wo er gerade Platz fand. Ich lag nahe an der offenen Tür, konnte aber auf dem harten Boden nicht schlafen. So setzte ich mich auf und sah müde in das vom Mondlicht überflutete Wasser. Und wieder sprach Jesus in meine Lage hinein: »Das war bei mir auch so. Auch ich hatte oft keinen Platz, mein Haupt hinzulegen.« Da wurde ich froh in seiner Gegenwart. Und als es dann um 6 Uhr in die starke Strömung hineinging und wir eine Stunde lang hin- und hergeworfen wurden, da war das Bild des Sturmes auf dem See Genezareth da, das Wasser, das ins Schiff kam, dass es zu sinken drohte. So schlimm war es bei uns nicht einmal. Jeder hielt sich irgendwo fest, und sei es nur an den Beinen eines anderen. Jeder vermied es, das glühende Rohr in der Mitte des Decks zu berühren.

Ein Mann hielt einen Strick in der Hand und draußen vor dem Fenster hing seine Ziege daran, deren Füße irgendwo einen Halt gefunden hatten. Sicher landeten wir in Kupang, wo Susanna und Ruth Swan mich erwarteten.

Als Nachhut des großen Evangelisationsteams kehrten wir zurück nach Java. Niemand holte uns am Flughafen ab, die Zeit unserer Ankunft war wohl nicht klar gewesen. So mussten wir uns allein eine Fahrgelegenheit suchen. Als wir dann mit all unserem Gepäck in dem Kleinbus nach Batu saßen, hörte ich ein leises Wort in meinem Herzen: »Niemand soll meine Freude von euch nehmen.«

Wo der Geist des Herrn ist, da ist Freiheit

Für mich, Ruth, war in der ersten Jahreshälfte 1976 Erstaunliches geschehen. Die Voraussage, dass meine chronische Colitis vielleicht nie mehr ganz ausheilen würde, hatte sich nicht bestätigt. Anfang des Jahres ging es mir schon langsam besser. Aber jetzt bereitete mir Vaters Gesundheitszustand Sorgen. Er war mit uns im Schwarzwald in den Ferien gewesen und hatte das auf seine Weise genossen; er freute sich, dass ich nun zu Hause bei ihm war. Und so war Vaters Fazit: »Du kannst nicht mehr weggehen«. Mein Arzt ermutigte mich, das Datum meiner Ausreise, das für August geplant war, im Auge zu behalten. Vater durfte dann im März im Alter von 87 Jahren heimgehen. Wie gut hatte es Gott gemeint, dass er mich nach 13 Jahren in Indonesien für längere Zeit nach Hause kommen ließ, so dass ich Vater die letzten sechs Monate seines Lebens begleiten durfte!

Meine Rückkehr Anfang August nach Batu war trotz tiefer Dankbarkeit nicht unproblematisch. Zu viel war in dem einen Jahr meiner Abwesenheit geschehen, um mühelos in die Arbeit zurückkommen zu können. Mein Platz im Haus Tekoa war von anderen belegt. Ich hatte vor meiner Abreise ganz bewusst die Leitung des Kinder- und Jugenddepartments in Annis und Hadfields Hände gelegt. Nun hatte ich Mühe, meinen eigenen Platz zu finden.

Dazu war die Gemeinschaft in Batu gewachsen. Mitarbeiter aus anderen Missionen waren Glieder unserer Batu-Gemeinschaft geworden. Pak Octavianus hatte versucht, die verschiedenen Konzepte der sendenden Missionen unter einen Hut zu bringen. So wurde u. a. unser Glaubensprinzip »alles von Gott zu erwarten« in Frage gestellt. Sollten die Missionare ihr Gehalt nicht von der sendenden Mission erwarten dürfen? Schlimmer noch war, dass sich das Konzept »Gemeinschaft« gewandelt hatte. Wir waren bisher Seite an Seite mit unseren indonesischen Geschwistern, Lehrern und Bibelschülern, im Einsatz gewesen. Plötzlich fanden wir uns in einer Hierarchie der Leiterschaft, die wir schwer mit unseren WEC-Grundsätzen vereinbaren konnten.

Zuerst fanden Anni und ich wieder zusammen. Sie hatte das Haus Tekoa der norwegischen Familie überlassen und zog zu mir in die Wohnung einer Missionarsfamilie, die in den Heimaturlaub fuhr. Mir wurde neu bewusst, dass Gott mir die Gabe der Leiterschaft gegeben hatte. Anni, die sich immer als gute Zweite gesehen hatte, sah nur zu gern, dass ich die Verantwortung des Departments von ihren Schultern nahm.

Im März 1977 zogen wir zurück nach Tekoa. Die norwegische Familie hatte beschlossen, sich im Radio-Studio zu engagieren und war dabei, sich ein eigenes Haus zu bauen. Was den Baubeginn in Junggo betraf, waren wir aber immer noch in der Warteschleife. Ich hatte schon Baupläne gemacht. Außer dem größeren Haupthaus sollten sich drei kleinere Ferienhäuser an den Berghang schmiegen, um ruhebedürftigen Mitarbeitern Stille, Entspannung und frohe Gemeinschaft zu bieten. Weiter waren wir nicht gekommen. Noch war niemand in Sicht, der uns den Bauplan fachmännisch zeichnen und niemand, der das Bauen übernehmen konnte. Es fehlten uns auch noch die Mittel zu einem zügigen Bauen. Das Warten fiel schwer!

Dann, im Juni, schickte Gott uns Menschen mit einem weiten Herzen und einer weiten Schau. Unter ihnen waren Len und Iris Moules, die früheren Internationalen Leiter des WEC in London. Als ich Len einmal unterwegs meine Sorgen über die Gemeinschaft anvertraute, sah er mich liebevoll an und sagte doch ernst: »Wenn du so weitermachst, hast du bald einen neuen Zusammenbruch.« Aber er hatte mir – uns allen – noch mehr zu sagen.

Len packte uns in seiner humorvollen Art. In den Abendversammlungen nur für Mitarbeiter beschrieb er in den leuchtendsten Farben einen »Tante Emma-Laden«, in dem für alle Bedürfnisse und in allen Verlegenheiten immer das Richtige zu finden war. Dann ließ er uns wissen, dass Gott ihm schon in London die Verheißung gegeben hatte, dass der Heilige Geist über viele von uns ausgegossen werden würde, und dass dieser auch in allen unseren Bedürfnissen und Notlagen die Antwort sei. Eines Tages ging Anni wie auf Wolken von einer dieser Abendveranstaltungen nach Hause, aber in mir war nichts geschehen. Aber dann passierte es auch in mir. An einem der nächsten Abende überfluteten mich am Schluss der Zusammenkunft Wellen von Gottes Gegenwart. Ich wusste nicht, ob ich im nächsten Moment in ein Halleluja ausbrechen oder meine Arme in die Höhe werfen würde. Aber da war eine leise Stimme: »Sei ganz still, es ist nur für dich.« So durfte ich die Gegenwart des Geistes Gottes auf eine Weise genießen, wie ich es noch nie erlebt hatte.

Kurz darauf konnte ich in den Bergen von Nongkojajar Ferien machen. Familie Torklus und ich fuhren zusammen dorthin. Wir alle standen noch unter dem Eindruck des Gehörten. Familie Torklus hatte noch einen anderen Grund, weshalb sie Erholung suchten. Sie gingen durch tiefe Trauer. Ihr erstes Kind lebte nur wenige Stunden und starb am Morgen des Himmelfahrtstages; sie mussten es kurz vor unserer Auszeit in indonesischer Erde begraben. Eines Abends überraschte mich Ingrids Gebet: »Ich danke dir Vater, dass du unseren kleinen Peter zu dir genommen hast.« Das ging mir wie ein Stich durchs Herz. Ingrids Durchkommen aus dem Leid zum Dank löste in mir die gleiche Reaktion aus: Gott für Schwierigkeiten in meinem Leben zu danken.

Die Liste war lang. Sie begann mit einer kurz zuvor erlebten Sitzung des Lehrerkollegiums, in der ein Teil unserer Kinder- und Jugendarbeit – der Unterricht an der Bibelschule – nicht mehr die gleiche Beachtung erfuhr wie früher. Ich dankte Gott dafür und vergab dem Leiter, der mich durch sein Verhalten gekränkt hatte. Nachts wachte ich auf, und schon war das davor liegende Problem in meinen Gedanken. »Vater ich danke dir dafür und ich vergebe denen, die mich verletzt haben.« Es ging weiter und weiter zurück in die nahe und später in die ferne Vergangenheit. Ich verbrachte zwei Stunden damit, für Schwierigkeiten zu danken, für Nöte, für Zurückgesetztwerden, bis ich im Kindesalter von acht Jahren angekommen war. Damals hatten wir einen Volksschullehrer, der der SA angehörte, der sogar vor uns Schülern seinen »Tee« (Alkohol) trank und sehr grausam mit den Jungen umging. Auch ihm vergab ich. Erschöpft aber auch gelöst schlief ich wieder ein.

Ein sehnsüchtig erwartetes Buch

Eine weitere Frucht dieser Ferien war, dass ich das Manuskript für das Handbuch für Kinderarbeit fertigstellen konnte. Ich hatte schon vor meinem Heimaturlaub die

Hälfte der Themen ausgearbeitet und als Grundlage für den Unterricht vervielfältigen lassen. Aber als ich zurückkam, sagte mir eine Mitarbeiterin, die selbst schon Kurse gab: »Was du niedergeschrieben hast, ist nicht genug. Du sagst in deinem Unterricht mehr, als in deinem Handbuch steht.« Sie hatte recht, natürlich führte ich mehr aus als das, was ich niedergeschrieben hatte. Sie dagegen hatte kein Material, auf das sie zurückgreifen konnte, und englische Bücher konnte sie noch nicht lesen. Sie war nicht die Einzige, die diese Bitte aussprach. So hatte ich mich entschlossen, den Wünschen der Mitarbeiter nachzukommen und mit asiatischer Ausführlichkeit das Handbuch zu erweitern und fertigzustellen. Anni stand ermutigend dahinter. Es war eine größere Arbeit gewesen, als ich es mir vorgestellt hatte, aber es wurde von immer mehr jungen Menschen, die in der Kinderarbeit standen, verlangt. Schon vor der Drucklegung des fertigen Manuskripts brach eine Schülerin damit auf die Insel Sulawesi auf. Heute ist es in neun Sprachen übersetzt; ein zweites kam später dazu. Diese Bücher bilden die Grundlage aller unserer Schulungskurse.

Im Jahr 1967 hatte mir Gott die Verheißung gegeben, dass der kleine Anfang in Batu indonesienweit werden würde. Das schien damals so unmöglich. Nun – zehn Jahre später – sahen wir voller Staunen, wie Gott diese Verheißung zu erfüllen begann.

6. Zwei Aufträge werden erfüllt

Die Freisetzung und Freude im Heiligen Geist hatten uns neue Stoßkraft verliehen. Für Ruth ging es um die Erfüllung ihres zweiten Auftrags, das Errichten einer Freizeitstätte in Junggo. Für mich stand eine nochmalige gründliche Überarbeitung des *Sonntagsschulhelfers* an. Beides lief vom Sommer 1977 bis zum Sommer 1981 nebeneinander her und fügte sich ineinander: Die Bauperiode, bis auch das Jugendhaus *Sela* stand und die Revision der 18 Bücher des *Sonntagsschulhelfers*, die ein neues Gesicht bekamen.

Baubeginn in Junggo

Im Sommer 1977 kam Familie Snedden aus dem Heimaturlaub zurück. John Snedden erklärte sich bereit, den Bau der geplanten drei Häuser zu überwachen. Nun kamen Ruths Pläne zum Tragen: Das Haupthaus sollte auf der oberen Terrasse errichtet werden und ein kleines und ein größeres Gästehaus auf der zweiten Terrasse. Neben dem Geld, das wir auf dem Konto *Hoffnung* gespart hatten, erhielten wir eine unerwartete große Gabe, die den Baustart möglich machte. So konnte das Land zum Bauen vorbereitet werden. Danach sollte mit dem Bau des Haupthauses begonnen werden, auf dem Fundament des alten Gebäudes aus holländischer Zeit.

An einem sonnigen Oktobertag kam die ganze Gemeinschaft von Batu nach Junggo, um das Grundstück dem Herrn zu weihen und für die Bauperiode um Bewahrung vor Unfällen zu beten. Da ringsum bekannt war, dass dämonische Geister ihr Unwesen auf dem Gelände trieben, gebot Volkhard Scheunemann ihnen in Jesu Vollmacht unser Land zu verlassen und stellte es unter Gottes Schutz.

Die erste Bauperiode dauerte von Oktober 1977 bis Mai 1978. Im Dezember gab es einen Baustopp. Alles Geld war aufgebraucht. Sneddens waren bereit, bis Weihnachten zu warten, ob neue Spenden eingehen würden. Wir riefen zum Herrn! Drei Tage vor Weihnachten erhielt Ruth die Nachricht, dass ein Cousin seinen Bausparvertrag aufgelöst hatte, um uns den Betrag für die Kinder- und Jugendarbeit in Indonesien zu überweisen. Es war die größte Einzelgabe, die wir je für Junggo erhalten hatten. Sie ermöglichte das Fertigwerden der drei Häuser. Sneddens blieben und das Bauen konnte fortgesetzt werden.

Am 20. Mai 1978 zog **ich, Ruth,** mit Celly, einer Mitarbeiterin aus Menado, und einem Hausmeisterehepaar dort oben ein. Es war ein strahlender Samstag. Wir hatten Matratzen und Bettzeug von Batu nach oben gebracht und legten es in die Sonne, bevor wir alles in die Zimmer einräumten. Trotz vieler Arbeit waren wir in Hochstimmung; wir konnten uns nicht sattsehen an der Schönheit, die uns umgab. Wie immer in Indonesien wurde es schon um 18 Uhr dunkel. Wir hatten noch kein elektrisches Licht, hatten uns aber mit Petroleumlampen eingedeckt. So gingen wir früh schlafen. Und dann kam für uns alle der Test. Ich wurde mitten in der Nacht von irgendetwas Unsichtbarem gewürgt. Es ging um mein Leben. Plötzlich konnte ich sagen: »Komme ich um, so komme ich um, aber ich gehe nicht zurück!« Und dann kam mir der Name Jesus über die Lippen. Der Zugriff lockerte sich, ich war frei. Am Morgen berichtete Celly von einem ähnlichen Erlebnis und Familie Kasir war ganz verängstigt, weil sie in der Nacht feurige Bälle in ihrer Wohnung hatten rollen sehen.

Es waren also nicht nur Spukgeschichten gewesen, die wir von den Dorfbewohnern gehört hatten! Wir wurden mit dunklen Mächten konfrontiert. Dazu hatte es begonnen zu regnen. Der ganze Berg war von Wolken verhüllt. Uns fröstelte. Und doch war an diesem ersten Sonntag ein warmer Kontakt zwischen Celly und mir entstanden. Wir konnten den nächsten Tag mit einer Andacht beginnen und hatten auch schon einen Arbeitsplan. Sneddens waren kurz zuvor nach Sumatra abgereist; so half mir ein anderer Mitarbeiter an diesem Tag in Malang eine Wasserpumpe und einen Generator zu kaufen. Im Laufe der Woche konnten diese beiden wichtigen Geräte angeschlossen werden und am nächsten Sonntag kamen die ersten Gäste: Eine Gebetsgruppe aus Surabaya, die dritte Klasse der Bibelschule und Kinder aus der Sonntagsschule von Batu. Gegen Abend kam noch einmal eine befreundete Familie, die mit uns am Kaminfeuer saß und Brot am Spieß röstete.

Celly hatte gern die Verantwortung für die Küche übernommen. Frisches Gemüse gab es auf dem Markt in Batu. Auf dem Weg dorthin – in öffentlichen Kleinbussen – fragten die Dorfbewohner sie immer wieder: »Lebt ihr alle noch?«, was sie fröhlich bejahen konnte. Jahre später, als in diesem Dorf eine kleine Gemeinde entstanden war, erzählten uns die Dorfbewohner, dass niemand von ihnen auf diesem Land hätte leben können. So erfuhren die Menschen um uns herum, dass unser Gott stärker ist als alle dunklen Mächte.

»Höchstens zwei Monate im Jahr werden eure Gästehäuser besetzt sein«, hatte Pak Octavianus am Anfang recht skeptisch geäußert. Er sollte nicht Recht behalten! Vom ersten Tag an – wir hatten noch kein Wasser und kein Licht – meldeten sich Jugendfreizeiten und müde Missionarsfamilien an. Aus der Küche, die erst einige Bänke und einen Petroleumkocher als Einrichtung aufwies, servierte Celly köstliche Gerichte. Das waldreiche Hinterland lockte Gäste, weite Spaziergänge in kühler Luft zu machen, ein Luxus im tropischen Indonesien. Bibelschullehrer aus Batu kamen für kürzere Zeit, um ihren Unterricht vorzubereiten, andere schrieben Bücher bei uns. Teilnehmer von Schulungskursen machten einen Tagesausflug nach Junggo. Wir hatten nicht vergeblich gebaut.

Es gab aber auch Tage, an denen uns vor unserem eigenen Mut bange wurde, Tage der Enttäuschung und des Fragens, wenn in manchen Monaten schon am frühen Nachmittag Nebelschwaden durch den Garten zogen und es den indonesischen Gästen zu kalt war. Hatten wir den rechten Platz gewählt? Aber hatte nicht Gott uns an diesen Platz geführt? Ein gemütlicher Abend am wärmenden Kaminfeuer und eine Nacht unter warmen Schlafdecken halfen, über diesen Fragen zur Ruhe zu kommen.

Ein Jahr brauchten wir, um die Häuser einzurichten. Doch je besser sie eingerichtet wurden, desto weniger Platz gab es für Jugendfreizeiten. Man konnte doch nicht jedes Mal die bequemen Stühle ausräumen und Kommoden und Schränke an die Wand rücken, um ein Massenlager einzurichten! So beteten wir weiter um ein Jugendhaus.

Inselweite Konsultation

Bei allen Planungen für das Freizeitgelände in Junggo, auf dem nun gebaut wurde, lief die Betreuung des *Sonntagsschulhelfers* nebenher. Der Grundplan der Lektionen für die drei Jahre aller drei Altersstufen blieb fast unverändert – auch bei zwei späteren Revisionen, die 1988 und 1997 begannen. Aber die Zeit war nicht stehen geblieben. Neue Entwicklungen in der Pädagogik brachen sich Bahn. Dozenten eines sehr fortschrittlichen Lehrerinstituts in Malang bestärkten uns darin, Methoden einzubauen, die Kinder in den Lernprozess einbezogen, und neues Anschauungsmaterial zu entwickeln.

Für die Zeit vom 27. Juli bis 10. August 1977 luden wir zu einer Konsultation ein, zu der Leiter kommen sollten, die das Kindermaterial in ihren Gemeinden benutzten. Durch Vertreter von Kalimantan, Sulawesi, Sumatra und Java durften wir tiefer in die Besonderheiten einzelner Stämme oder Volksgruppen hineinsehen als je zuvor. Ein Bericht von Timor vervollständigte das Bild: Kinder werden zur Furcht vor Geistern und damit zur Passivität erzogen. Anderen wird ganz früh ein Gefühl der Minderwertigkeit vermittelt, um sie besser »lenken« zu können. In unseren Herzen wurde ein tiefes Verlangen wach: »Herr, lass uns das Wort Gottes so kreativ sagen dürfen, dass Kinder und Jugendliche frei werden, dich zu lieben und zu wachsen.«

Wir erlebten zehn ertragreiche Tage, geistlich und menschlich erfrischend. Es lag uns sehr daran, Rückmeldungen aus den verschiedensten Gegenden Indonesiens zu bekommen: Was kam an in der biblischen Unterweisung der Kinder, was nicht? Wo waren Verbesserungen nötig? Auch Wünsche für neue Illustrationen und Aktivitäten nach dem Erzählen der biblischen Geschichte nahmen wir auf. Das alles wäre brieflich kaum zu erfahren gewesen. Unser gemeinsames Ziel war, den ersten Jahrgang neu revidiert für 1979 anbieten zu können. Aus den Vierteljahresheften sollten Halbjahresbände mit farbigem Umschlag werden. Der Versand würde dadurch auch auf zweimal im Jahr beschränkt werden und Arbeit und Versandkosten sparen.

Die größten Änderungen beschlossen wir für das Bildwerk. Statt nur einiger Schwarzweiß-Bilder sollten die Bildblätter in größerem Format zwei- bis dreifarbig gedruckt und in einer verschließbaren Plastikmappe verpackt beigelegt werden – gesichert gegen Staub und Regen. »Wir wollen in Verbindung bleiben«, sagten wir zueinander, als wir uns nach zehn Tagen ertragreicher Zusammenarbeit trennten.

Es zeigte sich bald, dass wir um gute Qualität unserer neuen Bilder kämpfen mussten, aber sie waren es uns wert. Zwei junge Studenten der Kunstakademie in Bandung, Rene und Nani, entwarfen die neuen Umschlagbilder zu unseren Büchern für die drei Altersstufen. Ihr Bild über die Austreibung aus dem Paradies, das recht verwaschen und ungenau gedruckt wurde, nahmen wir nicht an, obwohl schon 4000 Bilder vorlagen. Die Bilder mussten nach einer langen Besprechung noch viermal durch die Maschine laufen, bis endlich, wie auf dem Original, der Glanz des Paradieses und die Dunkelheit der vor Adam und Eva liegenden Welt herauskamen. Dem Bild von Kain und Abel ging es nicht viel besser. »Warum muss man alles so genau nehmen? Wir sind doch in Indonesien«, sagte der Chef der Druckerei zu uns Deutschen. »Weil wir mit diesen Bildern Gottes Wort verkündigen, und da ist nur das Beste gut genug«, war unsere Antwort. Daraufhin wurden das Nachtbild *Jesus und Nikodemus* und das Bild in der Mittagshitze, *Jesus mit der Samariterin am Brunnen,* gleich beim ersten Druck gut.

U-lab: Ein neuer Baustein im Schulungskonzept

Im Juli 1978 luden wir wie jedes Jahr zu einem indonesienweiten Leiterkurs für Kinderarbeit ein. Wir hatten Alice Shae aus Singapur als Gast-Dozentin dazu eingeladen. Dieser Leiterkurs sollte eine bahnbrechende Veränderung des Konzepts bringen, das alle weiteren Schulungen bereichern sollte – bis heute!

Schon Wochen zuvor spürten wir, dass etwas Besonderes in der Luft lag. Es ging durch viele Anfechtungen und Schwierigkeiten, die uns mutlos machen wollten. Der stärkste Angriffspunkt war diesmal unser Auto. Am Tag vor Beginn der Schulung wurde Ruth beim Einbiegen in unsere schmale Gasse von hinten von einem Jeep angefahren und einige Meter nach vorne geschoben. Wie durch ein Wunder kam unser Auto, dessen Vorderräder schon über einem tiefen Graben hingen, zum Stehen, weil der Jeep an einem Telefonpfosten hängen blieb. Ruth konnte unverletzt, aber unter schwerem Schock aussteigen. Das Auto war so schwer beschädigt, dass es verkauft werden musste.

Zwei Stunden später traf Alice Shae ein. Sie erzählte, dass sie in Singapur so angefochten worden sei, dass sie sich gefragt habe, welchen Segen der Herr wohl für diesen Leiterkurs vorbereitet habe. Alice hatte recht. Was wir mit unseren Kursteilnehmern in den beiden kommenden Wochen erlebten und erarbeiteten, hat unser Schulungskonzept und das unserer Nachfolger bis heute verändert. Der neue Baustein hieß *Unterrichts-Labor*, kurz U-Lab genannt.

Während ihrer Zeit als Missionarin in Burma hatte Alice Shae dieses neue Konzept in ihre Schulungsarbeit eingebaut. Die Sonntagsschulmitarbeiter sollten nicht länger nur sitzen und mitschreiben, was sie ihnen vortrug. Durch praktisches Ausprobieren dessen, was sie gehört hatten, sollten sie zu dem »Aha-Erlebnis« geführt werden, dass sie danach zu einer lebendigen Weitergabe des Wortes Gottes an ihre Kinder in der Lage waren. Durch diese praxisbezogene Art der Schulung konnten wir nun die Teilnehmer von den verschiedenen Inseln auf drei Ebenen zurüsten und geistlich stärken:

- Durch Vorträge zu den grundsätzlichen Aspekten der Kinderarbeit in den Kirchen. Unser neu erschienenes Handbuch ersparte den Teilnehmern das Mitschreiben. Sie stellten ihr eigenes Anschauungsmaterial her, das sie dann in ihre Kirchen und Gemeinden mitnahmen.
- Durch die Einführung des Unterrichts-Labors

- In der ersten Woche erklärte Alice Shae das Konzept des U-Lab, weil niemand außer ihr bis dahin damit gearbeitet hatte. Wir als Leiter hielten danach Kinderstunden, eine für jede der drei Altersstufen. Diese drei Stunden wurden von allen Teilnehmern aufmerksam beobachtet. Danach war eine halbe Stunde eingeplant, in der die Teilnehmer ihre Beobachtungen besprechen konnten. In der zweiten Woche unterrichteten die Teilnehmer in Gruppen zu dritt, jeder in der Altersstufe, die er gewählt hatte. Auch ihre Stunden wurden anschließend von denen besprochen, die sie beobachtet hatten.
- Durch geistliche Stärkung der Teilnehmer: Morgenandachten, Bibelstudium und Abendandachten. Einige Lehrer und Bibelschüler standen bereit, um mit Ratsuchenden zu sprechen und zu beten.

Am Ende dieser Schulungswochen konnten wir als Leiter sagen, dass dies die schönste Erfahrung war, die wir bis jetzt während unserer Schulungen gemacht hatten! Das U-Lab war angekommen und angenommen worden.

Minahassa in Sicht

Ruth: Inzwischen hatte das Kinder- und Jugenddepartment Verstärkung bekommen. Lexy Pello hatte seine Bibelschulausbildung abgeschlossen und es gewagt, sich im Kinder- und Jugenddepartment als Mitarbeiter zu melden – trotz der Fragen seiner Mitstudenten: »Du in Kinderarbeit? Du kannst doch mehr als das!« Lexy war vielseitig begabt. Seine frohe Art und sein frisches Singen belebten bald das Mitarbeiterteam. Und doch stiegen in Lexy bange Fragen auf, als wir uns auf einen Dienst in Minahassa vorbereiteten. »Haben wir genug zu bieten? Werden wir ankommen in der am meisten entwickelten Provinz Indonesiens?« Erst an

Ort und Stelle verstand ich, wie unterschiedlich die Volksgruppen Indonesiens sich gegenseitig einstufen. Lexy, von Timor kommend, fühlte sich von vorneherein den Leuten aus Minahassa unterlegen. Trotzdem machte er sich mutig mit auf den Weg!

Wir flogen! Unsere Maschine verringerte Höhe und Geschwindigkeit. Unter uns lag eine Hügellandschaft übersät mit Kokospalmen. Unser Herz schlug höher, wir waren beinahe am Ziel unserer Reise angekommen! Und da waren sie auch schon: Celly Mumo, unsere Mitarbeiterin, die vorausgefahren war, und die jungen Männer und klugen Frauen, die uns schon im vergangenen Jahr beim Sonntagsschul-Leiterkurs in Batu beeindruckt hatten. Bald entdeckten wir auch das feingeschnittene Gesicht des Leiters der Kommission für Kinderarbeit, der uns im Namen der Synode der Minahassakirche willkommen hieß. Ein Traum war Wirklichkeit geworden. Ein Jahr lang hatten wir im Briefwechsel gestanden; nun gab es eine offene Tür. An drei strategischen Orten waren Lehrgänge geplant. Zweiunddreißig Dekanate sandten Vertreter, hauptsächlich Lehrer oder Universitätsstudenten und Verantwortliche in den Gemeinden. Jeder Lehrgang umschloss acht volle Arbeitstage. Wir hatten ein straffes Programm, morgens vier Unterrichtsstunden nebst Morgenandacht, nachmittags Einübung in praktische Kinderarbeit, abends Herstellung von Anschauungsmaterial.

Als Unterrichtshilfe brachten wir das Handbuch für Kinderarbeit mit. Für die Kinderstunden war der neu gestaltete *Sonntagsschulhelfer* mit Anschauungsmaterial ein voller Erfolg. Immer wieder wurden wir gefragt: »Bekommen wir bestimmt auch das nächste Buch?« »Ja, gewiss«, war meine Antwort mit einem Stoßgebet für Anni verbunden, die in Batu Überstunden machte, damit das nächste Halbjahr wirklich rechtzeitig in die Druckerei kam. In der Hauptstadt Manado hatte ein Jurastudent unser kleines Team, Lexy,

Celly und mich, aufs Korn genommen. In jeder Diskussionsstunde waren seine gezielten Fragen für uns eine Herausforderung. Am sechsten Tag ging er wie beiläufig an mir vorbei und fragte: »Kann ich dich einmal allein sprechen?« Ich durfte Zeuge werden, wie Ferry sein Leben, das so voller Widersprüche war, Jesus übergab. Mehr als das, im dritten Kurs war Ferry unter unseren Mitarbeitern; auch kleine Dienste tat er gewissenhaft.

In der Hafenstadt Bitung – ganz im Nordosten von Minahassa – flutete die Sonne täglich durch die schlichte Kirche, in der wir unsere Stunden halten durften. Aber geistlich war es sehr dunkel! Gegen Ende des Lehrgangs sprachen wir über die Durchführung einer Kinderwoche. Hamid und Kinza diente als fortlaufende Geschichte; dazu hatten wir Anschauungsmaterial über das Thema: Wie komme ich aus dem Reich der Finsternis ins Reich des Lichts? Bei diesem Vortrag war Gottes Gegenwart besonders spürbar und auch später, als Lexy unterrichtete »Wie führe ich ein Kind zu Jesus?« Viele waren so ergriffen, dass die darauffolgende Diskussionsrunde nicht in Gang kommen wollte. Dann brach eine Lehrerin das Schweigen: »Können wir nicht mit euch persönlich sprechen? Wir sind leer, wir wollen so nicht nach Hause fahren.« Einen besseren Vorschlag konnten wir uns nicht wünschen. Wir brachen ab und stellten uns bis zum Mittagessen zu persönlichen Gesprächen zur Verfügung. Von da ab hatten wir keine Freizeit mehr. Etwa ein Viertel der Teilnehmer traf die Entscheidung, Jesus nachzufolgen.

In Langoan in den Bergen waren unter den 104 Kursteilnehmern hauptsächlich Lehrer, darunter nicht wenige Religionslehrer. Kein elektrisches Licht, zu wenig Tische, eine Mammutaufgabe. Es war keine Zeit zu verlieren, wir riefen von Anfang an zum Herrn: »Herr, lass ein Viertel – das sind fünfundzwanzig Leute – einen neuen Anfang mit dir machen!« Wir hatten zunächst den Eindruck, dass diese profilierten Leute sich fragten: »Was will uns dieses Team schon sagen!« Trotzdem lehrte Lexy unentwegt frohe Lieder. Bald klang und sang es auch zwischen den Stunden. Die Teilnehmer stellten kluge Fragen. Der Durchbruch kam an einem Sonntag. Wir hatten Zeit für Einzelgespräche. Und am Abend stellten wir fest: 25 der Teilnehmer hatten einen neuen Anfang mit Jesus gemacht.

Am zweitletzten Abend wurde ich von dem stellvertretenden Leiter der Synode eingeladen. Er hatte uns an jedem Platz besucht. Würde er einverstanden sein mit dem was wir brachten? Er hatte seinen Doktor in Theologie in Deutschland gemacht! »Danke, dass Sie Erweckung für unsere Kinder gebracht haben«, sagte er anerkenend und fügte hinzu: »Diese Lehrer haben die Methode erfasst, sie werden nicht mehr davon abgehen!« Gott hatte auch in Langoan gegeben, um was wir Ihn gebeten hatten.

»Und was sind Ihre weiteren Pläne?«, fragte der Synodenbeauftragte. »Wir haben keine weiteren Pläne«, war unsere Antwort. »Wir wurden eingeladen. Die Nacharbeit ist Sache der Kirchen und Synoden.« Er war zufrieden mit meiner Antwort. Unsere Strategie hatte Vertrauen geweckt.

CE-Konferenz in Singapur und ihre Folgen

Eine ganz unerwartete Einladung erreichte uns bald darauf von Singapur. Eine asienweite Christian Education-Konferenz war für 1979 geplant, das weltweit als »Jahr des Kindes« gefeiert wurde. Frau Shae hatte Zugang zu dieser Initiative und so wurden wir eingeladen, unsere Arbeit dort zu vertreten. Anni war zu der Zeit in Heimaturlaub, so ging ich. Schon beim Eröffnungsbankett kam ich nicht aus dem Staunen heraus. Wie frei und gewandt sich asiatische Vertreter hier bewegten! So etwas hatte ich in Indonesien noch nicht angetroffen. Wir tagten in den Räumlichkeiten des

Chinesischen Theologischen Seminars. Der Leiter der Konferenz war ein Koreaner. Die Vertreter von Indien, Japan, den Philippinen und natürlich auch von Singapur brachten wertvolle Beiträge. Dozenten des einladenden Seminars waren zudem Fachkräfte, die uns das ganze Spektrum der christlichen Unterweisung, für alle Altersgruppen, von der Wiege bis zur Bahre, vorstellten. Es war ein Hochgenuss! Vertreter aus Indien stellten ihr »einheimisches« Kurriculum vor. Die Philippinen hatten neue Fachliteratur auf den Markt gebracht. Japan erhob seine Stimme.

Und Indonesien? Dreißig Vertreter aus Indonesien waren anwesend. Zum Teil kannte ich sie als gestandene Frauen und Männer, unter ihnen der Dekan eines Lehrerausbildungs-Institutes in Malang. Und doch wagte keiner auf diesem Fachgebiet seine Stimme zu erheben, bis zuletzt eine amerikanische Missionarin für Indonesien sprach. Der Grund dafür war, dass Missionare aus Holland bei der Gründung indonesischer Kirchen maßgebend beteiligt gewesen waren. In den Presbyterianischen oder auch Reformierten Kirchen war die Christliche Unterweisung auf den Sonntagsschul- und Religionsunterricht beschränkt geblieben, so wie wir es auch in Deutschland kennen. Die Konzepte der christlichen Unterweisung für junge Erwachsene, für Familien, für die Betagten – um nur einige Gruppen zu nennen – waren uns völlig fremd. Dazu waren in Indonesien der Religionsunterricht in den Schulen und die Kinderarbeit in den Kirchen in zwei verschiedene Departments der obersten Kirchenleitung (DGI) beheimatet.

So gab es eine Menge Anregung und genug Motivation, diese Anregungen umzusetzen. Das ging nicht nur mir so. Frau Shae war die Erste, die den Ertrag dieser Konferenz für weitere indonesische Kreise verfügbar machte. Die verschiedenen Vorträge und Konsultationen waren ja zum Teil schriftlich niedergelegt worden. Deshalb rief Frau Shae einige von uns Teilnehmern aus Indonesien nach Cebu auf die Philippinen, um in Ruhe dieses Material zu überarbeiten. So entstanden schon bald kleine Hefte in indonesischer Sprache über die verschiedenen Aspekte der christlichen Unterweisung. Die Asienweite CE-Konferenz hatte deutlich gezeigt, dass auch in Indonesien ein Weiterentwickeln des Konzeptes der christlichen Unterweisung nicht nur für Kinder, sondern für alle Altersstufen wichtig war.

Nur ein Jahr später luden wir vom Kinder- und Jugenddepartment in Batu Vertreter aus dem weiten Inselreich zu einer ersten indonesienweiten Christian Education Conference ein. Das war unser Tribut an die Erfahrungen in Singapur. Wir hatten zwar Sprecher mit westlichem Hintergrund, aber alle brachten ihren Beitrag auf Indonesisch. So konnte eine unsichtbare Mauer durchbrochen werden. Nicht nur Kinder brauchen das Wort Gottes so lebendig und wirklichkeitsnah, dass es im Alltag zu Veränderungen kommt. Jede Lebensphase erlebt neue Anforderungen, die vom Wort Gottes durchleuchtet werden müssen, so dass es zu geistlich geprägter Persönlichkeitsreifung kommt. Wenig ahnten wir, wie liebevoll uns Gott durch diese Konferenz auf die noch verbleibenden Jahre in Indonesien vorbereitete.

Bali – so sollte eine Kinderbibelwoche sein!

Einen dritten Höhepunkt des Jahres 1979 erlebten wir durch eine Einladung von Lelia Lewis. Sie bat Ruth und mich nach Bali zu kommen, um noch im weltweit ausgerufenen *Jahr des Kindes* eine Kinderbibelwoche in dem Waisenhaus ihrer Kirche zu halten. Lelias Idee war, 18 junge Christen aus verschiedenen Berggemeinden Balis einzuladen, die lernend und mitwirkend an dieser Woche teilnehmen sollten. Danach würden sie die gleiche Kinderbibelwoche in sechs ihrer Gemeinden halten. Das hatten wir so noch nie kombiniert. Dieses spannende Abenteuer fand vom 18.–25. November statt. Ruth und ich freuten uns, diesen Dienst zu zweit tun zu können. Schon jahrelang hatten wir keine gemeinsamen Außendienste mehr getan. Wir genossen den halbstündigen Flug in einen wunderschönen Abendhimmel hinein.

Das Material *Wandel im Licht,* das wir in Kinderbibelwochen in und um Batu herum unterrichtet und weiterentwickelt hatten, lag jetzt in gedruckter Form vor. Die fünf biblischen Geschichten wurden ergänzt durch die Fortsetzungsgeschichte *Hamid und Kinza* von Patricia St. John, zu der eine indonesische Zeichnerin große farbige Bilder gemalt hatte.

Der Anfang in Bali war nicht leicht. Gleich am ersten Nachmittag verlor unsere Gastgeberin ihren Geldbeutel mit Inhalt und Personalausweis, den sie nicht mehr wiederbekam. Das war für uns ein Warnzeichen, täglich vereint im Gebet gegen die listigen Anläufe des Feindes zu stehen. In jener Woche war ja ganz Bali auf den Beinen. Das größte Hindufest des Jahres wurde gefeiert. Die Straßen prangten in ihrem kunstvollen Schmuck aus Bambusgeflecht, Bändern und Schleifen. Die Altäre in allen Gärten, Vorhöfen und auf öffentlichen Plätzen waren mit sorgfältig zubereiteten Opfergaben bedeckt, die dreimal täglich erneuert wurden. Steinerne Götterfiguren hatten neue Lendenschurze bekommen, schwarz-weiß-kariert, denn im Hinduismus hält sich gut und böse die Waage. Statuen wurden in feierlichen Prozessionen unter Musikbegleitung ans Meer getragen, um dort gebadet zu werden. Freunde besuchten Freunde, köstliche Reismahlzeiten auf dem Kopf balancierend.

Während dieser Woche, in der die Götter Balis geehrt wurden, brachten wir im Waisenhaus 60 Kindern die frohe Botschaft: »Wir dürfen durch Jesu Tod am Kreuz von dem

Reich der Finsternis in das Reich des Lichtes gehen.« Unser Leitspruch war: »Bekehrt euch von diesen falschen Göttern zu dem lebendigen Gott, der Himmel und Erde und das Meer gemacht hat und alles, was darinnen ist.« (Apostelgeschichte 14,15) Am Vormittag hielten wir die Kinderfreizeit, in der alle 18 Helfer abwechselnd mit unterrichteten. Am Nachmittag übten wir für den nächsten Tag und am Abend stellten wir das Anschauungsmaterial her, das die jungen Menschen in der darauffolgenden Woche in ihren Gemeinden benutzen wollten.

Als wir am vierten Tag die Kinder fragten, wer von ihnen Jesus in sein Herz aufnehmen wolle, herrschte eine große Stille im Raum. 18 Helfer und Ruth und ich beteten mit vierzig Kindern und halfen ihnen, ihr Leben Jesus zu öffnen. Am fünften Tag strahlten die Gesichter und die Lieder klangen fröhlicher, weil Jesus ihnen Gewissheit der Vergebung geschenkt hatte. Nach dieser Kinderbibelfreizeit fuhren unsere Helfer gut vorbereitet und mit allem Material ausgerüstet zuversichtlich in ihre Gemeinden, um dort Kinderwochen zu halten. Jesus war auch ihnen in seinem Wort neu begegnet.

Am Schulungsmodell der Kinderbibelwoche in Bali waren uns fünf Punkte wichtig:

- Sich gründlich vorzubereiten und mit einem Leiter zu üben
- Andere beim Unterrichten zu beobachten und die Beobachtungen einzubringen
- Selbst zu unterrichten und danach Rückmeldung anderer anzunehmen
- Am vierten Tag »Geburtshelfer« zu werden, als viele Kinder zu Jesus kamen

- Die Helfer zu ermutigen, das, was sie gelernt hatten, auch in ihren Orten zu tun und andere dabei anzuleiten.

Tags darauf besuchten Ruth und ich noch eine der alten Hindustätten in der Stadt. Bald waren wir auch dort von Kindern umringt mit großen fragenden Augen, zum Teil auch recht dreist. Wir sangen ihnen das Lied vor »Lasst die Kinder zu mir kommen« und sie sagten verlangend: »Noch einmal, das war so schön!« Da wussten wir, dass wir nur einen kleinen Bruchteil der Kinder Balis erreicht hatten. Und doch, die evangelistische Kinderbibelwoche war gepflanzt und konnte sich nun ausbreiten, um vielen Kindern zu helfen, den Schritt aus dem Reich der Finsternis in das Reich des Lichts zu tun!

Lexy und Lies heiraten

Der vierte Höhepunkt dieses ungewöhnlichen Jahres war die Hochzeit von Lexy und Lies am 13. Dezember 1979. Ende des vorangegangenen Jahres hatte sich Lies Pandi entschlossen, als vollzeitige Mitarbeiterin in das Kinder- und Jugenddepartment zu kommen. Lexy war sehr daran interessiert, denn seine Augen hatten schon längst an Lies Gefallen gefunden; sie waren auf der Insel Timor als Nachbarkinder aufgewachsen!

Endlich war der große Tag gekommen.

»Was sucht ihr hier?« Pak Octavianus als stellvertretender Vater der Braut, hatte die Tür von unserem Haus Tekoa geöffnet, in dem Ruth und Lies wohnten, und begegnete dem stellvertretenden Vater des Bräutigams.

»Wir haben etwas ganz Wichtiges verloren, es ist in diesem Haus!«

»Ist das auch deine Überzeugung?« war die strenge Frage an den Bräutigam.

»Ja, ich habe eine meiner ‚Rippen‘ verloren und sie ist in diesem Haus zu finden.«

»Dann kommt herein!«

Die große Familie von Lexy folgte dem Bräutigam und drängte in unser Wohnzimmer. Dann durfte Lies, die Braut, aus ihrer Kammer heraustreten. Wir hatten sie vorher in unserem Esszimmer geschmückt. Lexys Hände zitterten leise, als er der Braut das Orchideenbouquet überreichte. Auch meine Knie zitterten, aber niemand bemerkte es, denn ich trug ein langes Kleid. Zum ersten Mal in meinem Leben hatte ich eine timoresische Hochzeit ausgerichtet.

Ich kannte die beiden gut. Lies wohnte seit sechs Monaten mit mir in Tekoa und war mir eine liebe Tochter geworden. Lexy hatte ich während unseres Einsatzes in Minahasa besser kennengelernt. Unter seiner Sonntagspredigt dort hatte ich in ihm den Sohn erkannt, der das geistliche Erbe der Kinder- und Jugendarbeit weitertragen würde. Wir hatten in den vergangenen Monaten Stunden echter Gemeinschaft erlebt. Nun hatten sie mich gebeten, die Leitung aller Hochzeitsvorbereitungen zu übernehmen! Doch Gott half nicht nur, mit vielen kleinen und großen kulturellen Schwierigkeiten fertig zu werden, die bei einer solchen Hochzeit auftauchen. ER hatte unsere gemeinsamen Gebete dahin erhört, dass die Hochzeit wirklich IHN großmachte. Die Familie war sichtlich beeindruckt.

Bauabschluss in Junggo

Am 20. September 1980 stand in den Losungen der Herrnhuter Brüdergemeine das Wort aus 1. Chronik 28,20: »Gott der Herr wird die Hand nicht abziehen und dich nicht verlassen, bis du jedes Werk für den Dienst im Haus des Herrn vollendet hast.« Als ich dieses Wort las, wurde ich sehr froh. Es war wie für uns geschrieben, eine Ermutigung für die beiden großen Projekte, die wir im kommenden April beenden wollten: die Bücher des *Sonntagsschulhelfers* und den Bau des Jugendhauses in Junggo.

Der *Sonntagsschulhelfer* war ein Werk, das – wenn der revidierte Drei-Jahres-Zyklus abgeschlossen sein würde – im »Dienst im Haus des Herrn« nützlich sein würde. Als ich dann abends bei Kerzenlicht noch einmal das ganze 28. Kapitel aus 1. Chronik las, leuchtete ein weiteres Wort auf: In Vers 12 stand von Davids Bauplänen für den Tempel, sie seien »... Entwürfe für alles, was ihm durch den Geist in den Sinn gekommen war.« Hatte ich nicht auch Tag für Tag vor meinen Manuskripten gesessen, um das zu schreiben, »was mir durch den Geist in den Sinn kam«?

Das Wort passte aber auch für unser zweites Projekt, das Jugendhaus in Junggo. Auch dessen Baupläne waren uns »durch den Geist in den Sinn gekommen«. Ende 1979 war Familie Snedden überraschend und recht niedergeschlagen aus schwierigen Verhältnissen aus Süd-Sumatra nach Batu zurückgekommen. Für uns war ihr Zurückkommen ein Geschenk Gottes. John Snedden hatte die ersten Häuser in Junggo gebaut; er war bereit, nun auch den Bau des Jugendhauses zu überwachen. Er zog mit seiner Familie zu uns nach Junggo und begann im Februar 1980 mit den Vorbereitungen zum Bau des zweistöckigen Baues. Bis Mai war eine große Terrasse von vielen fleißigen Händen abgetragen, damit das Gebäude ganz dicht neben dem Haupthaus *Zarfat* entstehen konnte. Alles wurde ohne Baumaschinen mit der Hand gemacht. Nur ein Betonmischer hatte zeitweise zur Verfügung gestanden.

Da ich oben in Junggo meine Lektionen schrieb, konnte ich das Bauen aus nächster Nähe beobachten. Der große zweistöckige Bau wuchs vor meinen Augen in die Höhe: Die Mauern, das Dach ... Unten entstanden zwei Flügel mit den Schlafräumen für die Jungen und der andere für die Mädchen, jeder für zwanzig Betten, dazu vier kleine Badezimmer. Oben waren der große helle Aufenthalts- und Essraum, das Gebetszimmer, Wasch- und Bügelraum, der Raum für Angestellte und die Wohnung für die Leiterfamilie. Dann wurden Fliesen gelegt, die Badezimmer gekachelt und zum Schluss sollten Türen und Fenster eingesetzt werden. Am 30. Juli würde die Einweihung sein. Das Haus sollte *Sela* heißen, so wie wir es oft hinter Psalmabschnitten lesen. *Sela* bedeutet *Pause* oder auch *Fels*. Beide Bedeutungen passten. An der Hauswand von *Sela* steht bis heute der Vers aus Psalm 62,2 in indonesischer Sprache: »Meine Seele ist stille zu Gott, der mir hilft. Denn er ist mein Fels, meine Hilfe, mein Schutz, dass ich gewiss nicht fallen werde.«

… und dann wurde gefeiert

Der Eröffnungstag kam näher und näher und wir hatten immer noch kein Geld, die großen Fenster im Tagungsraum einzusetzen. So abhängig waren wir von unserem himmlischen Vater! Da erinnerte mich Gott eines Tages daran, dass ich noch ein zinsloses Darlehen auf dem Konto der Bibelschule Bienenberg in der Schweiz stehen hatte, »für den Notfall«. Nun war der Notfall da, wenn auch kein persönlicher! Die Bibelschule schickte die Summe im Eilverfahren. Nachdem sie für die Fenster ausgegeben war, begannen die Gaben wieder zu fließen. Das Kommen unserer deutschen Gäste und ihre Gaben lösten dann das letzte finanzielle Problem. Wir freuten uns über den Besuch von Frau Hoffmann, der damaligen Leiterin des Deutschen Frauen-Missons-Gebetsbundes, Schwester Ruth Kieser und meiner Schwester Ruth. Sie erhöhten unsere Festfreude.

Am 30. Juli fand die Eröffnung des Hauses *Sela* statt. Nach dem Kaffeetrinken versammelten sich die Gäste vor dem Jugendhaus. Lexy Pello begrüßte die Anwesenden.

Frau Snedden reichte Frau Oktavianus die Schere zum Durchschneiden des Bandes. John Snedden übergab Pak Oktavianus den Schlüssel des Hauses. Die Gäste gingen die Treppe hinauf zum großen Saal im ersten Stock. Dort überreichte ich Pak Octavianus auf einem Tablett die 18 neu aufgelegten Bücher des *Sonntagsschulhelfers* in ihren farbigen Umschlägen und den dazugehörenden Bildblättern. Auch sie waren rechtzeitig fertig geworden! Gemeinsam gaben wir Gott die Ehre.

Gaben aus Berlin, aus Stuttgart und aus Vancouver waren mit dem Vermerk »Für das Junggo-Fest« eingegangen. Sie halfen, das Festessen zu bezahlen, denn wir feierten vier Tage lang: Donnerstag war die Eröffnung. Am Freitag luden wir alle Kinder unserer Gemeinschaft zu einem frohen Nachmittag ein. Am Samstag durfte die Jugend übernachten und am Sonntag nach dem Gottesdienst fanden sich alle Familien mit kleinen Kindern ein, die noch keine Gelegenheit gehabt hatten, am Fest teilzunehmen.

7. Die Wurzeln lockern sich

Akademisches Studium im Bibelinstitut – ja oder nein?

Mehr als fünfzehn Jahre waren in Batu junge Leute aus den verschiedensten Kirchen und Gemeinden ausgebildet worden. Nach fünf Studienjahren, in denen reichlich Praktikumszeiten eingebaut waren, kehrten die jungen Leute zurück auf ihre Inseln oder setzten sich auf anderen Inseln in Evangelisation oder Gemeindebau ein.

Weil die Bibelschule in Batu keine akademischen Grade verlieh, sondern nur ein Zertifikat, konnten die Abgänger kaum auf eine Anstellung in den Stadtgemeinden hoffen, geschweige denn auf eine Mitarbeit in den Synoden. Anfang der 80er-Jahre breitete sich eine wachsende Unzufriedenheit unter den Bibelschülern aus, die von einigen Dozenten unterstützt wurde, von anderen aber nicht. Das Argument der einen Seite war: »Durch Verleihung von akademischen Graden kann die evangelikale Verkündigung, für die Batu steht, auch auf Synoden-Ebene den Kirchenleitungen vermittelt werden.« Das Argument der anderen Seite: »Unsere Bibelschüler sollten bereit sein, gerade in die entlegenen, noch unerreichten Gebiete unseres Inselreiches zu gehen und dort Gemeinden zu bauen. Wenn sie erst einen akademischen Grad erworben haben, werden sie sich in Stadtgemeinden bewerben.« Pak Oktavianus als Leiter des Bibelinstituts sprach ein Machtwort: »Ein Jahr lang kein Wort mehr über diese Sache! Danach werden wir im Leiterkreis eine Entscheidung treffen!«

Nach diesem »Schweigejahr« fiel der Entschluss: Das Bibelinstitut wird sich um Akkreditierung bemühen. Das hieß für uns Missionare, dass kaum jemand mehr an dem Institut würde unterrichten können, weil nur wenige unter uns einen Universitätsabschluss aufweisen konnten. So begann eine große Studienbewegung, die dem Lehrerkollegium – Ausländern und Indonesiern – helfen sollte, durch Weiterbildung Abschlussgrade zu erwerben, um dann auch die Bibelschüler auf akademischer Ebene unterrichten zu können.

Dieser Beschluss brachte Ruth, Lexy Pello und mich als leitende Mitarbeiter des Kinder- und Jugenddepartments in Bewegung. Wir hatten die Konzepte von Alice Shae und Lelia Lewis, die einen Mastertitel in Christian Education besaßen, in unsere Schulungsarbeit eingebaut. Nun durften auch wir in die Weiterbildung einsteigen!

Junggo wird zum Studienzentrum

Während die Gemeinschaft nach Wegen suchte, wie sich das Studium der einzelnen Dozenten gestalten sollte und wo sie studieren könnten, hatte Gott den Weg zu einem Studium in unserem Fachgebiet schon vorbereitet. Zusammen mit Alice Shae konnte Ruth das *Asian Theological Seminar* in Manila besuchen und Fachgespräche mit dem damaligen Leiter Dr. De Boer führen. So ermutigt erarbeitete Frau Shae einen ersten Entwurf für ein weiterführendes Studium, das zu einem Master in Christian Education (CE) führen würde.

Im April 1982 besuchte uns Dr. Edith Woods in Junggo und wieder war Weiterbildung in Christian Education das Thema. Am nächsten Morgen riefen wir Alice Shae, MA, in Singapur an, dazu Dr. Leatha Humes in Jakarta und Lelia Lewis, MA, in Bali. Wir baten sie, am 26. April nach Junggo zu kommen zu einer wichtigen Beratung in Sachen CE. Und dann saßen wir zusammen, die künftigen Dozenten und wir als angehende Studierende und entwarfen in zwei Tagen einen Studienplan für ein Masterprogramm in CE. Alle Dozenten erklärten sich bereit, für zweiwöchige

Kurse in ihrem Fachgebiet nacheinander nach Batu zu kommen, sodass das Studium kostensparend in unserem Freizeitzentrum stattfinden konnte. Sie waren alle bereit, ohne Honorar zu unterrichten. Am 28. April war alles bereit für die Besprechung mit Pak Oktavianus und zwei leitenden Dozenten des Bibelinstituts. Abends saßen wir uns in unserem *Haus Tekoa* gegenüber: der ganze Stab der »mittelalterlichen« Frauen und einige leitende Dozenten des Bibelinstituts. Etwas in Jahren Gewachsenes war ausgereift. Die vier Dozentinnen sagten mit einer Stimme: »Wir helfen euch.« Pak Oktavianus war bereit, im Glauben voranzugehen, nachdem Dr. Edith Woods den Plan des Masterstudiums vorgelegt hatte. Ein Dozent für Theologie und Mission hinterfragte kritisch: »Wozu *Christian Education*? Das kann man sich doch später in der Praxis aneignen!« Aber am Ende wurde der Plan angenommen. Nach einer Tasse süßen Tees, in froher Gemeinschaft getrunken, fuhren wir zufrieden nach Junggo zurück.

Am 18. September 1983 begannen wir unser Master-Studium im indonesischen Umfeld mit neun Studenten, sechs unter ihnen waren Indonesier. Junggo wurde zum Studienzentrum, in dem aber alle anderen Aktivitäten weiter liefen. Das war möglich, weil Ruths Schwester Luise die volle Verantwortung für Haus und Küche übernahm, während sie auf eine Möglichkeit wartete, in eine medizinische Arbeit in Ost-Timor einzusteigen.

Unser Studium verlief in drei Phasen zu je sechs Wochen, Herbst 1982, Herbst 1983 und Frühjahr 1984. In jeder Phase nahmen wir zwei Studieneinheiten durch, für die je 45 Vorlesungs- und Seminarstunden und 90 Stunden Selbststudium vorgesehen waren. Alle Themen wurden in die indonesische Kultur übertragen. Kein Studium im Ausland hätte diese Lebensnähe gebracht. Es war wertvoll, lang anstehende Fragen einmal unter fachlicher Anleitung aufarbeiten zu können.

Eine schwerwiegende Entscheidung

Ende des Jahres 1983 fand ein einschneidendes Ereignis statt, nach dem die Indonesische Missionsgemeinschaft nicht mehr die gleiche war. Die beschlussfassende Jahresversammlung, die nur alle drei Jahre stattfand, war zu Ende gegangen. Am 6. und 7. Dezember traf sich ein erweitertes Leitungsgremium im Hause *Wisma Hermina* zur Aufarbeitung einiger Themen der gerade zu Ende gegangenen Konferenz. Wir verbrachten zwei Tage in guter Zusammenarbeit und ungestörter Gemeinschaft. Das änderte sich ganz unerwartet am letzten Abend. Nach einem gemeinsamen Abendessen brachte Pak Octavianus noch einen letzten Punkt: »Zusammenarbeit mit anderen Kirchen.« Er berichtete, dass in Jakarta eine Gruppe von 60 Leuten in der Wohnung von Batu-Freunden zusammengekommen sei und eine eigene Kirche gegründet hätte, die nun Batu unterstehen sollte.

Es war, als hätte der Blitz eingeschlagen. Totenstille herrschte im Raum. Diese Stille irritierte Pak Octavianus. Er forderte jeden der sechzehn Anwesenden auf, zu dieser Gemeindegründung Stellung zu nehmen. Zum ersten Mal erlebten wir, dass nicht wie sonst gemischte Gruppen für oder gegen eine Sache waren. Alle indonesischen Geschwister gaben ihrer Freude Ausdruck über diese neue Entwicklung, während wir Missionare, mitten unter ihnen sitzend, ernste Bedenken anmeldeten: Wenn die Missionsgemeinschaft begänne, eigene Gemeinden zu gründen, würden sich dann nicht viele Türen in den Kirchen schließen, die eben erst aufgegangen waren, in Minahassa, Tanah Toraja, Kalimantan, Irian Yaja …?

Nach Abschluss dieser Zusammenkunft gingen wir auseinander, ohne uns in die Augen zu sehen – nach zwei Tagen herzlicher Gemeinschaft! Unsere Herzen waren schwer im Blick auf die Zukunft der Indonesischen Missionsgemeinschaft, deren Teil wir waren.

An jenem Abend saßen Ruth und ich noch lange zusammen, ohne zu sprechen. Dann empfing Ruth ein Wort aus Offenbarung 3,8: »Siehe, ich habe vor dir eine Tür aufgetan und niemand kann sie zuschließen; denn du hast eine kleine Kraft und hast mein Wort bewahrt und hast meinen Namen nicht verleugnet.« Die Erfüllung ihrer dritten Verheißung bahnte sich an: »Mit weißen Haaren werden deine Füße auf Chinas Boden stehen.« Sie schlief ein mit einem »Ja, Vater!« Am nächsten Morgen empfing auch ich eine Verheißung: »Der Acker ist die Welt«. Ich verstand seine Bedeutung noch nicht, aber nahm es an als ein Wort des Herrn für mich. Gott begann, unsere Wurzeln zu lockern, um uns hinauszuführen – in die Weite! Aber bis es soweit war, vergingen noch sechs Jahre.

Studium in den USA

»See you in Chicago«, verabschiedeten Ruth und ich uns im Dezember 1984 – in Deutschland. Die Leitung des Departments hatten wir im Herbst in Lexy Pellos Hände gelegt. Das machte uns frei für einen kurzen Heimaturlaub und ein Studiensemester in den USA. Am 29. Januar 1985 trafen wir uns – aus Deutschland und Kanada kommend – auf dem eisig kalten Flughafen von Chicago. Das gemeinsame Abenteuer konnte beginnen: ein Studiensemester in Kansas City, USA, das unserem indonesischen Master internationale Anerkennung verleihen sollte. Meine zwei College-Jahre in diesem Land lagen dreißig Jahre zurück, Ruth war zum ersten Mal in den USA. Alles war neu für sie.

Nach einem kurzen Aufenthalt in Chicago flogen wir weiter nach Kansas City. Dr. Gam Seng Shae und seine Frau, die uns den Weg in das CBTS (Central Baptist Theological Seminary) geebnet hatten, verbrachten dieses Semester ebenfalls dort als Gastdozenten. Sie holten uns von dem tief verschneiten Flughafen ab und nahmen uns für eine Woche in ihre Familie auf. Gleich am ersten Abend hörten wir eine interessante Nachricht: Nach unserem Studiensemester sei eine Chinareise geplant, geführt von unserem Professor in Kirchengeschichte. Als Studenten würden uns dafür Leistungspunkte angerechnet werden. Sollte das etwas für uns sein? Wir würden ja sowieso am Ende des Semesters nach Asien zurückkehren. China lag auf dem Weg… die Verheißung! Ruths Haare waren inzwischen fast weiß geworden. Aber wie würden wir eine solche Reise finanzieren können? Trotzdem signalisierten wir echtes Interesse. Nach einer Woche zogen wir dann in unsere geräumige Studentenwohnung um, die dreieinhalb Monate unser Zuhause werden sollte.

Bei der Auswahl der Kurse erfuhren wir, dass es eine Möglichkeit gab, in nur einem Studiensemester plus der Teilnahme an der Chinastudienreise so weit zu kommen, dass wir die letzten beiden Kurse in Junggo im Selbststudium würden fertigmachen können. Dann hätten wir bis zum 15. Dezember alle akademischen Forderungen für einen *Master of Arts in Religious Studies* erfüllt und dürften in Abwesenheit graduieren. Die Voraussetzung war allerdings, dass wir in dem vor uns liegenden Semester sechs Fächer belegten – eigentlich eines zu viel – und in diesen Fächern so gut abschnitten, dass man uns ein Selbststudium der letzten beiden Kurse erlauben würde. All dies war möglich, weil Dr. Shae, der als Professor für Neues Testament im CBTS unterrichtete, unser Studium in Indonesien vor der Fakultät des CBTS vertrat. Gott hatte uns an den rechten Ort geführt.

Ein intensives Lernen begann. Jedes Fach war eine Welt für sich, in die wir eintauchten, um uns dann einige Stunden später in das nächste zu vertiefen. Es war ein großes Vorrecht, in unserem Alter noch studieren zu dürfen, noch dazu zu zweit mit der Möglichkeit des Austausches. Das ließ uns auch schwierige Hürden nehmen.

Als wir ankamen, lag Kansas City unter einem Mantel von Eis und Schnee. Aber schon bald verwandelte sich die Welt vor unseren Augen und zog ihr Frühlingskleid an. Wir hatten in Indonesien jahrelang nur eine fast gleichbleibende grüne Landschaft vor Augen gehabt, jetzt konnten wir uns nicht sattsehen an den verschiedenen Phasen der Verwandlung, die an kahlen Bäumen und Sträuchern geschah. Auf einem unserer seltenen Spaziergänge außerhalb des Campus nahmen wir einen kleinen dürren Strauch mit, der aus einem Abfalleimer herausragte. In einem unserer Fächer hatten wir die Aufgabe erhalten, einen Bibeltext anschaulich darzubieten. Wir wählten Jeremia 17,5–8 und stellten den grünen Baum dar, an den Wasserbächen gepflanzt, und den Dornstrauch in der Wüste.

»How do you like America?«, wurden wir oft gefragt. Wir wussten es nicht genau. Für uns war das Seminar in Kansas City der von Gott bestimmte Platz, um unser Studium abzuschließen. Wir lernten die Menschen in ihrer Umwelt besser verstehen. Die ganze Kultur des »Mittleren Westens« erschloss sich uns in dem kleinen Radius des Theologischen Seminars und diese Welt wurde uns vertraut; wir durften in ihr einen Beitrag leisten.

Schon steuerten wir auf »mid term« zu – Halbzeit! Bis zum 10. April mussten wir uns entscheiden, ob wir uns für die Chinatour und für die zwei Kurse, die wir im Selbststudium in Batu absolvieren durften, anmelden wollten. Wir entschieden uns für beides. Ruths Schwester und eine ältere Freundin von mir, die schon zu Lebzeiten ihr Erbe verteilen wollte, schenkten uns das Geld für die China-Reise. So war der Weg frei und wir freuten uns.

Ruth sorgt für Schlagzeilen

Dann, Mitte April, sorgte Ruth für Schlagzeilen im Seminar. Mitten im Unterricht stellten sich bei ihr starke Herzbeschwerden ein. Über Notruf bestellte die Seminarbeauftragte einen Krankenwagen; die Notaufnahme befürchtete einen Herzinfarkt. Tage mit Untersuchungen folgten, einschließlich einer Herzkatheteruntersuchung. Und dann, nach fast einer Woche des Bangens und Hoffens, kam der Chefarzt ganz nahe an sie heran und flüsterte ihr ins Ohr: »Sie dürfen nach China reisen!« Ruths Zustand hatte sich wieder normalisiert. Trotz dieser Störung im Ablauf unseres Studiums konnten wir alle Arbeiten rechtzeitig abschließen.

Ich brach früher nach Kanada auf mit einer noch zu erledigenden Arbeit für unser Fach Kirchengeschichte im Reisegepäck: Den vor zwei Jahren erschienenen Chinesischen Katechismus, der mir in Deutsch zur Verfügung stand, in die englische Sprache zu übertragen. Ruth durfte das Land nicht verlassen, ehe ihre Krankenhausrechnung bezahlt war. So waren wir noch einmal in großer Spannung, denn die deutsche Krankenkasse übernahm nur einen sehr kleinen Prozentsatz der hohen Summe. Alles, was wir besaßen, hatten wir in die China-Studienreise investiert. Aber wir wurden nicht beschämt. Unser Professor für Altes Testament erkundigte sich eingehend nach unserer finanziellen Lage und überraschte Ruth bald darauf mit der guten Nachricht, dass ihre Krankenhausrechnung aus einer besonderen Kasse des Seminars »für bedürftige Studenten« bezahlt sei. Nun konnte auch sie sich auf die Studienreise nach China freuen.

Von Kansas City und Vancouver kommend trafen wir uns in Los Angeles und flogen von dort weiter nach Hongkong. Wie jeder, der diese Stadt zum ersten Mal aus der Luft und dann vom Boden aus erlebt, waren wir überwältigt von der Dichte des Häusermeeres, der schwindelnden Höhe vieler Gebäude und erfuhren mit Erleichterung, dass es in dieser Gegend keine Erdbeben gibt! Später wurde Hongkong 15 Jahre lang unser Wirkungsfeld.

Unsere Füße auf Chinas Boden

Am Vorabend unseres Grenzübergangs nach China, am 11. Juni 1985, trafen wir mit der Gruppe aus Amerika zusammen. Die Studienreise stand unter der Leitung von Dr. Robert Fuller. Morgen würden wir die Grenze nach »drüben« passieren und merkten, wie wenig wir eigentlich wussten und wie gespannt wir waren! Während der 12tägigen Reise durch China musste ich ein Tagebuch führen, als schriftlichen Abschluss meines Kurses in Kirchengeschichte. So erlebte ich jede Station dieser Fünf-Städte-Reise recht intensiv.

Guangzhou – das Eingangstor zu China

Wir waren im Hotel *Weiße Wolke* untergebracht, mit seinen 35 Stockwerken damals das höchste Gebäude in Guangzhou. Wir standen am offenen Fenster und sahen auf die sich unter uns ausbreitende Großstadt. *Unsere Füße standen auf Chinas Boden,* 13 Jahre nachdem Ruth die Prophetie empfangen hatte. Wir erlebten sehr viel an Schönheit, an Kunst, Kultur, aber wir sehnten uns danach, mehr vom Alltag der Menschen erfassen zu können.

Kurz vor unserer Weiterreise am dritten Tag – in einer Morgenstunde – verstanden wir: Der Befehl Moses an die

Kundschafter in Josua 2: »Geht hin, seht das Land an...« war Gottes Anweisung für uns: Kundschafter zu sein... nur das! Von da an konnten wir die Tour so nehmen, wie sie war, mit all dem Guten, dass wir erleben und genießen durften!

Nanjing – die Stadt der langen Brücke

Am vierten Tag wachten wir in einem Hotel in Nanjing auf, einer Stadt mit einer etwa 2400 Jahre alten Geschichte. Gleich am ersten Morgen staunten wir über die majestätische 6 km lange Brücke über den Yangtse, erbaut in den Jahren 1960–68.

Am selben Tag besuchten wir auch das Theologische Seminar, in dem nach der Kulturrevolution die erste Gruppe Studenten aus ganz China als angehende Pfarrer ausgebildet wurden. Wir saßen in kleinen Gruppen an Tischen, Bischof Tieng sprach zu uns.

Von allen Sehenswürdigkeiten dieser uralten Stadt beeindruckte uns besonders die Stadtmauer, die so breit war, dass vier Wagen nebeneinander auf ihr fahren und eine Kompanie Soldaten sich in ihr verstecken konnten.

Xian – die Stadt der tiefen Wurzeln

In dieser Stadt standen wir staunend in dem Museum der damals gerade ausgegrabenen lebensgroßen Figuren der Terrakotta-Armee des Kaisers Qin Shihuangdi, dessen Grabstätte nicht weit davon entfernt liegt.

Am nächsten Morgen ganz früh wurden wir Zeuge eines Morgengebets in einem überfüllten Kirchenschiff. Menschen lagen auf den Knien und beteten weinend, andere saßen still betend in den Bänken, wieder andere beteten stehend mit erhobenen Händen. Sie kamen wohl aus den verschiedensten Denominationen und waren nun in dieser Dreiselbst-Kirche vereint. Hinter dem Altar ließen wir ganz unauffällig unsere 20 chinesischen Bibeln liegen, die wir aus Hongkong mitgebracht hatten.

Dieser Tag brachte auch den Höhepunkt für unseren Kirchengeschichtsprofessor Dr. Fullop. Denn wir besuchten den »Forest of Steeles«, eine Bibliothek aus Steintafeln, deren Sammlung um die Jahrtausendwende dort begonnen worden war. Unter den Kalligraphien, die während der Kulturrevolution vor der Zerstörungswut plündernder Banden verborgen werden konnten, befand sich auch ein Stein mit Aufzeichnungen über die Nestorianischen Christen, die 600–635 AD auf der Seidenstraße nach China gekommen waren. Dieser Stein war 1623 hier in Xian gefunden worden. Er stammte aus dem Jahr 781.

Peking – die königliche Stadt

Der Abendflug von Xian nach Peking brachte uns in anderthalb Stunden in die Hauptstadt Chinas. Am nächsten Tag, Ruths Geburtstag, überquerten wir den »Platz des himmlischen Friedens« und defilierten an der Mumie Mao Tse Tungs vorbei mit stiller Proklamation: »Du bist tot, aber Jesus Christus lebt. Vor ihm wirst auch du eines Tages deine Knie beugen.« Weiter ging es in die *Verbotene Stadt* und zum *Tempel des Himmels*.

Am nächsten Tag war es die Chinesische Mauer, die uns den Atem in zweifacher Hinsicht nahm, danach die alten Ming Gräber. In Peking schlug das Herz des Landes! Hier wurden Entscheidungen getroffen, die für die riesige Nation Gültigkeit hatten!

Shanghai – der Hafen zur Welt

Wieder im südlicheren China mutete Shanghai europäisch an, die Patrizierhäuser, die engeren Straßen… Auf der Strandpromenade sprachen uns einige Menschen in

Englisch an. Am Sonntag, dem letzten Tag unserer China-Tour, wurden wir in einer großen Kommune außerhalb von Shanghai zum Mittagessen erwartet. In den achtziger Jahren wurde noch jedem sein Wohnort und sein Arbeitsplatz zugewiesen. Dabei spielten diese Kommunen eine wichtige Rolle. Die, in die wir eingeladen waren, hatte 20.000 Mitglieder, die alle auf dem Land oder in einer Fabrik arbeiteten. Unsere Gastgeber tischten uns ihr Bestes auf – jemand an unserem Tisch zählte 22 verschiedene Gerichte.

Zurück in Batu wurde uns von der Leitung der Indonesischen Missionsgemeinschaft Schweigen befohlen. Niemand sollte erfahren, dass wir China besucht hatten. Es gab noch keine diplomatischen Beziehungen zwischen Indonesien und China.

8. Langsamer Abschied

Ich habe einmal eine Pflanze beobachtet, die einen neuen Standort bekam. Am ersten Tag sah es aus, als ob sie sich dort gut entwickeln würde. Dann plötzlich ließ sie die Blätter hängen. Und wieder einige Zeit später: Der Stengel richtete sich auf, die Blattadern füllten sich mit Saft, ein Zeichen, dass die Wurzeln sich im Erdreich wieder festgesogen hatten.

Ruth und ich gingen durch einen ähnlichen Prozess, als wir nach Monaten in Deutschland, den USA, Hongkong und China im Juli 1985 wieder zurück nach Batu kamen. Dort feierte die Indonesische Missionsgemeinschaft gerade das 25-jährige Bestehen ihres Werkes. Bei allen Schwierigkeiten, die ein starkes Wachstum und die Ablösung der ersten Generation durch die zweite mit sich brachten, blieb das Loben und Danken für viele Jahre gesegneten Wirkens im ganzen Inselreich und darüber hinaus. Wir waren wieder zu Hause, aber wir waren nicht mehr die Gleichen, und wir wussten es. Wir hatten einen Blick in das »Verheißene Land« tun dürfen. Und doch füllten sich unsere »Blattadern« nach einer Zeit des »Welkens« wieder mit Saft, die Wurzeln sogen sich im indonesischen Erdreich fest, damit wir das anpacken konnten, was in den kommenden vier Jahren noch vor uns lag.

Am Tag unserer Rückkehr durften wir die Erhörung eines langjährigen Gebetes miterleben: Mit Hilfe einer großen Gabe von »Hilfe für Brüder« aus Stuttgart konnte Lexy Pello das Land neben unserem Grundstück in Junggo erwerben. Auf diesem Land baute er später das Haus *Silo*, dessen Tagungsraum 200 Teilnehmer fasst. Es war »sein« Bau, den er ohne Bank-Kredite, von Bauphase zu Bauphase abhängig von eingehenden Spenden und der Begleitung von

»Hilfe für Brüder« erstellte. Sein Glaube wuchs mit dem Bau!

Unterrichten auf verschiedenen Ebenen

Unser Weiterstudium war uns als großes Vorrecht zuteilgeworden. Die Beschäftigung mit zeitgemäßer Literatur hatte uns geholfen, auf den neuesten Stand zu kommen. Nun hatten wir Stoff zum Unterrichten über das hinaus, was viele Jahre lang unser Spezialfach gewesen war: Entwicklung im Kindes- und Jugendalter und Methoden der christlichen Unterweisung.

Im Bibelinstitut fehlte es an Dozenten, weil eine Reihe der Jüngeren zur Weiterbildung im Ausland waren. Da konnten Ruth, Lexy und ich in die Bresche springen. Ich assistierte einige Monate lang Dr. Dieter Kuhl in Kirchengeschichte.

Im CE-Masterkurs hatten Ruth und ich mit einer letzten Prüfungsarbeit im Dezember 1985 alle Bedingungen zur Erlangung eines MARS erfüllt (*Master of Art in Religious Studies*). Im Februar darauf eröffnete das Bibelinstitut den zweiten Masterkurs mit neun Studenten, der noch einmal in Junggo stattfand. Wir unterrichteten mit als Dozenten und bereiteten unsere Nachfolger vor: Jehezkiel Kiuk und Subur Pribadi, der nach Abschluss seines Pädagogik-Studiums zu uns ins Kinder- und Jugenddepartment gekommen war. 1989, kurz vor unserem Weggang von Indonesien, fand der letzte CE-Masterkurs statt, nun nicht mehr in Junggo, sondern in Batu. Die Vision, die unsere Dozenten 1983 vor Augen gehabt und für deren Verwirklichung sie sich eingesetzt hatten, erfüllte sich: junge Menschen nach ihrem fünfjährigen Studium im Bibelinstitut weiter auszubilden, aber nicht, um Pfarrer oder Missionare zu werden. Sie würden in ihren Kirchen pädagogische Aufgaben übernehmen als Katecheten und Leiter in allen Bereichen der Kinder-, Jugend- und Erwachsenenarbeit.

Die Campingarbeit (Zeltlager) weiter auszubauen, daran arbeitete Lexy Pello mit Eifer. Auf dem neu erworbenen Land in Junggo schuf er Raum zum Zelten und erstellte eine Kletterwand. An Wochenenden zeltete er mit Jugendlichen an einem See und veranstaltete ein *Wander-Camping* auf der Insel Bali. Im Dezember 1987 lud er bekannte Dozenten zu einem indonesienweiten Seminar über Camping nach Junggo ein, das großen Zuspruch fand. Anfang 1988 flog Lexy nach London, um sein Englisch aufzufrischen. Seine Frau mit der siebenjährigen Eunike reisten im Mai nach. Sie begleiteten ihn im Juni nach Wisconsin, USA, wo sie im Camping-Zentrum Timber Lee reiche Erfahrungen sammeln konnten. Als sie aus den USA zurückkamen, fand in Junggo vom 14.–17. September das zweite indonesienweite Seminar über christliches Camping statt. Die 85 Teilnehmer übernachteten zum Teil in einem auf dem Gelände aufgebauten Zelt, das Lexy aus den USA mitgebracht hatte. Ein international bekannter Camping Direktor, John Shone aus den USA, war der Hauptreferent. Er hatte 38 Jahre in Japan gearbeitet und christliches Camping für Asien ins Leben gerufen.

Die Abendbibelschule auf verschiedenen Inseln war durch den Einsatz von Detmar Scheunemann ins Leben gerufen worden. Nun wurden wir mit zum Unterrichten eingeteilt: in Bandung und Jakarta, in Medan/Nordsumatra und in Manado/Sulawesi. Jedes Mal warteten große Gruppen von lernbegierigen Erwachsenen, die nur am Abend Zeit zum Studieren hatten, auf die «fliegenden« Lehrer aus Batu.

Der *Sonntagsschulhelfer*: Dritte Überarbeitung

1986 war es schon wieder Zeit, an eine Überarbeitung des *Sonntagsschulhelfers* zu denken. Diese dritte Überarbeitung war die anspruchsvollste, weil unser Blick durch unser Studium geschärft worden war für Schwächen im Lehrplan. Wieder luden wir qualifizierte Berater ein. Alle Ziele wurden neu geschrieben, nun nicht mehr aus der Sicht des Unterrichtenden, sondern aus der Sicht der Kinder formuliert. Durch ein neu geschaffenes Symbol wurde unterstrichen, dass alles Gehörte Kopf, Herz und Hand erreichen musste; dass also durch *neues Wissen* die *innere Haltung* verändert werden und sich dies in einem *neuen Tun* beweisen sollte.

Eine zweite Konsultation befasste sich besonders mit dem Bildwerk. Anneke Bosmann, eine neuseeländische Künstlerin holländischer Abstammung, hatte schon manche schönen Bilder für uns gezeichnet. Im Februar kam die damals 44-jährige Mutter von vier Jungen für drei Wochen zum Zeichnen zu uns nach Junggo. Sie nahm an der Konsultation teil, zu der auch Herman, ein chinesischer Student, kam. Nach fünfjähriger Ausbildung an der Kunstakademie in Yogyakarta hatte er Gott versprochen, ihm die »Erstlingsfrucht« seines Studiums zu geben. Er bot sich an, für ein halbes Jahr zu uns zu kommen, um kostenlos Bilder für den *Sonntagsschulhelfer* zu zeichnen. Wir standen spontan auf, um Gott für diese große Überraschung zu danken.

Unerwarteter Besuch aus China

Im Februar 1987 bekam unsere Missionsgemeinschaft unerwarteten Besuch: Das Ehepaar Clifford und Monika Hill aus London in der Begleitung von Robert Ostermann. Sie kamen direkt aus Beijing, wo Robert Ostermann als Pastor die internationale Gemeinde betreut hatte, und bezeugten, dass sie in Gottes Auftrag unserer Gemeinschaft eine Botschaft auszurichten hätten. Hills waren bald gut untergebracht, aber Robert Ostermann hatte den Eindruck, dass das ihm zugewiesene Quartier nicht das richtige sei. So wurde er zu uns nach Junggo gebracht. Als er sich für seinen Vortrag über China vorbereitete und keine Dias hatte, bot Ruth ihm die Dias unserer Chinareise an, die wir in der Gemeinschaft nicht hatten zeigen dürfen. Da merkte er, dass er im rechten Haus einquartiert war. Während seines Vortrags geschah dann das Unerwartete. Er wurde beim Zeigen eines Dias unsicher und rief in die Versammlung hinein: »Ruth, wo war dies doch gleich?« Alle Köpfe drehten sich in unsere Richtung. Wieso kannten wir uns in China aus? Die Katze war aus dem Sack gelassen.

Am Ende der Versammlung machte Dr. Hill als Leiter des Teams einen Aufruf: Er bat alle, die bereit waren, für China zu beten oder nach China zu gehen, aufzustehen. Wir sahen, wie auf der rechten Seite des Saals einige Studenten sich erhoben. Auch Ruth und ich standen auf, um zum ersten Mal unseren Ruf nach China öffentlich zu bezeugen.

Haus in den Reisfeldern

Ruth: Im Herbst 1988 kehrte Familie Pello aus den USA zurück und nahm ihren Platz in Junggo wieder ein. Für uns war die Zeit gekommen, Abschied von Junggo zu nehmen und ins Tal zu ziehen. Zehn fruchtbare Jahre auf dem Berggelände waren zu Ende gegangen. Nach längerem Suchen fanden wir unser »Haus in den Reisfeldern«, nur fünf Minuten vom Bibelschulgelände entfernt. Wir mieteten es für ein Jahr, um unsere letzte Zeit in Indonesien so praktisch wie möglich zu gestalten.

Von meinem neuen Schreibtisch aus hatte ich eine außergewöhnliche Sicht. Ein schmiedeeisernes Tor führte vom Vorgarten direkt auf den Feldweg, auf dem Schulterkörbe mit Gras und Gemüse vorbeigetragen wurden. Über die nahen Dörfer hinweg wanderten meine Augen auf die nächste und übernächste Anhöhe. In nur 6 km Luftlinie lag nun Junggo vor mir. Der Umzug in das »Haus in den Reisfeldern« war ideal. Wir waren weit genug von unserem geliebten Wirkungskreis entfernt, um Mitarbeiter selbstständig werden zu lassen und doch nahe genug, wenn sie um Rat fragen wollten.

Gott gab uns ein Traumhaus und zerstörte »Träume«. Hatte ich wirklich von Ruhe und Besinnung geträumt? Noch war es nicht so weit! Mit uns zog ein Computer ein, dessen Kauf eine Gruppe von Missionaren ermöglicht hatte. Das war ein großes, unerwartetes Geschenk. Aber seine Handhabung wollte gelernt sein. Gleichzeitig stellten wir unsere Administration auf Computer um.

Yenny, eine Absolventin der theologischen Ausbildung, stand mir in der Herstellung von Jugendmaterial treu zur Seite. Sobald die ersten acht Stundenentwürfe fertig waren, nahm sie diese mit nach Jakarta um sie dort auszuprobieren …

Die Arbeit die noch vor uns lag war sehr vielseitig. Anni sagte einmal: »Ich erklimme den Arjuno!« Noch acht Bücher waren zu revidieren und die Zeit lief aus. Mir dagegen schien es, als müsste ich viele Hügel überwinden, einen nach dem andern: Manuskripte für die Jugendarbeit und für den Unterricht an den Abendbibelschulen erarbeiten, Beratungsaufgaben, die Mithilfe bei der Überarbeitung des *Sonntagsschulhelfers* … Meine größte Bitte blieb, dass Gott seine Verheißung erfüllen möge für unsere indonesische Mannschaft, die nun bald allein die Aufgabe schultern würde, Kindern und Jugendlichen die gute Botschaft weiterzusagen: dass Gott sie mit seinem Geist erfüllen möge.

Im »Haus in den Reisfeldern« waren wir nun ganz frei, uns auf unsere schriftlichen Arbeiten zu konzentrieren, während Luise den Haushalt führte. Sie suchte nach achtjähriger Wartezeit in Batu ihren Weiterweg in »ihr« Land der Verheißung. So schlossen wir in den sonntäglichen Gebetskreis, zu dem die nach China gerufenen Studenten in unserem Haus zusammenkamen, auch Ost-Timor in die Fürbitte ein.

Übergabe der Verantwortung in Junggo

Kurz nach unserem Umzug ins Tal fand in Junggo ein wichtiges Ereignis statt. Am 25. September 1988 trafen sich Vertreter aller Departments unserer Gemeinschaft mit Pak Octavianus an der Spitze um 4 Uhr nachmittags in Junggo. Die Arbeit auf diesem Gelände sollte offiziell in Pellos Hände übergeben werden. Nach einer Tasse Kaffee weihten wir zunächst das kleine Häuschen ein, das auf dem schmalen Absatz einer Terrasse unter Luises Leitung erstellt worden war. Etwas weiter auf derselben Terrasse stand ein gleiches Häuschen im Rohbau. Danach wanderten wir durch alle anderen Häuser. Viele Erinnerungen wurden wach. Auf der höchsten Terrasse legte Pak Octavianus den Grundstein zu einem zweistöckigen Gebäude, *Silo*, das später unter Lexys Leitung gebaut wurde. Eine Feierstunde mit Zeugnissen von uns, die wir übergaben, schloss sich an. Dann legte Pak Octavianus die Schlüssel der Häuser und das Kassenbuch in Lexys Hände.

9. »Er hat dein Wandern auf sein Herz genommen«

Verabschiedet

Im Januar 1989 war mein – Annis – Visum für Indonesien endgültig abgelaufen und wurde nicht mehr erneuert; Ruths Visum war noch bis März gültig. Damit begann das Pendeln zwischen Singapur und Indonesien. Wir flogen dreimal hin und zurück: ich im Januar, April und Juni und Ruth im März, Mai, und Juli. Nach dem vierten Aufbruch kamen wir nicht mehr zurück. Eine Beterin des Deutschen Frauenmissions-Gebetsbunds schickte uns eine Karte mit dem Bibelvers: »Er hat dein Wandern auf sein Herz genommen«. Diese Karte stellten wir immer derjenigen auf den Nachttisch, die sich aufmachte, um nach Singapur zu fliegen!

Am Abend vor meinem ersten Aufbruch kamen Vertreter der Indonesischen Missionsgemeinschaft und alle WEC-Mitarbeiter zu uns ins *Haus in den Reisfeldern*, um mich offiziell zu verabschieden. Pak Octavianus überreichte mir eine Urkunde und den Dank für 18 Jahre Mitarbeit in Batu, verbunden mit guten Wünschen für meine Zukunft. Obwohl diese Verabschiedung überraschend kam – ich würde ja in einigen Tagen wieder zurück sein – entsprach sie der Wirklichkeit: Meine Zeit der Mitarbeit in Indonesien ging zu Ende. Als ich mich am nächsten Tag in Singapur wiederfand, überkam mich – ganz überraschend – ein Gefühl der Entspannung: »Graduated!« (Prüfung bestanden). Es ging auf etwas Neues zu.

Mein Aufenthalt in Singapur machte einen Abstecher nach Ost-Malaysia möglich. Mit einigen Leitern der malayisch sprechenden Gemeinden berieten wir damals schon, wie eine Drucklegung des *Sonntagsschulhelfers* in ihrem Land zu bewerkstelligen sei. Die indonesische Sprache wurde ja aus dem Malayischen entwickelt und ist ihm ähnlich. Viele Jahre später wurde es Wirklichkeit! Heute werden die biblischen Geschichten des *Sonntagsschulhelfers* auch in Malaysia unterrichtet.

Im März war Ruth an der Reihe, zum ersten Mal außer Landes zu gehen. Ihr Flug nach Singapur kam sehr plötzlich, weil sie auf eine Visum-Verlängerung bis Mai gehofft hatte.

Zwei Tage nach ihrem Abflug traf Familie Bosmann aus Neuseeland bei uns ein: Anneke, Frieso, Marco (11) und Bastian (8). Sie kamen für drei Monate, weil Anneke die noch fehlenden Bilder für das Sonntagsschulmaterial zeichnen wollte. Sie verstärkten den Stab freiwilliger Mithelfer, die intensiv am Fertigwerden aller zu überarbeitenden Bücher schafften. Bosmanns erlebten auch noch die jährliche Glaubenskonferenz vom 3.–7. Juli mit. Das Thema »Prophetie in der Endzeit« hatte die Rekordzahl von 4000 Besuchern nach Batu gebracht, unter ihnen rund 500 Kinder und Teenager! Am Bücherstand verkauften wir das neu überarbeitete Sonntagsschulmaterial, das nach der Konferenz auf viele Inseln gelangte.

Ein letzter Höhepunkt: BATITA

In diesen Monaten des Pendelns gelang noch ein Wurf, den wir während unseres Masterstudiums konzipiert hatten: 52 Lektionen für Dreijährige, die ja eine besondere Entwicklungsphase durchlaufen. Sie sind weiter als die Zweijährigen, die noch nicht stillsitzen und zuhören können, haben aber noch nicht die Konzentrationsspanne der Vierjährigen. Das Material erhielt den Namen BATITA:

Bagi Anak berumur **Tiga Ta**hun, übersetzt: Für dreijährige Kinder.

NaNi Sulaiman, eine begabte Künstlerin aus Bandung, teilte mein Interesse an dieser Altersstufe, die in den Kirchen ganz allgemein den Kindergartenkindern zugeordnet wurde. Ich entwarf einen Lehrplan für ein Jahr und NaNi zeichnete die Bilder. Woche für Woche arbeiteten wir die Lektionen aus, die wir dann am folgenden Sonntag unterrichteten. Kein zweijähriges Kind durfte teilnehmen! Und kein vierjähriges! In der folgenden Woche überarbeiteten wir zügig, was geändert werden musste und entwarfen die Stunde für den nächsten Sonntag. Unsere Bemühungen fanden das wache Interesse einiger Bibelschullehrer, die ihre dreijährigen Sprösslinge in diese Klasse schickten. So saßen manchmal Bibelschullehrer als Beobachter hinten im Unterrichtsraum. Als ich dann Indonesien verlassen musste, arbeitete NaNi weiter nach dem Muster, das wir entworfen hatten. Dieses BATITA Material für Dreijährige wurde sehr gern von indonesischen Gemeinden gebraucht. Heute sind sie fest eingegliedert in den Lehrplan der Kreativen Bibellektionen und werden ins Chinesische übertragen.

Über Kairo und Israel zurück nach Deutschland

Am 15. August nahm ich endgültig Abschied in Batu. Als mein viertes Besuchervisum am Flughafen in Jakarta durchgestrichen war und ich danach die letzte Kontrolle passierte, fragte der Diensthabende, ein Batak: »Mama, kommst du nicht mehr zurück?« »Nein, ich bekomme kein Visum mehr.« Da rief er mir eindringlich nach: »Mama, komm wieder zurück!« Dieses Erlebnis nahm dem Gefühl, »nicht mehr gewollt zu sein«, den Stachel!

In Singapur beantragte ich ein Visum für Israel. Der Künstler Elhanan ben Avraham, der Bilder zur Davidgeschichte für uns gezeichnet hatte, lebte in Jerusalem. Ihm war ein Fehler unterlaufen, den wir leider auch zu spät bemerkt hatten: Die Bundeslade wurde auf einem Wagen gefahren, statt von Priestern auf Schulterstangen getragen zu werden. Das wollte ich mit ihm besprechen. Eine Einreiseerlaubnis für Israel zu bekommen war damals keine einfache Sache. Erst einige Stunden vor meinem Abflug konnte ich das Visum abholen.

In Kairo gab es einen Zwischenstopp. Da mein Weiterflug erst am Abend stattfand, hatte ich Zeit, in das Ägyptische Nationalmuseum zu gehen und einer der Pyramiden einen Besuch abzustatten. Die Koffer hatte ich im Flughafen in einem Fach eingeschlossen. Am Abend folgten Stunden der Spannung an der israelischen Flughafenkontrolle. Zuerst wurde meine Einladung von Elhanan ben Avraham angezweifelt. Sein Name sei jüdisch, er könne kein Christ sein. Die nächste Frage galt meinem Gepäck, ob ich es tagsüber unbeaufsichtigt gelassen hätte. Ich musste den Koffer bis auf den Grund auspacken und nachsehen, ob niemand etwas Verdächtiges hineingeschmuggelt habe. »Es geht um ihre, nicht um unsere Sicherheit«, sagte der Beamte mit Nachdruck. Aus einem abgelegenen Warteraum wurden wir kurz vor Mitternacht in großer Eile in eine El-Al-Maschine gebracht, die, kaum hatte sich die Tür geschlossen, abhob mit Ziel Tel Aviv.

Nun war ich in Israel, allein. Denn die Familie, bei der ich wohnen wollte, hatte mir kurzfristig mitgeteilt, dass sie verreist sei. Ich schlief die erste Nacht in einer Herberge im jüdischen Sektor Jerusalems. Im Licht der Abendsonne ging ich in Richtung Altstadt. Der langgezogene Ton eines Schofarhorns ließ mich wissen: Der Sabbat hatte begonnen. Ich suchte mir einen stillen Platz auf dem Rasen vor dem Stadttor. Einfach ausruhen wollte ich und die Wirklichkeit in mich aufnehmen: »Meine Füße stehen in deinen Toren,

Jerusalem.« Überrascht war ich, dass ich nicht zurück sah auf die Zeit, in der Jesus als König auf einem Esel reitend durch ein Tor in Jerusalem einzog, sondern mich freute auf das Wiederkommen Jesu als ewigem König!

Am nächsten Tag wurde ich in Gilo herzlich in der Familie Ben Avraham empfangen. Wir feierten den Anbruch des Sabbats. Im Blick auf das verunglückte Bild wurden wir uns schnell einig. Elhanan würde es noch einmal zeichnen und beide Seiten würden sich an den Kosten beteiligen.

Die letzten Tage verbrachte ich in Tiberias am See Genezareth in dem gastfreien Haus finnischer Schwestern. Sie leben dort in der Erwartung der Wiederkunft Jesu. Die Schwestern nahmen mich in ihrem Auto mit zum Berg der Brotvermehrung, nach Kapernaum und an den See Genezareth. Ich durfte die Stätten sehen, die ich Kindern beim Erzählen der biblischen Geschichten lebendig zu machen versucht hatte!

In Deutschland warteten schon einige Einladungen zu Tagungen des Deutschen Frauenmissionsgebetsbundes auf mich, und ich freute mich auf sie. Diese Frauen hatten uns jahrelang in unserem Dienst in Indonesien betend und gebend begleitet. Ihnen berichten zu dürfen war ein Vorrecht!

Die Berliner Mauer fällt

Besonders spannend war eine Einladung zu der Oktober-Rüste in der Sächsischen Schweiz. Schon Monate lang gärte es in der DDR. Als bei einem paneuropäischen Treffen Ungarn für kurze Zeit die Grenzen nach Österreich öffnete, flohen DDR-Bürger scharenweise in ihren Trabis in den Westen, ohne daran gehindert zu werden. Erst fünf Stunden vor der Abfahrt meines Zuges in Richtung Dresden hielt ich meine Einreisegenehmigung in der Hand. Ich hatte gerade noch Zeit, einen großen Blumentopf mit wunderschönen Glockzinnien zu erstehen, die es in der damaligen DDR nicht gab – einfach als Zeichen der Freude für ein graues Land, in dem bange Erwartungen umgingen. Er tat seine volle Wirkung.

Als ich im Tagungsort ankam, stellte sich heraus, dass ich die einzige Referentin für die Rüstwoche war. Alle anderen hatten abgesagt bis auf eine, die nur an einem Tag unter uns war. Elfmal durfte ich sprechen! Neben den Bibelarbeiten berichtete ich aus Indonesien, aus Israel, sogar aus China. Denn wir hatten – noch in Indonesien – die Zeitungsberichte über die Revolution auf dem Tian-An-Men Platz in Peking verfolgt. Gerade dieser Bericht wurde sehr wach aufgenommen. Die Frauen – oft waren es ja Großmütter – fürchteten, dass ihre Enkel auf die Straße gingen. Immer wieder riefen sie zu Hause an. Während jeder Mahlzeit gab uns die Hausmutter neueste Lageberichte. Wir nützten die Gebetszeiten nicht nur zur Fürbitte für Missionarinnen, sondern auch für die sich rapide zuspitzende Lage in der DDR.

Ich war noch zu einem Berichtsdienst bei Freunden in Hildesheim, als am 9. November die Berliner Mauer fiel, ohne Gewalt und Blutvergießen. Die Grenzen wurden geöffnet. Gott hatte die Gebete Unzähliger gnädig erhört. Meine Freunde fuhren mit mir an den Grenzübergang, in dessen Nähe unsere Familie 1946 die damalige Ostzone verlassen hatte. Aus den vielen Trabis, die die Kontrolle passierten, winkten Menschen von *drüben*, die sich für 10 Westmark etwas Schönes bei uns kaufen wollten. Deutschland war wieder *ein* Land, durch keine Grenze getrennt!

Noch nicht reisebereit

Seit Anfang 1989 hatte **ich, Ruth,** die innere Überzeugung, dass ich im November nach Deutschland fahren würde. Ich konnte das nicht erklären, konnte aber Anni in Ruhe ziehen lassen, als sie im August endgültig die Feder aus der Hand legte. Sie drückte Luise und mir ein fast fertiges Manuskript des *Sonntagsschulhelfers* in die Hände.

Vor meinem dritten Flug nach Singapur – im Juli – war ich weder innerlich noch äußerlich reisefertig. Die Jahreskonferenz vom 3.–7. Juli lag hinter uns. Sie war nach außen ein voller Erfolg gewesen, aber nicht für uns, die wir als kleine Gebetsgruppe für Erweckung eingestanden waren. Als Hauptredner war Dr. Hill eingeladen worden, der im Vorjahr den Aufruf für China gebracht hatte. Er und seine Frau hatten sich während der Tage vor der Jahreskonferenz zu uns gesellt. Als kleine Gruppe hatten wir um ein tiefes Wirken des Heiligen Geistes gebetet, besonders im Blick darauf, dass wir als Missionare bald das Land verlassen mussten.

Was wir erbeten hatten, war geschehen. Am letzten Tag der Verkündigung von Dr. Hill ging gegen Ende eine tiefe Bewegung durch die Reihen der Konferenzteilnehmer. Ganze Gruppen begannen leise zu weinen, andere knieten, beteten inständig zum Herrn und bekannten Sünde. Die Versammlung war aus der Hand des Leiters unter die Führung des Heiligen Geistes gekommen, wie damals in der Erweckung 1967. Doch der Konferenzleiter schloss die Versammlung und bat die Anwesenden, den Raum zu verlassen. Wir als Gebetsgruppe fühlten uns wie ein geschlagenes Heer. Die Erhörung war da und wurde abgelehnt. Ein tiefer Schmerz durchzog mein Herz, weil ich wusste, was Erweckung bewirken kann.

Es war nicht die einzige Wunde, die schmerzte. Im Kinder- und Jugenddepartment gab es Unstimmigkeiten. Besonders eine Mitarbeiterin spielte andere gegeneinander aus. Auch nach einem offenen Wort an sie, an dem sie überrascht merkte, dass sie durchschaut war, änderte sie ihr

Verhalten nicht. Was die vermehrte Arbeit nicht vermocht hatte, war geschehen. Ich kam im Juli, meinem dritten Pendeln, mit schwerem Herzen zu unseren WEC-Freunden nach Singapur. Ihnen entging meine Not nicht, obwohl ich sie noch nicht in Worte fassen konnte. Und so befand ich mich eines Abends durch die Vermittlung dieser Freunde im Sprechzimmer des Pastors der großen St. Paul`s Kirche, zu der sie gehörten. Rev. John Niven konnte mir erklären, dass ich in Trauer war. Meine zweite Heimat – Indonesien – und die Arbeit, die ich 26 Jahre mit aufgebaut hatte, zu verlieren, war schon Grund genug zu trauern, dazu noch die schwelenden Probleme! Zum ersten Mal erfuhr ich etwas über die verschiedenen Phasen einer Trauerperiode und wie damit umzugehen sei. Und dann gab Gott im Gebet noch ein Bild, das die Lage im Kinder- und Jugenddepartment deutlich erkennbar machte. Eine Schlingpflanze hatte sich so tief in den Ästen eines starken Baumes verwurzelt, dass sie nicht leicht zu lösen war. Diese klare Diagnose war schon ein erster Schritt zur Heilung. So konnte ich noch einmal nach Batu zurückkehren mit Hoffnung im Herzen. Und Gott selbst gab die Lösung. Unsere Nachfolger, Lexy und Lies Pello, fanden bald Freude am weiteren Aufbau der Arbeit und die Mitarbeiterin, die Zwietracht gesät hatte, zog es später vor, in eine andere Arbeit zu wechseln.

Aufbruch im November

Wie im Fluge vergingen die Wochen, bis auch für Luise und mich die Zeit zum Aufbruch gekommen war. Wir räumten das Haus in den Reisfeldern. Luise konnte für sich ein Zimmer bei Familie Böker einrichten; der Hausrat ging mit der noch unvollendeten Arbeit zurück nach Junggo. Nach einem letzten Abschied von unseren Freunden in Batu flogen wir zusammen nach Jakarta. Dort nahm Vernny Trisnadi,

Reiseleiterin im Büro ALTORINA, uns liebevoll in Empfang. Wie oft hatte sie die Flugkarten innerhalb von Indonesien für uns besorgt. Nun galt es auch von ihr Abschied zu nehmen! Am 2. November trennten sich unsere Wege. Vernny und Luise winkten mir nach, als ich zu meinem Flug nach Singapur durch die Absperrung ging. Wenige Stunden später verabschiedete sich Vernny von Luise, deren Flug nach Dili, Ost-Timor ging.

Von Singapur flog ich weiter nach Kota Kinabalu in Sabah, dem nördlichen Teil von Malaysia. Wir standen schon länger im Briefverkehr mit der dortigen Leiterin des Sonntagsschuldepartments der Borneo-Kirche. Nun war ich eingeladen, eine größere Schulung im Landesinnern vorzubereiten, die im Spätherbst stattfinden sollte. Im gastlichen Haus von Familie Gadalon genoss ich viel Ruhe und Stunden des Alleinseins. Ein OMF-Buch von Phyllis Thompson war mir in die Hände gefallen: *The Reluctant Excodus* (*Der zögernde Auszug*). Hier war die Geschichte festgehalten, wie China in den 1950er-Jahren seine Tore für jegliche Missionsarbeit schloss und Hunderte von Mitarbeitern der China Inland Mission das Land verlassen mussten. Mit ihnen konnte ich weinen und doch auch staunen, wie Gott jede einzelne Familie bei der Hand genommen hatte. Mir war noch kaum bewusst, dass Gottes Hand nicht nur die Tür nach Indonesien geschlossen hatte, sondern dass diese starke Hand des himmlischen Vaters auch meine Hand erfasst hatte, um mich in eine neue Zukunft zu führen. Daneben gingen – wie von Frau Gadalon geplant – jeden Tag die Seminarvorbereitungen einen Schritt voran.

Intermezzo in China

Zwei Wochen später war ich unterwegs nach Hongkong und wurde dort von dem WEC Mitarbeiter Neville Chamberlain freudig aufgenommen. Familie Chamberlain hatte einen Forscher und Experten in »Creation Science« (Schöpfungslehre) eingeladen und für ihn eine Vortragsreise in Hongkong und China vorbereitet. In dieser Gruppe erlebte ich nun China zum zweiten Mal. Mit einem großen Passagierschiff fuhren wir den Perlfluss hinauf an den hell erleuchteten Hochhäusern Hongkongs vorüber. Im krassen Gegensatz dazu stand die Ankunft in dem damals noch sehr bescheidenen Hafengelände von Guangzhou. Aber ich war unter Chinakennern und hatte das Vorrecht, zusammen mit ihnen in Kontakt zu einheimischen Forschern zu kommen. Hochinteressant war es zu beobachten, wie chinesische Professoren die ihnen so neue Nachricht über einen Weltenschöpfer aufnahmen, der Himmel und Erde geschaffen hatte.

In Beijing lud mich eine junge Frau, die zu Chamberlains Gruppe gehörte, ein, bei ihr in der Sprachschule zu wohnen. So lernte ich das Beijing Language Institute kennen, die größte und modernste Sprachschule Chinas. Ich wurde Zeuge, wie in einer einfachen Studentenbude die gute Nachricht weitergesagt werden konnte. Und noch eine wichtige, von Gott vorbereitete Begegnung fand in diesem einfachen Raum statt: Eine junge Chinesin, die kurz vorher zum Glauben gekommen war, übersetzte für uns. Es war Camille, die uns später viel bei unseren Übersetzungen für ihr Land half und mit der wir bis heute herzlich verbunden sind.

Ein markanter Traum war das Abschiedsgeschenk dieser Reise. Ich war von einer großen Mauer innerhalb Chinas umgeben. Vor mir lag ein steiler Hügel. An der höchsten Stelle dieses Hügels stand eine sehr einfache Hütte, zu der ein gerader, schmaler Weg führte. Ich beschritt ihn mutig und kam auch oben an. Die Hütte hatte nichts Anziehendes, war voller Spinnweben und Staub, aber als ich zurückkehrte und mir am Wegrand Kuchen und Torten angeboten

Das Freizeit-Zentrum in Junggo

Familie Lexy Pello

Ausritt zum Krater Bromo

Kaffeetrinken mit Gästen

Peking: Huang Laoshi beim Unterrichten

Kochen in unserer Studentenbude

Vernny und Nursillen auf der »Großen Mauer«

Unterwegs zur Gründung von »Brücke der Freundschaft«

In der Metropole Hongkong

Ein Buch des Sonntagsschulhelfers *in acht Sprachen*

Anneke, Ruth, Ellen und Mei Yan an der Arbeit

Eine Probestunde in Ghana

Interessierte Kinder in Ägypten

25-Jahr-Feier von »Brücke der Freundschaft«

In Rödermark: Ruth, Friedel, Anni, Luise

wurden, sagte ich entschieden »nein«. Ich wollte den Weg zu dieser Hütte wieder gehen. Erst im Nachhinein verstand ich, dass diese einfache Behausung ein Hinweis auf eine einfache Studentenbude war, und dass Anni und ich nur ein Jahr später in diesem Sprachinstitut in Beijing Chinesisch lernen würden.

Ein letzter Höhepunkt: Schulung in Sabah

Aber jetzt wurde es Zeit, mich dem Seminar in Sabah zuzuwenden. Yehezkiel Kiuk kam aus Indonesien zur Verstärkung. Es war seine erste Auslandsreise. Wie froh war ich über seine Mithilfe! Mehr als 400 Menschen waren gekommen und wir hatten für den großen Saal keinen Lautsprecher, aber Yehezkiels Stimme konnte auch die Teilnehmer in den hintersten Reihen erreichen. Sie empfingen neue Inspirationen wie sie den Kindern das Wort Gottes nahebringen konnten. Die fachlich pädagogische Seite wurde durch den Unterricht mit dem Material, das gerade aus der Druckerei angeliefert worden war, abgedeckt.

Unterwegs nach Deutschland

Nach diesen anstrengenden und doch froh machenden Tagen bestiegen Yehezkiel und ich die kleine Maschine, die uns von Kota Kinabalu nach Joho Baharu, dem Singapur vorgelagerten malayischen Flughafen bringen sollte. Wir waren schon länger unterwegs, als mir die Nervosität der Flugbegleiter auffiel. Sie hatten uns bereits mehrmals erinnert, uns anzuschnallen! Ich begann aufzumerken... das bekannte Geräusch der Maschinen war verstummt! Wir befanden uns im Gleitflug, noch weit vom Ziel entfernt. Bevor die Angst und Anspannung der anderen auch mich in den Griff bekam, waren da plötzlich die Umrisse einer lichten Gestalt hinter dem Cockpit, uns zugewandt. Als ich sie sah, kam tiefer Friede in mein Herz. Trotzdem war es auch für mich eine bange Zeit des Wartens… Endlich landeten wir mit einem uns kräftig durchschüttelnden Ruck. Die Räder der Maschine blockierten im letzten Moment. So versperrte sie für die nächsten sechs Stunden jeden weiteren Flugverkehr.

Obwohl wir stundenlang im Wartesaal festsaßen, konnte ich die Unzufriedenheit und Ungeduld der Passagiere nicht verstehen. Waren wir nicht gerade noch einmal mit dem Leben davongekommen? Hatten wir nicht allen Grund, dankbar zu sein? Als der Flugkapitän schon zum zweiten Mal zu uns kam, um sich zu entschuldigen, dankte ich ihm für seine umsichtige Landung in großer Gefahr. Ich wurde reich belohnt durch seine Erwiderung: Die Maschine habe während des Fluges allen Treibstoff verloren. Aber in dieser unmöglichen Lage habe Allah plötzlich eingegriffen! Ich wusste, wovon er sprach. Jesus war unter uns gewesen, so konnten wir sicher landen. Wir durften leben, ich durfte leben! Mein Auftrag war noch nicht erfüllt!

Mit einem Tag Verspätung, aber dankbaren Herzens kam ich in der Heimat an.

III. Unser Auftrag von Hongkong aus

10. Zwischen den Welten

Klausur im Schweizer Chalet

Wenn man nicht weiterweiß, ist es am sichersten stillzustehen und sich zuerst einmal zu orientieren. »Herr, was jetzt? Wie geht es weiter?«

Freunde hatten uns ihr Chalet in der Schweiz für zwei Wochen angeboten. Auf dem Anstieg zu diesem Haus durch knirschenden Schnee blieben wir von Zeit zu Zeit stehen. Um uns herum duckten sich niedere Dächer unter ihrer weißen Last. In der Ferne glänzten die verschneiten Bergkuppen in der Mittagssonne. Das Jahr 1990 hatte gerade begonnen. Wir hatten beschlossen, nach einem halben Jahr getrennter Wanderwege eine Pause einzulegen, auszuruhen, auszutauschen und gemeinsam nach dem weiteren Weg zu fragen.

In unserem Gepäck waren Manuskripte, an denen wir tagsüber arbeiteten sowie eine kleine Schreibmaschine. Ruth schrieb ihr Handbuch für die Jugendarbeit fertig, ich überarbeitete das letzte Buch der Bibellektionen für 9- bis 11-Jährige. Aber sobald die Sonne hinter den Bergen unterzugehen begann, legten wir unsere Arbeit zur Seite und setzten uns ans Fenster. Dieses abendliche Naturschauspiel ließen wir uns nie entgehen.

Danach zündeten wir die Kerzen in dem siebenarmigen Menorah-Leuchter an, der im Wohnzimmer stand. Wir nahmen uns Zeit zur Stille, zum Gebet, zur Vertiefung in Gottes Wort, zum Austausch… Manches hatten wir noch aufzuarbeiten aus dem vergangenen Jahr, das mit dem Auslaufen unserer Visa begonnen hatte. Ruth hatte der endgültige Abschluss unserer Tätigkeit in Indonesien viel schwerer getroffen als mich. Für sie war das Land nach 26 Jahren zur Heimat geworden; ich dagegen hatte es als eine Durchgangsstation angesehen. Das hatte ungewollt zu Verletzungen geführt. Nun konnten wir offen darüber sprechen und wieder zusammenfinden. Das Gebet für China nahm weiten Raum ein in diesen Abendstunden.

Am zweiten Sonntag beschlossen wir, eine Seilbahnfahrt auf einen der umliegenden Berge zu machen. Wir hatten am Morgen besonders um Gottes Schutz für diese Tour gebetet, ehe wir loszogen. Auf einem schattigen Waldweg ins Tal hinunter rutschte Ruth auf unter Blättern verborgenem Eis aus und brach sich das linke Handgelenk. Statt in einer Seilbahn saßen wir bald darauf in einer Klinik, in der das gebrochene Gelenk mit Gips versehen wurde. Damit hatte sich unsere Situation drastisch geändert. Ruths Schwester Frieda kam für den Rest unserer Zeit im Chalet zu uns. Nun wurde Ruth fachmännisch von ihr als geübter Krankenschwester betreut; außerdem hatten wir eine ausgezeichnete Köchin gewonnen, die sich resolut der Küche annahm.

In den Abendstunden konnte Ruth mit Frieda über manches sprechen, was vor uns lag. Wir wollten nur kurz in Deutschland bleiben, denn in Indonesien war noch einiges abzuschließen. So brauchten wir nicht nach dem Warum dieses Unfalls zu fragen. Gott bereitete die nächste Strecke unseres Weges vor und half uns, diese Zeit im Chalet – sozusagen »zwischen den Welten« – zu dritt im Frieden zu beschließen.

Wieder hieß es Abschied nehmen, Ruth in Lahr und ich auf dem Thomashof in Karlsruhe-Durlach. Mein Bruder hatte die Heimleitung im Mennonitischen Altersheim übernommen, in dem auch Mutter mit ihrer jüngeren Schwester nun wohnte. Beide standen auf dem Balkon und winkten dem Auto nach, das mich zur Bahnstation bringen sollte: Mutter 92-jährig und schon recht schwach, tapfer einen weiteren Abschied überwindend …

Zwischenstopp in Indonesien

Es war gar nicht so einfach für Ruth, mit der Hand im Gips wieder auf Reisen zu gehen. Der erste Stopp war London. Dr. und Mrs. Clifford Hill waren uns durch ihren zweimaligen Besuch in Batu zu Freunden geworden. Nun erwarteten sie uns am Flughafen. Wie überrascht waren sie, uns samt unserm Gepäck auf einem Fahrzeug des Flughafens zu entdecken! Es gab eine heitere Begrüßung und natürlich wollten sie alles über Ruths Unfall hören. Am Abend brachten sie uns zum WEC-Hauptquartier, wo wir in Dieter und Renate Kuhls gastfreundlichem Heim einige Tage herzlicher Gemeinschaft genießen durften. Ihr und Dr. und Mrs. Hills vollmächtiges Gebet für unseren weiteren Weg Richtung China war uns eine große Ermutigung!

In Singapur, unserem nächsten Stopp, wurde nach 6 Wochen der Gips an Ruths Unterarm entfernt. Bald schon flogen wir weiter nach Indonesien. Lexy Pello hatte inzwischen ein weiteres kleines Haus auf einer der Terrassen gebaut, das den Namen *Setia* (Treue) erhielt. Das sollte für uns bereitstehen, wenn immer wir nach Junggo kämen. Dort arbeiteten wir weiter: Ich an der Fertigstellung des *Sonntagsschulhelfers*, Ruth an ihrem Handbuch für die Jugendlichen. Am 12. Juni flogen wir weiter nach Hongkong.

Vor den Toren Chinas

Hongkong war 1985 der Ausgangspunkt für unsere erste Chinareise gewesen. Jetzt, fünf Jahre später, blieben wir einige Monate in dieser Metropole. Wir hatten dort zwei Kontakte: Johann und Nanang Kusmanto, die, so glaubten wir, auch unterwegs nach China waren. Sie versahen seit einem Jahr die Stelle eines Pastors der indonesischen Gemeinde. Ihre winzige Wohnung befand sich in dem dicht besiedelten Stadtteil Quarry Bay. Bei Kusmantos schmiedeten wir erste Pläne für ein indonesisches Team, das auf dem Festland vor Anker gehen würde.

Unser zweiter Kontakt war das WEC-Zentrum in Taipoo, in den Neuen Territorien. Nev und Irene Chamberlain, die Ruth im Vorjahr mit nach Beijing genommen hatten, waren die Leiter einer Gruppe, die einen Ruf nach China bezeugte. Zusammen mit jüngeren WECern bereiteten wir uns auf unseren Einsatz Richtung Festland vor.

Zwischen Quarry Bay und Taipoo gondelten wir hin und her. An beiden Orten waren Betten für uns bereit. In Taipoo standen unsere Koffer, nach Quarry Bay reisten wir nur mit einer Tasche. Die Fahrzeit mit der Untergrundbahn, den Fußweg in Taipoo eingeschlossen, betrug etwa zwei Stunden. Als Johann Kusmanto schwer erkrankte und nach einer Zeit im Krankenhaus Erholung brauchte, mieteten wir für eine Woche eine Wohnung auf der Insel Lantau. Dort – ganz vom Grün umgeben – konnten wir entspannen. Wir begannen die ersten chinesischen Vokabeln zu lernen; Johann als gebürtiger Chinese war uns da weit voraus! Jedes Wort, ja jede Silbe hatte ihr bestimmtes Zeichen und ihre eigene Tonhöhe. *Putong Hua*, das Chinesisch des Festlands, war viel herausfordernder als es die indonesische Sprache gewesen war!

Nach einem Monat war unser Besuchervisum für Hongkong abgelaufen. Was nun? Wir zogen für einige Wochen auf die Halbinsel Macau um, die direkt an China grenzte und heute zu China gehört. Dort hieß uns eine indonesische Gemeinde willkommen. Ein Gemeindeglied stellte uns eine

Wohnung im obersten Stockwerk eines Hochhauses zur Verfügung. Wenn wir die Fenster öffneten, fegte der Wind mit solcher Kraft durch unser Wohnzimmer, dass wir sie lieber nicht aufmachten. Es drang genug frischer Wind durch die Fensterritzen! Wir genossen den Weitblick über die ganze Kolonie und sahen tief hinunter in die Häuserschluchten.

In zwei hellen Räumen standen große Tische, auf denen wir unsere Manuskripte ausbreiten konnten. Dass wir auf Matratzen auf dem Boden schlafen mussten, machte uns nichts aus. Nach der Enge Hongkongs atmeten wir in dieser luftigen Wohnung auf. Wenn wir am Spätnachmittag unsere Schreibarbeit aus der Hand legten, stiegen wir manchmal hinunter in die »Niederungen«, aber nicht ohne zuvor von oben aus unsere Strategie sorgfältig geplant zu haben. Dann kauften wir auf dem Markt ein, was wir zum Kochen brauchten. Sonntags genossen wir die Gemeinschaft mit den indonesischen Christen.

Aus unserer Vogelschau entdeckten wir auch das große Tor, an dem auf unserer Seite die portugiesische Fahne und auf der gegenüberliegenden Seite die Fahne Chinas wehte. Dort war die Grenze! Und dann standen wir eines Tages an diesem Tor zu China und sahen hinüber. In wenigen Wochen würden wir drüben sein!

Wieder in Hongkong begannen wir mit den Vorbereitungen für unser Sprachstudium in Beijing. Wir hatten schon die Bestätigung in der Hand, dass wir als Sprachstudenten angenommen seien. Es gab nur einen Haken. Durch ein Missverständnis hatte uns unsere monatliche Unterstützung nicht erreicht. So besaßen wir ganz schlicht kein Geld, um unseren Flug nach China zu bezahlen. Wir hatten es unserem himmlischen Vater gesagt und Gott hatte ungewöhnliche Quellen erschlossen. Zweimal wurden wir eingeladen, in Familien für Kranke zu beten. Nach Hongkonger Sitte bekam man vor dem Weggehen einen Umschlag in die Hand gedrückt. Dies half, die täglichen Ausgaben zu bestreiten, aber nicht für zwei Flüge Hongkong-Beijing! Die Zeit unseres Abflugs kam näher …

Herr und Frau Ponggawa, das Gründer-Ehepaar der indonesischen Gemeinde in Hongkong staunten, dass wir uns in unserem Alter noch an ein chinesisches Sprachstudium wagten. Sie hatten versprochen, unsere Flugkarten zu bezahlen, aber es wohl wieder vergessen, und wir hatten keine Freiheit sie an ihr Versprechen zu erinnern. Die letzte Woche brach an. Ponggawas luden uns ein, diese Woche bei ihnen in ihrer schönen Wohnung in einem Hochhaus zu verbringen. Eines Morgens vor der Andacht fragte Herr Ponggawa so nebenbei: »Wann fliegt ihr denn nach Beijing?« Wir nannten ihm Tag und Stunde … Er fasste sich an den Kopf und sagte: »Ich habe euch doch die Flugkarten versprochen. Ich muss schnell meiner Sekretärin anrufen, dass sie sich darum kümmert.« Er konnte den Stein nicht hören, der uns vom Herzen fiel. Sicher hatte Gott selbst ihn durch Seinen Geist erinnert!

Erste Sprachversuche in Beijing

Da saß ich nun inmitten unserer Koffer auf der Bank in einer baumbestandenen Allee. Sie gehörte zum Areal des ausgedehnten Beijinger Sprachinstituts. Die schrägen Sonnenstrahlen kündeten den nahen Abend an. Ruth war gegangen, um herauszufinden, wo wir uns nun anmelden mussten. Unser Flug war gut verlaufen. Am Flughafen hatte uns ein Sprachstudent aus dem Jemen angesprochen, der das gleiche Ziel wie wir hatte und der mit uns zusammen ein Taxi nahm. Wir blieben gute Freunde, wenn wir uns immer wieder einmal begegneten. Die ausländischen Studenten an diesem Sprachinstitut stammten meistens aus Ländern der »Dritten Welt«, die ein kommunistisches Regime hatten.

Ruth kam zurück mit verschiedenen Formularen und dem Bescheid, dass wir uns erst am kommenden Vormittag registrieren lassen könnten. Wir sollten uns in Haus 10, dem Haus für ausländische Studenten, unser Quartier zeigen lassen. Als wir die Koffer in unserem Zimmer abgestellt hatten und die Formulare ansahen, waren wir froh, dass wir noch Zeit hatten zum Ausfüllen. Es wurden so ausführliche Angaben verlangt über unsere bisherige Ausbildung und Tätigkeit, dass die Antworten sehr genau überlegt werden mussten. »Nicht alles sagen, aber was wir sagen, muss wahr sein«, wurde unser Motto. Todmüde fielen wir in unsere Betten: *»Lich*t« unter einem kommunistischen Dach, *»Salz«* in einer kommunistischen Suppe«! Mit diesen Gedanken schlief ich ein.

Am nächsten Morgen erlebten wir eine große Überraschung. Wir 200 angehende Sprachstudenten waren in einem großen Schulsaal versammelt. Vorne standen etwa 35 chinesische Lehrer, um ihre Gruppen in Empfang zu nehmen und sie in ihre Klassenräume zu begleiten. Als wir aufgerufen wurden, nahm uns eine junge Lehrerin in Empfang, die Ruth gleich bekannt vorkam. Die Augen der Lehrerin wurden weit, aber sie ließ sich nichts anmerken. Es war Camille, der Ruth im vergangenen Jahr während ihres kurzen Besuches in Beijing begegnet war und deren Zeugnis sie gehört hatte. Camille unterrichtete eigentlich im Langzeit-Programm. Nur für dieses Semester – und später nie wieder – war sie in den Zweig des Kurzzeitstudiums versetzt worden. Unsere Begegnung sollte weitreichende Folgen haben!

Zimmer Nr. 10 wurde unser Zuhause, in dem wir uns geborgen fühlten, trotz des Abhörgeräts über der Tür. Ruth wischte den schmutzigen Zimmerboden auf, während ich die erste Wäsche wusch und im Freien aufhängte. Wir schmückten die Wände mit einigen Bildern, die zu Fragen herausfordern oder als Erkennungszeichen dienen konnten: Die Stiftshütte in der Wüste – aus unserem Sonntagsschulmaterial – dazu zwei Bilder aus Jerusalem.

In der Nacht zum ersten Sonntag hatte Ruth einen Traum. Sie sah die Jakobsleiter in unserem Zimmer stehen. Welche Freude: Wir hatten einen direkten Zugang zu Gott! Es begannen Wochen des angestrengten Lernens, so streng, dass wir manchmal fast verzweifeln wollten. Von Montag bis Freitag gingen wir in unsere Klasse, mussten die Lektion, die drankam, schon geübt haben – chinesische Schriftzeichen, neue Vokabeln, die in vier verschiedenen Tonhöhen ausgesprochen wurden ... Es klappte nicht, wie ein südamerikanischer Student uns unbekümmert erklärte: »Ich lerne erst die Worte, die Tonhöhen hole ich dann später nach!«

In diesem Lernstress stellten wir uns feste geistliche Regeln auf: Wir begannen morgens mit einer stillen Zeit, einerlei, ob wir unsere Hausaufgaben geschafft hatten oder nicht. Gott erfreute uns jeden Morgen mit einem Wort für den Tag, dass wir uns gegenseitig zusagten, ehe wir beteten.

Gott spricht am Fastenabend

Jeden Samstagabend feierten wir das Kommen des Sonntags. Wir ließen das Abendessen ausfallen, deckten eine hübsche Decke auf unsere zusammengeschobenen Schreibtische und stellten den kleinen siebenarmigen Leuchter darauf, den ich aus Jerusalem mitgebracht hatte. An den Samstagabenden erlebten wir die Nähe des Herrn wie selten zuvor. Wir luden unsere Sorgen ab, die Überbelastung durch das Sprachstudium, beteten für unsere Umgebung, studierten Gottes Wort und empfingen manchmal ganz direkte Weisung vom Herrn. Wir mussten gut hinhören, denn Gottes Wege und Weisungen sind immer wieder neu. Von ihm verstanden wir z.B. auch, was unsere Identität in diesem Land war: keine Agenten, sondern Botschafter!

Am 13. Oktober – wieder war es Samstagabend geworden – erhielten wir eine Prophezeiung. Gott ließ uns wissen, dass unser kleiner Anfang richtunggebend für die weitere Arbeit in China sein war. Wir würden uns über das Land verbreiten, aber jede Anlaufstelle würde klein bleiben und in diesem Kleinsein das Zeichen des Kreuzes tragen. Wir sollten auch die Sorge der Administration Gott überlassen. Er würde darüber wachen, dass unser Team nie groß werden würde, weil er mehr tun könne durch die Kleinen und Schwachen als durch die Großen und Starken. Nur in Hongkong würden wir eine Anlaufstelle haben, die in den Augen der Menschen angesehen sein würde.

Weiter wurden wir ermutigt durch das Wort: »Gott hat die erwählt, die nichts sind in den Augen der Welt.« Jeder würde mit den Gaben dienen, die ihm von Gott anvertraut waren, mit zehn, fünf oder drei Pfunden oder auch mit einem Pfund. Jeder dürfte sein Bestes geben aber niemand würde gedrängt werden. »Nicht durch Heer oder Kraft, sondern durch meinen Geist soll es geschehen,« sagte Gott uns zu. Es würde keine Machtstruktur geben, kein Druck etwas darzustellen, sondern Leben aus dem Tod.

Mit der Zeit erfuhren wir, dass afrikanische Christen am Sonntagmorgen ein öffentliches Fahrzeug mieteten, das Interessierte zum internationalen Gottesdienst brachte. Diese Gottesdienste, zu denen keine Einheimischen zugelassen waren, wurden eine Kraftquelle für jede vor uns liegende Woche. Es gab keinen angestellten Pastor. Ein Sprachstudent älteren Semesters übernahm gewöhnlich die Predigt, andere halfen mit bei der Gestaltung des Gottesdienstes. Anschließend gab es ein warmes Getränk und einen kleinen Imbiss. Im Nebenraum lag warme Kleidung für Studenten aus afrikanischen Ländern bereit, die in dem rauen Winter Nordchinas vor Kälte zitterten.

Land und Leute verstehen lernen

Wenn wir auf dem Markt einkauften, merkten die Verkäufer bald, dass wir Fortschritte in der Sprache gemacht hatten. Am Anfang hatten sie beim Herausgeld geschummelt, weil wir die Preise nicht verstanden. Das war nun vorbei. Wenn das Herausgeld nicht stimmte, hielten wir ihnen nur die Hand hin. Lächelnd legten sie das fehlende Geld wieder hinein.

An einem Spätnachmittag fehlte uns Salz. Wir gingen schnell noch einmal in das Geschäft, um es zu kaufen. Das Wort für Salz wussten wir, aber die Tonhöhe hatten wir vergessen. Der Verkäufer bot uns Zigaretten an! Das waren die gleichen Silben, aber nicht die gleiche Tonhöhe. Wir mussten nach Hause zurückgehen, um Wort *und* Tonhöhe zu wiederholen. Zur Vorsicht nahmen wir auch etwas Salz in die hohle Hand. Aber der Verkäufer verstand uns!

Auch sonst mussten wir beim Einkaufen sehr wach sein. Wir waren die reichen Ausländer! Wie schnell schlüpfte eine fremde Hand in die Manteltasche oder selbst in eine nicht gut verschlossene Einkaufstasche und der Geldbeutel war weg. So ging es mir einmal, als wir uns in einer Menge vorwärtsbewegten. Ein anderes Mal spürte Ruth, wie jemand geschickt eine Jacke über sie warf und unter dieser nach dem Geldbeutel in ihrer Umhängtasche griff. Sie griff nach der Hand. Der Dieb war im Handumdrehen in der Menge verschwunden. So lernten wir Land und Leute kennen. Wie verschieden waren sie von der indonesischen Schamkultur!

Gott schenkt uns Freunde

Gott schenkte uns treue Freunde, mit denen wir zum Teil heute noch verbunden sind. Da war Camille, unsere junge Lehrerin, die nach außen nicht zeigen durfte, dass wir »eine Blutgruppe« waren. Eines Vormittags kämpfte ich in der Klasse mit den Tränen, weil ich im Unterricht nicht mitkam. Bevor wir in die große Pause gingen, drückte sie mir einen Brief in die Hand, den sie frühmorgens geschrieben hatte. Ich las ihn hinter Büschen verborgen und wieder begannen meine Tränen zu fließen! Meine Lehrerin hatte gemerkt, wie schwer mir das Hineinfinden in ihre Sprache fiel! Sie hatte warme Worte der Ermutigung geschrieben!

Einmal schaute Camille sich das Bild an der Wand an, auf dem die Stiftshütte zu sehen war. »Was stellt das Bild dar? Woher habt ihr es?«, fragte sie interessiert. Wir erzählten ihr von unserem Kindermaterial. »Ob wir dieses Material hier in China wohl auch einmal haben werden?«, fragte sie. Sie haben es heute! Und Camille hat jahrelang geholfen, dass es in ihrer Sprache herauskommen konnte.

Camille brachte Leon aus Benin zu uns, der so gut chinesisch sprach, dass man ihn am Telefon für einen Chinesen hielt. Leon wurde unser Sprachhelfer. Am Ende der Nachhilfestunden beteten wir zusammen für die Gruppe französisch sprechender Afrikaner am Sprachinstitut, die Leon unter seine Fittiche genommen hatte. Er sprach mit ihnen auch über Gott, wenn sie Fragen hatten.

Am ihren freien Samstagnachmittagen kam Ji Lan zu uns, als Sprachhelferin. Sie hatte an einer kanadischen Universität in Waterloo, Ontario, Chemie studiert. Dort lernte sie meine Schwester und ihren Mann kennen, die sich am Bibelstudium für ausländische Studenten beteiligten. Ji Lan war die erste, die uns in ihr bescheidenes chinesisches Heim einlud. Damals war es Familien noch nicht erlaubt, eine eigene Wohnung zu erwerben. Sie lehrte uns, chinesische Speisen zuzubereiten, die wir dann zusammen mit ihr und ihrem Mann genossen.

Ji Lan kannte Ralph aus ihrer Studienzeit in Waterloo, einen jungen hochgewachsenen Kanadier, der in einem Nachbarinstitut Englisch unterrichtete. Er kam manchmal am Abend zu uns und suchte Gemeinschaft, weil er sehr allein war als Christ. Er wurde für uns wie ein Sohn. Wir aßen Obst oder Süßigkeiten, was gerade da war, tranken Tee und dann beteten wir zusammen. Ralph war uns immer willkommen.

Auch unser junger, hochmotivierter Sprachlehrer Huang Laoshi wurde unser Freund. Er hatte uns am ersten Unterrichtstag bedenklich angesehen. Die weißen Haare verrieten unser Alter, auch wenn unser Lerneifer es mit den Jüngeren unbedingt aufnehmen konnte. Als wir zum Mittagessen zur Kantine hinübergingen, schob er sein Rad neben uns her und ermahnte uns in stark akzentuiertem Englisch: »Ihr müsst sehr fleißig lernen, wenn ihr mitkommen wollt.« Wir nickten. Das war uns selber klar! Dann fügte er hinzu: »Ich werde von Zeit zu Zeit zu euch kommen und euch helfen.« Er hielt sein Wort. Er kam und umfasste mit schnellem Blick unser Zimmer. »Das ist falsch«, sagte er und deutete auf ein Blatt mit chinesischen Zeichen, das Ruth sich zum Lernen über ihr Bett gehängt hatte. Mit ein, zwei Strichen verbesserte er einen Fehler. Einmal griff er beim Hinausgehen nach dem chinesischen Neuen Testament, das er auf unserem Bücherbrett entdeckte. »Mein Vater liest das auch«, bemerkte er nebenbei. Wir hatten sein Vertrauen gewonnen.

Herr Liu Rong gehörte nicht zum Sprachinstitut. Er entdeckte uns eines Nachmittags in einem Restaurant, in dem wir einen »Feuertopf« bestellt hatten. Gemüse und Fleisch wurden in eine kochende Brühe geworfen und dann herausgefischt. Ein chinesischer Herr hatte sich uns gegenübergesetzt und gefragt, ob er nicht seine Zutaten auch in unsern Suppentopf werfen dürfe. So fand ihn Herr Liu Rong, ein Freund dieses Mannes, wie er mit zwei deutschen Damen Gemüse aus einem Suppentopf fischte. Die Augen fielen ihm fast aus dem Kopf. Wir waren schon wieder in unserem Zimmer, da klopfte es. Unser Tischnachbar schob seinen Freund ins Zimmer und sagte nur: »Er hat einen Kummer!« Wir hörten, dass Herr Liu Rong in einer kanadischen Universität in Waterloo zum Studium angenommen sei, aber die Regierung ihm keine Ausreiseerlaubnis gewährte. Schon einige Male war er aus seiner südlichen Provinz Hunan in die Hauptstadt gekommen, ohne Erfolg. »Wir können es unserem Gott sagen, er erhört Gebet«, versicherten wir unserm Gast nach einer Pause. »Dürfen wir es ihm sagen?« Er war einverstanden. Während des Gebets machte ich einmal die Augen auf und sah, wie unser Besucher uns mit weit aufgerissenen Augen beobachtete. Dann verließ er uns mit höflichem Gruß.

Einige Wochen später klopfte es abends, Herr Liu Rong stand unter der Tür! Er sagte nur: »Morgen fliege ich nach Kanada, euer Gott hat euer Gebet erhört.« In Waterloo nahm mein Schwager ihn in seine besondere Obhut; unser Gott wurde auch sein Gott.

Überraschender Besuch

Es war November geworden. Wir lernten für unsere Zwischenprüfung. Da erlebten wir eine große Überraschung. Über Telefon meldete sich ein Gast zum Abend an. Wir konnten die Stimme nicht erkennen. Kurz danach rief Ji Lan an und sagte: »Wir bringen euch heute Abend ein Essen in euer Zimmer!« Gespannt warteten wir, was das alles zu bedeuten hatte.

Gegen Abend klopfte es. Vernny aus Jakarta stand vor der Tür. Die Überraschung war total gelungen! Als wir in Richtung China aufbrachen, wollte sie eigentlich mit uns gehen. Aber ihr Chef, der sie zu seiner Nachfolgerin im Reiseunternehmen machen wollte, riet ihr sehr ab und ihre Familie tat das gleiche. So hatten wir Abschied genommen. Vernny hatte sehr geweint, aber ihre Meinung nicht geändert. Später meldete ihr Chef sie zu einer kurzen Reisetour nach Hongkong an, damit sie sich überzeugen konnte, wie überfordernd diese laute Großstadt sei. Anstatt nach der Tour nach Jakarta zurückzufliegen gelang ihr ein »Abstecher« nach Beijing, um uns zu besuchen. Während dieses Besuches bestätigte Gott ihren Ruf nach China. Wieder in Jakarta blieb sie fest, trotz des Widerstandes von Chef und Familie.

Advent und Weihnachten

Wie feierte man Weihnachten in China? Der Sprachunterricht würde lückenlos weitergehen. Aber Anfang Dezember war eine erste Nikolaus-Figur vor der Eingangstür eines großen Hotels aufgetaucht. China hatte entdeckt, dass man mit Weihnachten gute Geschäfte machen ließen. Auch aus Deutschland trafen bald Aufträge für alle Arten von Weihnachtskrippen und Dekorationen ein, »made in China«.

Das Feiern im Sprachinstitut begann am 16. Dezember mit einem festlichen Zusammensein im Internationalen Club, wo wir jeden Sonntag zum Gottesdienst gingen. Am 19. Dezember waren wir in der deutschen Botschaft eingeladen. Eine größere Gruppe von Chinesen, die am Sprachinstitut Deutsch lernten, lud uns zu ihrer »deutschen« Weihnachtsfeier ein. Am 22.12. überraschte unser Lehrer Huang Laoshi uns mit einer Einladung. Auf einem alten Stuhl vor der Tür seines einfachen Zimmers bereitete er auf einem kleinen

Kocher in unserem Beisein ein Weihnachtsessen zu, nur für uns, seine deutschen Sprachstudenten. Und zum 1. Weihnachtstag hatte uns Ji Lan in ihre Familie eingeladen.

Nach der schlichten Weihnachtsfeier an Heilig Abend, zu der wir als Christen Mitstudenten in einen kleinen Klassenraum eingeladen hatten, kam eine japanische Studentin auf uns zu und dankte uns. Sie hatte einmal einen Anfang im Glauben gemacht, war aber wieder abgekommen. Ihr den Weg neu zeigen zu dürfen, war ein kostbares Weihnachtsgeschenk.

Abschied

Am 4. Januar 1991 endete unser Sprachkurs. Der Abschied fiel uns schwer, besonders von unseren Freunden! Wir hatten China von innen kennengelernt, nicht als Touristen oder Englischlehrer, sondern als Anfänger in einem Sprachprogramm. Das war Gottes Weg für uns gewesen.

Zurück in Hongkong freuten wir uns über das wärmere Wetter und stellten uns wieder auf die beengten Räumlichkeiten um. In den zurückliegenden dreieinhalb Wanderjahren hatten wir uns darin geübt. Es kam nur darauf an, durch Gottes Führen zur rechten Zeit am rechten Platz zu sein.

11. Brückenpfeiler werden errichtet

Brücke der Freundschaft

Am 20. Januar 1991 flogen wir weiter nach Deutschland, wo wir bis zum 19. Februar blieben. Wir erkundigten uns bei unserer Krankenkasse in Karlsruhe, ob wir uns nun mit 60 und 63 Jahren pensionieren lassen könnten. Der Bescheid war eindeutig: »Nein! Bleiben Sie in Ihrem Arbeitsverhältnis bis zu ihrem 65. Lebensjahr.« Also weitermachen! Dazu waren wir auch bereit, aber wo und wie und unter wem?

Zur Jahressitzung des WEC in Vockenhausen waren alle Vorstandsmitglieder angereist. Gegen Ende der Arbeitsbesprechung berichteten wir von unserem Sprachstudium in Beijing und den Plänen, uns zusammen mit einem Team von indonesischen Freunden in Richtung China zu engagieren. Würde das unter WEC möglich sein? Der Vorsitzende, Pastor Dr. Horst Scheunemann, schlug sehr klar vor, dass wir uns vom WEC in gegenseitigem Einverständnis entflechten und unseren von Gott gezeigten Weg gehen sollten. Dieser Vorschlag wurde einstimmig angenommen. Auch wir konnten zustimmen, obwohl wir uns damit in einer Art Niemandsland befanden. Da meldete sich Bruder Peter aus der Kommunität Adelshofen zu Wort, der auch zum WEC-Vorstand gehörte. Er riet uns, einen eigenen Verein zu gründen und schlug auch gleich den Vorsitzenden vor: Bauingenieur Andreas Hadisaputro, ein gebürtiger Indonesier. Er hatte eine Absolventin aus Adelshofen geheiratet und wohnte mit seiner Familie in Ettlingen in der Nähe von Karlsruhe. Bruder Peter stellte die Verbindung her und wir vereinbarten einen Besuch bei Hadisaputros. Wir würden aber Freunde des WEC bleiben, daran bestand kein Zweifel. Ehe wir am nächsten Morgen weiterreisten, hatten uns verschiedene Geschwister ganz im Verborgenen kleine Geldbeträge in die Hand gedrückt für unseren Neuanfang.

Aber wie gründete man einen deutschen Verein? Wir hatten uns noch nie mit dieser Frage befassen müssen! Es brauchte auch Mut, zu dem uns ganz unbekannten Herrn Hadisaputro zu gehen und ihm unser Anliegen vorzutragen. Aber wir wurden von ihm und seiner Frau sehr freundlich empfangen. Als wir uns dann am großen ovalen Wohnzimmertisch gegenübersaßen und unser Anliegen vorbrachten, fanden wir ein offenes Ohr und warmes Interesse. Mehr als das: Herr Hadisaputro war chinesischer Abstammung, aber in Indonesien aufgewachsen. Er freute sich sehr, dass nun junge Indonesier nach China gehen wollten, um unter »seinem« Volk zu leben und den Kindern dort die gute Botschaft zu bringen. Er erklärte sich bereit, Vorsitzender des neu zu gründenden Vereins zu werden.

Als Nächstes brauchten wir einen Rechtsberater, der uns bei der Gründung des Vereins beistehen konnte. Ein weiterer Bekannter, Günter Schaible, damaliger Leiter der Organisation »Wörnersberger Anker«, brachte uns mit seinem Steuerberater in Verbindung. Dieser erkundigte sich diskret nach unserem Alter und fragte dann: »Bevor wir über eine Vereinsgründung sprechen, möchte ich Sie zunächst fragen: Wollen Sie sich nicht lieber zur Ruhe setzen?« Nein, das wollten wir nicht. So half er uns die nächsten technischen Schritte zu verstehen.

Am 16. Februar machten wir uns zu zehnt auf den verschneiten Weg zum Büro des Steuerberaters: Andreas Hadisaputro als Vorsitzender und seine Frau Lisbeth, Heini Bachmann, der Schriftführer werden würde und seine Frau Ilse, Frieda Läufer, Christian Strübel, Heinrich und Elisabeth Funck, Ruth und ich. Wir wählten als Vereinsnamen »Brücke der Freundschaft« und ließen ihn als e.V. in das

Vereinsregister eintragen. Drei Tage später flogen wir noch einmal zurück nach Indonesien.

Ein indonesisches Team formiert sich

Auf unserem Flug nach Indonesien waren zwei Zwischenstopps eingeplant, Singapur und Hongkong. In Singapur mussten wir ein neues Visum für Indonesien beantragen.

Dann ging es weiter nach Hongkong, wo wir eine Woche bei Johann und Nanang wohnten. Im März wollten sie zu einem Heimataufenthalt nach Indonesien kommen. So gab es manches zu besprechen und schon erste Pläne für unseren Umzug nach Hongkong zu schmieden. Johann hatte Verbindung zu einem indonesischen Ehepaar, das ihm helfen wollte, eine Wohnung für uns zu finden.

Während dieser Woche erlebten wir eine weitere Fügung Gottes. Wir brauchten auch eine englische Fassung der Vereinssatzung für unseren Antrag auf Einreise und für das Arbeitsvisum in Hongkong. Aber die juristischen Wendungen in der englischen Sprache waren uns nicht vertraut. Was für ein Wunder: Dr. Edith Woods, eine unserer Dozentinnen aus Junggo, war gerade zu Gast bei ihrer Zwillingsschwester in Hongkong. Sie verwies uns an eine christliche Rechtsanwältin, die uns fachmännisch beriet. Nun hatten wir die nötigen Unterlagen um mit Dr. Woods an der Vereinssatzung in englischer Sprache arbeiten zu können. Und schon war es Zeit uns auf den Weiterflug nach Indonesien zu begeben.

Bei Lexy und Lies in Junggo atmeten wir auf. Junggo war unbeschreiblich schön, besonders nach dem Asphaltdschungel in Hongkong. Wir konnten uns kaum sattsehen an Bäumen, Vögeln, Blumen, Bergen, dem weiten Horizont, dem klaren Sternenhimmel am Abend. Wir atmeten frische Luft. Wie hatte Gott uns mit diesem Platz, den wir bauen durften beschenkt! Wir freuten uns auch über den Fortschritt des großen Gebäudes auf der höchsten Stelle des Geländes. Das untere Stockwerk war ausgebaut und die Zimmer konnten schon belegt werden. Im oberen Stockwerk, in dem sich die große Versammlungshalle befand, wartete die sechseckige Konstruktion in javanischem Stil noch auf das Dach, das in Mitteljava angefertigt wurde. Es ging zügig voran und Lexy Pello als ein geschickter Bauleiter hatte Freude an dem Fortschritt.

Bald trafen nacheinander die früheren Studenten ein, die sich mit uns nach China gerufen wussten. *Johann und Nanang* kamen aus Hongkong, *Vernny* aus Jakarta, *Ronny* aus Bandung und seine Braut *Indiria* aus Kalimantan, wo sie ein Praktikum nach Abschluss ihrer Bibelschulzeit machte. *Nursillen* aus dem Batakland kannten wir am besten. Sie hatte vor ihrer fünfjährigen Ausbildung im Bibelinstitut in Batu ein Vorpraktikum in Junggo absolviert. Nun musste sie noch einige Monate als Lehrerin arbeiten, um bei ihrer Beantragung eines Hongkong-Visums einen Beruf angeben zu können.

Am Ostermontag legte Ruth dem Team die Richtlinien für ein Zusammenleben und -arbeiten vor, die wir in Beijing durch direktes Reden Gottes erhalten hatten. Damit war das indonesische China-Team geboren! Wir beschlossen, dass zuerst Ruth und ich im Mai nach Hongkong zurückkehren würden, um die Wohnung vorzubereiten. Danach würden Vernny, dann Johann und Nanang folgen, als Letzte Nursillen. Ronny und Indiria planten erst im darauffolgenden Jahr zu uns zu stoßen; sie wollten zuerst noch in Indonesien heiraten. Alle mussten noch Chinesisch lernen, entweder in Hongkong oder in China. Auch Ruth und ich planten ein weiteres Sprachsemester in Beijing zu belegen.

Die verbleibende Zeit bis zum 4. Mai, an dem unsere Touristenvisa für Indonesien ausliefen, war sehr kurz. Wir waren noch nicht fertig mit all den Texten, die wir für den Druck der verschiedenen Bücher des *Sonntagsschulhelfers* vorbereiten mussten, obwohl jeder, der einen Beitrag erbringen konnte, Hand anlegte. Sogar einige aus dem neu gegründeten Chinateam halfen dem Redaktionsstab. Es waren ja nicht nur Lektionen zu gestalten und zu edieren, auch neue Bilder mussten gezeichnet werden. Da war Subur, unser Zeichner, gefragt. Ruths Schwester Luise tippte viele Texte auf ihrer Schreibmaschine. Sie war mit einem Tropengeschwür am Bein recht elend für einige Wochen aus Ost-Timor nach Batu gekommen. Langsam erholte sie sich und wir freuten uns über diese Zeit der Gemeinschaft.

Unter diesem Zeitdruck beschlossen Ruth und ich, noch einmal nach Singapur zu fliegen und mit einem Visum für nur vier Wochen zurückzukommen. Diese zusätzliche Zeit half uns, unsere gemeinsame Arbeit an den Manuskripten weiter voranzubringen.

Morrison Hill Road

Auf dem Flugplatz in Hongkong warteten Robby und Betty Zhang am 10. Juni auf uns. Als Chinesen in Indonesien aufgewachsen, waren sie den Werbern gefolgt – kurz vor dem kommunistischen Putsch im Jahr 1965 – die ethnische Chinesen von Indonesien zurück nach China lockten. Wir hatten sie bei unserem ersten Besuch in Hongkong kennengelernt, wo Betty uns ihre höchst dramatische Geschichte erzählte, wie sie vom Festland nach Hongkong gekommen war. Als wir danach um Heilung für ihre allmorgendliche Migräne beteten, rührte Gott sie an und befreite sie von dieser jahrelangen Plage. Robby besaß ein Geschäft, in dem er gebrauchte Möbel aufkaufte, aufpolierte und wieder verkaufte. Betty betätigte sich als Häusermaklerin. Sie besaß eine Wohnung im 4. Stock des Sun Tao Buildings im Stadtteil Wanchai, die sie uns zur Miete angeboten hatte. Die Handwerker waren aber noch voll mit der Renovierung beschäftigt. So nahmen uns unsere Freunde zunächst eine Woche in ihrer Wohnung auf.

Besonders wertvoll waren in dieser Woche unsere abendlichen Erzählstunden. Das Möbelgeschäft war geschlossen, das Abendbrot eingenommen; wir saßen in gemütlichen Sesseln und gaben einander Einblick in unser Leben. Wir erfuhren, wie Robby und Betty durch schweres Erleben zum lebendigen Glauben an Jesus Christus gekommen waren. Sie hörten von unserem Auftrag für China und adoptierten später nach guter chinesischer Sitte auch alle anderen Teammitglieder, die nacheinander in Hongkong eintrafen.

Nach fünf Tagen zogen wir um auf den »Bauplatz«der von uns gemieteten Wohnung , in dem erst ein kleines Zimmer bezugsfertig war. Unser Einzug wurde ein Anreiz für die Arbeiter, zügig voranzumachen. Bis die Handwerker morgens anrückten, hatten wir uns schon ein einfaches Frühstück gemacht. Wenn wir den Baulärm nicht mehr ertragen konnten, gingen wir den Tag über ins Freie und machten uns mit unserer neuen Umgebung vertraut.

Um 5 Uhr nachmittags verabschiedeten sich die Handwerker. Dann konnten wir den Boden aufwischen und uns einigermaßen ausbreiten. Es war ein wunderbares Gefühl, eine feste Adresse und den Schlüssel für eine Wohnung zu besitzen. Diese Wohnung hatte drei kleine Schlafzimmer und einen winzigen Raum von 1,8 x 2,5 Metern, den Vernny später als ihr erstes Reisebüro einrichtete, sowie eine Dusche mit WC – die frühere Küche. Auf dem Dach der unter uns liegenden Wohnung war eine Verandaküche erstellt worden, 5 x 3 Meter. So groß war auch unser Wohnzimmer. Da wir eine Eckwohnung hatten, kam Tageslicht in alle Räume, außer ins Wohnzimmer. Dort brannte auch tagsüber elektrisches Licht.

Vom 10.–12. Juli mussten wir für drei Tage Hongkong verlassen, weil unser Besuchervisum abgelaufen war. Wir besorgten uns Visa und Schiffskarten nach Guangzhou, der Stadt über der Grenze und kehrten mit dem nächsten Monatsvisum wieder nach Hongkong zurück.

Als Vernny am 23. Juli mit einem Arbeitsvisum als Reisebüroleiterin zu uns stieß, konnten wir sie in einer renovierten Wohnung empfangen. Auf der Straße unter einer Brücke entdeckte sie einen Schreibtisch aus Metall, den jemand dort abgestellt hatte. Er passte genau in den kleinsten Raum, in dem Vernny ihren Computer aufstellte und ihr Reisebüro einrichtete. Zwei Wochen später kamen Johann und Nanang mit ihrem kleinen Timotius, die ins größte Schlafzimmer einzogen. Die indonesische Gemeinde, in der Johann Prediger war, sorgte für das Visum dieser Familie. So stand die Wohnung nicht leer, als wir am 12. August wieder nach China reisen mussten, weil unser Visum abgelaufen war. Diesmal besuchten wir Camille in Chengdu in der Provinz Sichuan, die bei ihrer Familie auf dem Universitätsgelände wohnte. Durch ihr Zeugnis war auch ihre Mutter heimlich Christ geworden.

Wieder zurück in Hongkong feierten wir am 3. September die Ankunft von Nursillen aus Jakarta. Sie hatte gerade noch Zeit, sich in der Hongkonger Universität als Sprachstudentin einzuschreiben, ehe das neue Semester begann. Und dann, am 6. September, flogen wir zu unserem zweiten Sprachkursus nach Beijing. Wir brachen mit dem Wort auf: »Seid allezeit bereit zur Verantwortung vor jedermann, der von euch Rechenschaft fordert über die Hoffnung, die in euch ist, und das mit Sanftmut und Gottesfurcht, und habt ein gutes Gewissen.« 1. Petrus 3, 15+16.

Zum zweiten Mal in Beijing

Als wir am 6. September in Beijing landeten, war es wie ein Nachhausekommen. In Haus 10 wurden wir freundlich empfangen; die Saat der Liebe war aufgegangen. Wir durften sogar unser altes Zimmer beziehen, wo wir die guten Glühbirnen noch in den Lampen und unser Schreibpapier in der Schreibtischschublade vorfanden!

Unser Ankunftstag in Beijing war ein Samstag. Am Abend hielten wir eine erste Fastenzeit. Es war kostbar, nach all den fordernden Erlebnissen der letzten Wochen und Monate in der Stille auf den Herrn zu hören. Wir dachten an unser Team und segneten es. Aber dann wies Gott uns an, wieder nach denen Ausschau zu halten, die ihn in dieser Sprachschule noch nicht kannten. Damit tauchte ein ganz neues Gebetsanliegen auf: für »Lichtplätze« in China zu beten, die durch unsere Teammitglieder entstehen würden.

Am Sonntag trafen wir einige unserer alten Freunde. Camille unterrichtete in einer anderen Abteilung der Schule. Wenn sie es möglich machen konnte, kam sie am Nachmittag, um mit uns chinesisch zu lesen. Huang Laoshi, unser junger Sprachlehrer, freute sich sehr, uns wiederzusehen. Er brachte uns den kleinen Eisschrank zurück, den wir ihm geliehen hatten und organisierte Stühle und Wascheimer, wie ein chinesischer Sohn es für seine Eltern tun würde. Manchmal schlüpfte er abends noch in unser Zimmer, wie Camille es im vergangenen Jahr getan hatte.

In unserer Sprachklasse benutzten wir die gleichen Lehrbücher wie im Vorjahr und waren sehr erleichtert, dass wir wiederholen durften und keinem solchen Lernstress ausgesetzt waren wie im vergangenen Herbst

Am Mittwoch der zweiten Woche geschah etwas sehr Schönes. Camille und Grace, eine Krankenschwester, kamen uns besuchen. Etwas später kam auch Ji Lan dazu. Es ergab sich ein gutes Gespräch über Hindernisse im Glauben, die Liebe zur Welt… Und am Ende beteten Ruth und Camille für Ji Lan, dass der Herr sie von allen alten Bindungen lösen möge. Von da ab nahm ihr Leben eine klare Wendung, sie wuchs im Glauben, Schritt für Schritt… Wir begannen, am Samstagnachmittag mit ihr zusammen die Bibel zu lesen. Am folgenden Samstag erzählte sie uns dann, wie Gottes Wort auch während der Woche zu ihr gesprochen hatte.

An unserem Fastenabend am 24. Oktober wurde uns das Gebet für unser Team in Hongkong sehr wichtig. Wir fassten einen Entschluss: So wie Mose vierzig Tage auf dem Berg Nebo für sein Volk gebetet und Aufträge empfangen hatte, so wollten wir 40 Tage lang täglich nach Gottes Willen für unser Team fragen – auch für die Zukunft – und für sie beten. (Als wir später die Tage bis zu unserer Abreise von Beijing zählten, waren es genau 40 Tage.) Das gab nun unserem Gebet Richtung und schärfte unser inneres Ohr, auf Gott zu hören. Etwas später rief Johann uns kurz an. Er beschwerte sich über Vernny und Nursillen, das erste Zeichen, dass in Hongkong nicht alles glatt ging.

Je weiter die Zeit voranschritt, desto mehr vertrauten andere Sprachstudenten sich uns an. Auch unser junger Sprachlehrer Huang Laoshi saß eines Abends bei uns im Zimmer und erzählte uns aus seinem Leben. Wir gewannen einen Einblick in das, was Leben und Lehren im China der 1990er Jahre beinhaltete, in einem Land mit dem Bekenntnis: Es gibt keinen Gott! Und in dem doch in vielen Menschen solche Sehnsucht nach einem tieferen Inhalt, nach Liebe und Verständnis, nach erfülltem Leben, nach Ewigkeit war.

Am 28. November hatten wir unsere letzte Prüfung. Wir schnitten gut ab, Ruth sogar mit 92 von 100 Punkten! Am Sonntag dem 1. Dezember verabschiedeten wir uns nach dem Gottesdienst in der Internationalen Gemeinde. Diese sonntägliche Gemeinschaft hatte uns Woche für Woche gestärkt für den Alltag, der am Montag wieder auf uns zukam.

Dann, am Abend, saßen wir noch einmal mit unseren engsten Freunden zusammen. Die Freundschaft zwischen Leon und Camille hatte sich vertieft. Ob sie eines Tages ihren Weg gemeinsam gehen würden? Sie heirateten später!

Ruth erinnert sich: Der 2. Dezember, ein Montag, war unser Abreisetag. An diesem Tag erlebten wir Gottes Durchhilfe in wunderbarer Weise. Gottes Geist hatte mich mit den Worten aus Jesaja 41,10 geweckt: »Fürchte dich nicht, denn ich bin mit dir.« Meine Antwort war: »Vater, die Koffer sind so schwer!« Wir hatten einen preisgünstigen Inlandflug bis Guangzhou gebucht und wollten von dort die letzten zweieinhalb Stunden mit dem Zug nach Hongkong weiterfahren. Aber unser himmlischer Vater hatte einen besseren Plan.

Am Flughafen stellte sich heraus, dass unser Flug vier Stunden Verspätung hatte. Der Anschluss in Guangzhou war somit gefährdet. Wir mussten China aber am 2.12. verlassen, weil unsere Visa an diesem Tag abliefen. Mit Hilfe einer chinesischen Beamtin von der Auskunft, die sich eine Stunde Zeit für unser Anliegen nahm, konnten wir unsere Flugkarten ohne Verlust zurückgeben und dann Karten für einen Direktflug nach Hongkong kaufen, die gewöhnlich Wochen im Voraus bestellt werden mussten. Wir bekamen die letzten zwei Plätze in der vollbesetzten Maschine. Gott hatte sogar für die Deckung der Mehrkosten gesorgt: Am Abend zuvor war uns ein Umschlag mit 100 US-Dollar zugesteckt worden. Bald darauf saßen wir wie die Träumenden im Flugzeug. Die Motoren liefen an. »Zaijian Beijing!« (Auf Wiedersehen Beijing.) »Vater, danke für die Realität dieser drei Monate!«

Aufbruch in verschiedene Richtungen

»Ihr seht viel besser aus als bei Eurer Rückkehr im vergangenen Jahr«, begrüßten uns Johann und Nanang, die uns am Flughafen abholten. Diese Feststellung war besonders für Vernny und Nursillen wichtig, für die wir Studienplätze für das kommende Semester am Sprachinstitut in Beijing bekommen hatten. Um flüssiger sprechen zu lernen, wollten sie gern in einer Umgebung studieren, in der Mandarin gesprochen wurde und nicht Kantonesisch wie in Hongkong.

Für ihre Übersiedlung nach Beijing gab es viel vorzubereiten. Die beiden konnten sich als »Tropenkinder« die strenge Winterkälte im Norden Chinas nicht vorstellen. Sie fühlten sich gar nicht hingezogen zu wollenen Pullovern, die in ihre Koffer sollten. Die kratzten! Einbrechende Kälte kam uns zu Hilfe. Nun fühlten sie in der ungeheizten Wohnung die wohlige Wärme der Wolle. Bald hingen gewaschene Wollpullover wie nasse Katzen über der Leine und zogen sich tropfend in die Länge. Wir zeigten ihnen, wie man gute Wollpullover in einem Handtuch ausdrücken und dann flach liegend trocknen muss, damit sie ihre Form nicht verlieren.

Schon in der Vorweihnachtszeit erstrahlte Hongkong im Lichterglanz. Über ganze Wolkenkratzer und Häuserblocks waren Weihnachts- und Neujahrswünsche mit Lichtdekorationen im Großformat angebracht. Aber in allem Glanz und der Fülle der Angebote sehnten Ruth und ich uns zurück nach unseren Freunden in Beijing, die wir gerade verlassen hatten.

Der Heilige Abend nahte. Für Vernny war es das erste Mal, dass sie nicht bei ihrer Großfamilie in Jakarta war. Immer wieder kamen Anrufe von dort: »Wir haben die Flugkarte für dich schon bestellt!« Dann kam ein kollektiver

Anruf ihrer Nichten und Neffen, die im Chor sagten: »Tante -Ver-nny-komm-heim!« Aber Vernny blieb bei ihrer Entscheidung, dieses Weihnachten in Hongkong zu feiern, mit dem Team, zu dem sie nun gehörte.

Am Heiligen Abend waren wir nur zu viert. Johann und Nanang mit ihrem kleinen Timmy verbrachten Weihnachten an einem Ferienort, um Gottes Leitung für ihren weiteren Weg zu suchen. Nanang erwartete ihr zweites Kind. Kurz nach ihrer Rückkehr sagten sie uns, dass China in den nächsten Jahren für sie nicht in Frage käme. Deshalb wollten sie sich vom Team trennen, obwohl sie den Gedanken, einmal in China zu arbeiten, nicht aufgegeben hätten. Uns blieb, ihnen Gottes Segen zu wünschen für ihre Gemeindearbeit in Hongkong.

Am Nachmittag des Neujahrtages packten wir unsere Koffer und Taschen. Alles war im Wohnzimmer auf dem Boden ausgebreitet, weil die Schlafzimmer zu klein waren, um darin packen zu können. In zwei Koffer und Taschen kamen Vernnys und Nursillens Wintersachen. In zwei weitere Koffer und Taschen packten Ruth und ich Sommersachen für zwei Monate in Indonesien. Am nächsten Morgen – unsere Visa für Hongkong liefen an diesem Tag ab – nahmen wir vier unser Gepäck und verabschiedeten uns von Kusmantos, die noch einige Monate in der Morrison Hill Road wohnen wollten. Der kleine Timmy weinte, als sich die Wohnungstür hinter uns schloss. Ahnte er, dass es eine Trennung gegeben hatte und wir nun in verschiedene Richtungen weitergingen?

Am Flughafen konnten wir Vernny und Nursillen bis an die Startrampe begleiten. Ein letztes Winken von der Rolltreppe und wir salutierten! Die ersten vom Team hatten sich auf den Weg nach »drüben« gemacht. Eine Stunde später flogen wir in Richtung Jakarta.

Noch einmal in Indonesien

In Jakarta besuchten wir zunächst Vernnys Familie. Wir ahnten, dass sie uns sehr böse waren, denn ihrer Meinung nach hatten wir Vernny überredet, sie zu verlassen und nach Hongkong umzuziehen. »Wer hat sich das alles mit Hongkong ausgedacht?« fragten sie gerade heraus. Danach hörten sie uns aber auch zu, als wir ihnen noch einmal erzählten, wie Vernny ihren Ruf nach China erhalten hatte. Dann drehten wir den Spieß um: »Anstatt enttäuscht und böse auf uns zu sein, solltet ihr euch zusammentun, um eurer Schwester den Rücken zu stärken. Sie ist Gottes, nicht unserem Ruf gefolgt, um der vielen Menschen in China willen, die noch auf die gute Nachricht warten. Ihr solltet gemeinsam für Vernny und ihren neuen Auftrag beten.« Wir sagten ihnen von Vernnys Plänen für China-Reisen, die sie vor ihrem Abflug zum Sprachstudium entworfen hatte. Sie könnten helfen, für diese Reisen zu werben. Die Schwestern wurden stiller und stiller, sodass wir zum Schluss noch beten konnten. Und wie wir es ihnen gesagt hatten, so wurde es dann auch. Vernnys Großfamilie ist ihr starker Gebetsrückhalt geworden.

Auch Vernnys Chef, Pak Alfons, besuchten wir. Er war Inhaber des Reisebüros Altourina, in dem Vernny gearbeitet hatte. Sein Plan war es gewesen, nach seiner Pensionierung Vernny zu seiner Nachfolgerin einzusetzen. Dass dieser Plan nun nicht zum Tragen kam, war für ihn eine tiefe Enttäuschung. Es war noch nicht möglich, mit Pak Alfons über Vernnys geplante China-Touren zu sprechen, die von Indonesien aus über sein Reisebüro geplant werden könnten. Aber schon im März bei einem zweiten Besuch erklärte er sich bereit, eine Zweigstelle von Modern Wing in Jakarta zu werden.

Und dann waren wir wieder in Junggo! Noch einmal konnten wir zwei Monate mit unseren bewährten Freunden an der Revision von drei Büchern des *Sonntagsschulhelfers* arbeiten. Dann ging es weiter nach Deutschland, um die Vorbereitungen für unsere endgültige Übersiedlung nach Hongkong zu treffen.

Gott macht Maßarbeit

Vernny hatte ihr Arbeitsvisum für Hongkong schon erhalten und ihr Reisebüro in Hongkong registrieren lassen. Nun waren wir dran, von Deutschland aus unsere Anträge in Hongkong einzureichen. Der *Offene Abend*, eine Gemeinschaft innerhalb der Evangelischen Kirche in Stuttgart, hatte eine beträchtliche Geldsumme auf das Konto von *Brücke der Freundschaft* überwiesen. Diese großzügige Gabe genügte für die Eröffnung von BdF als *Representative Office* (Niederlassung) in Hongkong.

Zum 1. April 1992 wurden Ruth und ich von »Brücke der Freundschaft e.V.« übernommen und schieden damit offiziell aus dem WEC aus.

In den Wochen vom 3. April – 2. Mai konnte BdF zu Freundschaftstagen an sechs verschiedenen Orten in Deutschland einladen: nach Korntal bei Stuttgart, auf den Thomashof in Karlsruhe-Durlach, nach Lindau am Bodensee, Lahr im Schwarzwald, nach Vockenhausen bei Eppstein und nach Pulversheim im Elsass. In Vockenhausen fand am 25. April die offizielle Aussendung nach Hongkong statt. BdF wollte sie in den Räumen unserer »früheren« Missionsgemeinschaft WEC halten und WEC war damit gerne einverstanden! An allen Orten hielten wir einen Lichtbildervortrag, berichteten von den Zielen unserer neuen Arbeit und luden ein, unser Zielland durch Reisen kennenzulernen. So erreichten wir in kurzer Zeit viele unserer Freunde.

Auf ein Rundschreiben hin bestellten nur wenige der bisherigen Unterstützer den weiteren Bezug unserer Rundbriefe ab. Und die abbestellten, taten dies aus Altersgründen. Jemand schrieb uns: »Wir wollen dabeibleiben! Jetzt wird es erst recht spannend.«

Mutter

Als ich im März nach Hause zurückkam, schaute ich als erstes nach Mutter in ihrem Altersstübchen auf dem Thomashof. Sehr schwach saß sie in ihrem Lehnstuhl, aber ihre Augen strahlten, als sie mich erkannte. Ihre Kraft war aufgezehrt, sie sehnte sich danach, heimgehen zu dürfen. Ihr Hausarzt sagte zu uns: »Es geht ihr nicht gut. Der Körper kann nicht mehr. Wir wollen sie ziehen lassen.«

Während Mutter mehr und mehr in ihrer eigenen Welt versank, erinnerte ich mich an eine frühere Begegnung bei meinem Heimkommen im Jahr 1989. Ruth Läufer und ich hatten Abschied von Indonesien genommen und gingen in Richtung Hongkong. Mutter hatte bis weit in die 1980er Jahre meinen Rundbrief versandt, bis mein Bruder, damals Heimleiter auf dem Thomashof, ihr diesen Dienst liebevoll abnahm. Nun sagte sie zu mir: »Ich schaffe es nicht mehr, dich nach Hongkong zu begleiten. Aber geht es auch in Indonesien gut weiter? Geht es Lexy Pello gut?« Mit ihrem Herzen und ihren Gebeten blieb sie in Indonesien, das ihr als »Missionsland« schon vor meiner Ausreise 1971 vertraut gewesen war.

Unser Flug nach Hongkong war für den 15. Mai gebucht. Am Morgen dieses Tages schlief Mutter nach einer unruhigen Nacht, in der wir bei ihr gewacht hatten, still ein. Sie war daheim, wohin unser Vater ihr 1961 vorausgegangen war. Mutter war recht sachlich gewesen im Blick auf die Herrlichkeit, die uns in der ewigen Heimat erwartet. Sie meinte:

»Das werden wir sehen, wenn wir dort sind. Die Hauptsache ist: Jesus ist da!« Wir wussten, sie war nun bei Jesus. Das war unser Trost!

Und unser Flug? Wir hatten beschlossen, dass Ruth vorausfliegen sollte. Als ich sie am Morgen des 15. Mai anrief, um ihr Mutters Heimgang mitzuteilen, sagte sie mir, dass auch sie noch nicht fliegen könne. Sie habe Nachricht vom deutschen Generalkonsulat erhalten, dass wir unseren Flug verschieben müssten. Das Visum für Hongkong müsse bei der Einreise in unseren Pässen eingestempelt sein und es sei noch nicht eingetroffen. Auf diese Nachricht hin hatte sich Herr Kurt Zoller für uns bei der Fluggesellschaft eingesetzt, bei der unsere Flüge zu einem Sonderpreis gebucht waren. Diese verlängerte unsere Flugkarten des Trauerfalls wegen, aber nur für eine Woche!

Am 19. Mai kam der telegrafische Bescheid aus Hongkong, dass unsere Visa gewährt und per Telex nach Düsseldorf gesandt worden seien. Am Mittwoch, dem 20. Mai 1992, fand Mutters Beerdigung auf dem Friedhof in Korntal statt. Am 23. Mai, dem letzten Tag der Visa-Verlängerung, flogen Ruth und ich nach Hongkong. »Maßarbeit Gottes!« staunten viele, auch die Beterinnen des Deutschen Frauenmissionsgebetsbundes, die unseren Weg begleitet hatten. Und wir staunten mit ihnen.

12. Fußfassen in Hongkong

Neuer Anfang zu viert

Während der ersten Tage in der Morrison Hill Road flossen unsere Herzen zusammen. Jede von uns hatte eine Nische in der Wohnung gefunden. Vernny bezog ihr kleines Zimmer, in dem sie bis zu ihrem Auszug aus der Morrison Hill Road zwanzig Jahre später wohnte und sich geborgen fühlte. Nursillen zog in das mittlere Zimmer, das später unser Gästezimmer wurde, während Ruth und ich uns das dritte Zimmer teilten. Dort stand ein Doppelstockbett. Ich richtete mich in der oberen Etage ein; es wurde mein Zuhause, in das ich im Laufe des Tages mancherlei Sachen hinaufbeförderte, die ich erst am Abend brauchte. In dem Einbauschrank unter der Decke hatte ich ein persönliches Fach, das ich abends und morgens von meiner »Etage« aus bequem erreichen konnte. Ruth bezog das untere Bett. So hatte jeder von uns seinen privaten Lebensraum.

Zu viert regelten wir die Finanzen für den Haushalt. Als nächstes entwarfen wir einen Koch- und Putzplan, sodass wir gleiche Lasten und gleiche Rechte hatten und der Haushalt uns gemeinsam gehörte. Wir gingen miteinander aus und nahmen uns viel Zeit zu gemeinsamen Gesprächen.

Aber wir merkten bald, dass Vernny und Nursillen durch verborgene Kämpfe gingen. Das kam heraus an einem unserer wöchentlichen Fasten- und Gebetsabende. In ihrem Sprachstudium in Beijing, wo sie ein gemeinsames Zimmer bewohnt hatten, war ihre große Verschiedenheit deutlich geworden. Vernny lernte schnell und hatte dadurch Zeit an den Wochenenden mit Freunden unterwegs zu sein. Nursillen war langsamer und wollte darum an den Wochenenden lieber lernen. Sie fühlte sich allein, auch unter uns, denn sie sah, wie Vernny schon feste Pläne für die Gründung eines Reisebüros hatte, während sie ihren Weg noch nicht sah. Sie wollte noch weiter Chinesisch studieren, aber wo? Würden Ronny und Indiria, die im Herbst in Beijing zur Sprachschule gehen wollten, sie annehmen oder würde sie auch unter ihnen als »Single« allein sein? Vernny wiederum fühlte sich Nursillen in gewisser Weise unterlegen, weil sie keine Bibelschule besucht hatte wie diese. Ruth sprach mit Vernny, ich mit Nursillen, dann beteten wir gemeinsam. Gott gab Ruth und mir klare Weisung, die Nöte unserer Freunde nicht leicht zu nehmen und doch mutig voranzugehen.

»Modern Wing Travel«

Der metallene Schreibtisch in dem 1,80x2,50 m großen Zimmer in der Morrison Hill Road symbolisierte den Anfang von Vernnys Reisebüro *Modern Wing Travel.* Um ein Arbeitsvisum zur Gründung eines Reisebüros in Hongkong zu erhalten, brauchte sie einen Sponsor. Ein früherer Mitarbeiter von »Jugend mit einer Mission«, der selbst ein Reisebüro in Hongkong gegründet hatte, wurde ihr Bürge bei der Regierung. Als Nächstes musste sie einen bestimmten Betrag auf dem Konto einer Hongkonger Bank vorweisen können. Ruths Schwester Frieda überwies ihr dieses Anfangskapital. Als Letztes musste sie einen Büroraum vorweisen können: das war der Miniraum in unserer Mietwohnung. Das Arbeitsvisum wurde gewährt!

Vernnys Tourenplan für 1992 lag inzwischen sauber gedruckt mit attraktivem Einband vor. Man sah ihm die große Arbeit kaum an, die das Studieren der verschiedenen Gegenden Chinas gekostet hatte. Der mit Farbfotos ausgestattete Prospekt enthielt Vorschläge für fünf verschieden gestaltete Touren um unser Nachbarland kennenzulernen.

Vom 18. Juni – 10. Juli 1992 kam die erste Gruppenreise zustande, die Vernny über ihr Reisebüro arrangierte.

Sie führte nicht nach China, sondern nach Indonesien! Ich war von Vernny zur Reiseleiterin ernannt worden und bereitete mich gründlich auf die Tour vor, die auch in einige Städte der Insel Java führen würde, die ich noch nicht kannte. In Batu war ein längerer Aufenthalt geplant, dort wollten wir an der Jahreskonferenz teilnehmen.

In Junggo war inzwischen das letzte und größte Gebäude auf dem Komplex des Kinder- und Jugenddepartments fertig geworden. Weit sichtbar krönte das sechseckige braunrote Dach diesen Bau. Lexy hatte der Versuchung widerstanden, Geld aufzunehmen für dessen Fertigstellung. Er hielt sich an die bewährten Regeln des WEC, nach denen wir Haus um Haus gebaut hatten: Wir bauten, wenn im Glauben erbetene Gaben eingingen. Es wurden keine Schulden gemacht. Nun stand das schöne zweistöckige Gebäude, das in den kommenden Jahren eine wichtige Rolle bei Seminaren und Freizeiten spielen sollte, vollendet vor uns und wir durften bei seiner Einweihung dabei sein. Frau Inge Weippert sprach als Vertreterin des Deutschen Frauenmissions-Gebetsbundes ein Grußwort. Dieser Bund hatte uns viele Jahre hindurch als »Patenmissionarinnen« mit bestimmten monatlichen Summen unterstützt, die mithalfen, die Gebäude in Junggo zu erstellen und den Druck des *Sonntagsschulhelfers* zu ermöglichen. Dieses letzte Gebäude war mit Geldern von »Hilfe für Brüder« gebaut worden.

In Batu fand gerade die Jahreskonferenz statt, die wir auch einen Tag lang besuchen konnten. Eine Teilnehmerin unserer Tour erlebte Heilung von Krebs, um die sie Gott in der Stille im Glauben gebeten hatte.

Der letzte Höhepunkt unserer Tour war eine frohe Feier in der Stadt Bandung in Westjava. Wir waren alle eingeladen, die Hochzeit von Ronny und Indiria in javanischem

Kontext mitzuerleben. In den kommenden Jahren begleiteten die Tourteilnehmer Ronnys und Indirias Weg mit großem Interesse und beteten für sie.

Unser Team findet seinen Weg

Am 31. August 1992 kamen Ronny und Indiria dann nach Hongkong. Kurz darauf begleitete ich sie nach Beijing, wo sie im Herbst ihr Studium an dem Sprachinstitut begannen, an dem auch wir unsere Kurzkurse belegt hatten. Ich werde nie vergessen, wie Ronny im Flughafen in Guangzhou, wo wir auf unseren Weiterflug nach Beijing warteten, uns allen ein Eis kaufte und sich dann wie alle anderen Reisenden auf den Boden setzte und sagte: »Ich fühle mich ganz schrecklich!«

»Warum denn, Ronny?« fragte ich ihn.

»Ich bin Chinese«, sagte er traurig »und ich verstehe kein Wort chinesisch!«

Das wurde schnell besser, nachdem er und seine junge Frau sich als Sprachstudenten in Beijing eingeschrieben hatten. Mir machte es Freude, meinen beiden »Chinesen« zu helfen, sich in ihrem Zimmer einzurichten und sie mit einigen Freunden von uns bekannt zu machen. Ji Lan und ihr Mann adoptierten sie an unserer statt. Einmal Familie immer Familie! Am fünften Tag winkten sie mir mutig nach, als mich ein Taxi zum Flughafen brachte.

Nursillen hatte sich entschlossen, ihr Sprachstudium in Südchina fortzusetzen. Die Sprachschule in Xiamen war nicht so weitläufig wie das *Beijing Language Institute* und bot übersichtlichere Kontakte. Bei einem Besuch von Vernny und Ruth in Xiamen tat sich ihnen eine neue Welt auf. Ganze Dörfer und Kleinstädte waren besiedelt von früheren Einwanderern aus Indonesien, die alle noch Indonesisch sprachen. Sie freuten sich sehr, dass sie sich in »ihrer« Sprache mit ihnen unterhalten konnten.

Schon wieder nahte der Dezember und mit ihm die Weihnachtszeit. Am 2. Advent erlebten wir eine große Freude. Betty und Robby besuchten uns mit ihren alten Eltern zu einer Vorweihnachtsfeier. Herr und Frau Tsang waren im Laufe des Jahres zum Glauben an Jesus gekommen und freuten sich auf ihr erstes Weihnachten als Christen. Alles war ihnen neu, auch die Geschichte von Jesu Geburt im Stall von Bethlehem. So wurde sie auch für uns wieder neu und lebendig. Das Weihnachtsbäumchen, das sie mit allem Schmuck gespendet hatten, stand in unserem kleinen Wohnzimmer und erleuchtete es mit seinen elektrischen Kerzen. Dank gegen Gott und tiefe Freude bewegten uns. Unser Haus war zu einer echten Begegnungsstätte geworden.

Kurz vor Weihnachten brachen wir dann alle in verschiedene Richtungen auf. Wie praktisch war es, ein Reisebüro im Haus zu haben, das Routen zusammenstellte, gute Preise aushandelte und Flugkarten bestellte! Ruth flog nach Ost-Timor, um Luise zu besuchen. Vernny flog nach Jakarta, um Weihnachten in ihrer Großfamilie zu feiern.

Ich, Anni, begleitete Traugott und Hanni Böker, die ihren Dienst in Indonesien beendet hatten, auf einer Reise durch China und die Mongolei. Danach sollten sie die Leitung der WEC-Zentrale in Vockenhausen übernehmen. Sie waren gewandter im Reisen als ich, aber ich kannte China besser! Wir besuchten Kunming in der südlich gelegenen Provinz Yunnan, wohin es Leon und Camille verschlagen hatte und wo heute Vernny und Tek Lie wohnen. Dort feierten wir Weihnachten. Weiter ging es nach Chengdu, der Heimatstadt Camilles. In Beijing besuchten wir Ronny und Indiria. Dann kauften wir reichlich Lebensmittel ein – Kartoffeln, Gemüse, Obst und Brot. Wir hatten rechtzeitig erfahren, dass in Ulaan Batar in den Lebensmittelgeschäften alle Regale leer waren. Davon konnten wir uns selbst überzeugen, als wir am 1. Januar 1993 in die sich in Schnee und Eis präsentierende Hauptstadt der Mongolei kamen. Was mich überraschte und dann belustigte: Immer wieder einmal sprachen uns Mongolen in einem breiten Sächsisch an, wenn sie merkten, dass wir Deutsche waren. Die DDR hatte vor dem Mauerfall die damals kommunistisch regierte Mongolei als Land zugewiesen bekommen, dem sie Entwicklungshilfe leisten musste. Viele Mongolen hatten in der DDR gearbeitet oder studiert und Sächsisch gefärbtes Deutsch gelernt.

Über Chinesisch-Neujahr im Februar 1993 hatten unsere Sprachstudenten – Ronny, Indiria und Nursillen – eine freie Woche. Wir erlebten unsere erste Teamzeit zu sechst auf der Insel Cheung Chau, eine der vielen Außeninseln Hongkongs. Nach der Enge der Großstadt waren wir dort in frischer Seeluft und freier Natur und freuten uns an Bäumen und blühenden Büsche. Wir alle hatten große Veränderungen erlebt und waren dabei, uns in eine ganz neue Kultur und Sprache einzuleben. Nun waren wir unter uns und konnten Indonesisch sprechen. In der Stille hörten wir auf Gott und Sein Wort sprach zu uns. Diese jährliche gemeinsame Woche behielten wir bei, solange unser Team bestand.

Im kommenden Jahr, im Sommer 1994, stießen auch Victor und Rita als frisch verheiratetes Ehepaar zu uns. Victor aus Irian Jaya hatte eine chinesische Mutter, Rita aus Kalimantan einen chinesischen Vater. Ende August flogen sie zusammen mit Ronny und Indiria nach Beijing zum Sprachstudium. Nach einem Jahr wechselten Victor und Rita die Sprachschule und schrieben sich an der Universität in Quanzhou in der Provinz Fujian ein, wo ihr Sohn Jerim am 9. Februar 1996 geboren wurde.

Während der Teamzeit in jenem Sommer mussten wir Nursillen verabschieden. Sie hatte sich mit Nimrod Rajaguguck aus Batu verlobt. Die beiden heirateten im Dezember und lebten danach viele Jahre als Missionare in Südafrika. Zu ihrer Freude lernte Nursillen ab und zu auch dort Chinesen kennen und konnte sich mit ihnen auf Chinesisch unterhalten.

Kandidatenkurs in Semarang

Über den Jahreswechsel 1998/99 führten wir einen Kandidatenkurs mit sieben Anwärtern im Kinderheim der Christusträger-Schwestern in Semarang, Mitteljava, durch. Aus diesem Kandidatenkurs wagten vier den Einstieg in unser Team. Gintings, ein Ehepaar aus dem Karo Batakland in Sumatra mit ihrem 12-jährigen Sohn Josua bezeugten einen Ruf nach Tibet. Dazu kamen zwei junge Frauen, May Ing und Tek Lie aus Java, beide Chinesinnen. May Ing hatte die Bibelschule in Batu absolviert, während Tek Lie, ebenfalls aus Ba, aus einem Geschäftshaushalt kam und schon fließend chinesisch sprach. Sie hatte noch keine Bibelschule besucht. Diese beiden jungen Frauen begleitete ich nach einer kurzen Zeit der Eingewöhnung in die Teamgemeinschaft in Hongkong nach Guangzhou, der nächsten Großstadt über der Grenze. Dort schrieben sie sich in einer Universität als Sprachstudenten ein. Unter May Ings Initiative konnte bald darauf am Rande dieser Stadt ein Heim für Kinder eingerichtet werden, die auf der Straße gelandet waren, weil sie ihre Eltern verloren hatten oder ihre Eltern im Gefängnis saßen. Tek Lie schloss sich später Victor und Rita an, die in Schulungen junge Menschen als Sonntagsschulhelfer ausbildeten.

Die Sprachstudenten kommen

Wir, Ruth und ich, hatten unseren indonesischen Freunden geholfen, ihren Platz zu finden. Aber was war unsere eigene Aufgabe?

Schon im Juli 1991 hatten wir einem Mitarbeiter von »Jugend mit einer Mission« einige Bücher und Bildbogen des Sonntagsschulmaterials gezeigt. Auf die Frage, ob er in Hongkong einen Bedarf für solches Material für Kinder sähe, wusste er keine rechte Antwort. Bücher und Bildbogen landeten unter seinem Schreibtisch. Daraufhin hatten wir das weitere Material aus Indonesien in dem Verschlag unter der Decke unseres Zimmers verstaut, bis auf Weiteres... Was war als Nächstes dran? Wir wussten es nicht.

Rückblickend meinen wir zu verstehen, dass unser Vater im Himmel, der nur Gutes für uns im Sinn hatte, uns nach intensiven Jahren des Schreibens eine Auszeit geben wollte. Er gewährte uns eine fünfjährige »Schreibpause«, in der wir uns Menschen zuwenden und unseren Kopf ausruhen durften. An einem Fasten- und Gebetsabend am Anfang dieser »Auszeit« hörten wir die leise Stimme Gottes: »Warum sorgt ihr euch so? Warum vertraut ihr mir nicht?« Wir verstanden, dass das, was wir jetzt gerade taten, auch zu den »vorbereiteten« Dingen gehörte, die zurzeit dran waren. So gaben wir eine Zeitschrift heraus – Brückenschlag – die unseren Freunden und Unterstützern in Deutschland unsere Arbeit in und von Hongkong aus nahebrachte. Wir machten die Buchführung unseres Vereins, nahmen uns der täglichen Dinge des Haushalts an, luden Freunde ein und bewirteten sie...

Im Herbst 1992 kam uns dann der Gedanke, dass wir Deutsch unterrichten könnten. Wir hatten das zwar noch nie getan, aber vielleicht gab es ja Menschen in Hongkong, die aus irgendeinem Grund Deutsch lernen wollten! Wir ließen uns Sprachbücher aus Deutschland kommen. Dann setzten wir eine Annonce in die Tageszeitung und boten deutschen Sprachunterricht an. Der Erfolg blieb nicht aus.

Die erste, die zu uns kam, war eine Kanadierin, die einen Deutschen geheiratet hatte. Sie besaß ein Buchwissen, traute sich aber nicht, Deutsch zu sprechen. In der geschützten Atmosphäre unseres Hauses übte sie ihre ersten Sätze. Der nächste Anwärter war ein junger Australier, der seit 13 Jahren in Hongkong im Hotelfach arbeitete und im März nach Deutschland übersiedeln wollte. Zusammen mit ihm begann auch Vernny Deutsch zu lernen. Beide begannen bei null, wollten aber in kurzer Zeit die Sprache können!

Erst danach kamen Chinesen zu uns. Sie lernten aber auf ihre eigene chinesische Art. Einer der jungen Männer beherrschte die deutsche Grammatik, konnte sie aber kaum anwenden. Der andere war ein Anfänger, der nur »pauken« wollte und jede kreative Methode ablehnte! Einem Fünfzehnjährigen, der einen chinesischen Vater und eine australische Mutter hatte und noch zur Schule ging, fiel das Lernen viel leichter. Andere wollten in Deutschland studieren und sich vorher schon mit der deutschen Sprache befassen. Und immer wieder, sobald sie angefangen hatten uns zu vertrauen, sprachen sie mit uns über ihre Probleme. Eine junge Frau schrieb uns nach der Stunde: »Ihr seid mehr für mich als nur Sprachlehrerinnen.«

Ruth und ich verteilten die Sprachschüler unter uns, die meistens einzeln zu uns kamen. Nach den Stunden tauschten wir aus und abends beteten wir für sie. Besondere Gelegenheiten wie z.B. Advents- oder Weihnachtsfeiern gestalteten wir gemeinsam. Neben Tee und Weihnachtsgebäck erklärten wir unseren Gästen – natürlich auf Deutsch – die Bedeutung dieser Feste. Für viele war dies neu; einige wollten später mehr über den christlichen Glauben wissen. Als Sprachlehrerinnen, die von ihren Schülern bezahlt wurden, durften wir nicht evangelisieren. Aber wenn Fragen kamen, weil unsere Freunde ahnten, dass wir eine Antwort hatten, sprachen wir offen mit ihnen, wie wir es auch in China getan hatten. Wir ließen uns leiten durch das Wort: »Seid allezeit bereit zur Verantwortung vor jedermann, der von euch Rechenschaft fordert über die Hoffnung, die in euch ist« (1. Petrus 3,15).

Eines Tages meldete sich eine Frau mittleren Alters bei uns an. Sie arbeitete auf dem deutschen Konsulat und hatte schon einige Male einen Sprachkurs im Berlitz-Institut angefangen. Schließlich bedeutete man ihr, dass diese Sprache wohl zu schwer für sie sei. Nun versuchte sie es bei uns als Privatschülerin. Sie kam mehrere Jahre lang regelmäßig zu uns. Es stellte sich bald heraus, dass sie auch Lebensprobleme hatte, die sie nicht allein lösen konnte. Wir erzählten ihr, was wir mit unseren Problemen machten und sie lernte, sich Gott anzuvertrauen, Schritt für Schritt. Auch eine junge Kantonesin, die sich in einen Deutschen verliebt hatte, kam für längere Zeit zu uns. Ehe sie nach Deutschland übersiedelte, um in der Nähe ihres Freundes zu sein, konnten wir sie in tiefgehenden Gesprächen noch einmal auf Jesus hinweisen.

Eine weitere, sehr spannende Beziehung über viele Monate entwickelte sich zu Vinccy. Wir hatten den Eindruck, dass sie mehr über den christlichen Glauben wusste, als sie zugeben wollte, ja, dass sie im Grund Christin sei. Das empfanden wir besonders während einer unserer Adventsfeiern. Dort fiel ihr Satz: »Ich laufe Gott davon.« Erst Monate später öffnete sie sich. Sie hatte als Oberschülerin an einer christlichen Schule in Hongkong Jesus kennengelernt und ihn als ihren Herrn angenommen, hatte sich taufen lassen und sich einer Baptistengemeinde angeschlossen. Dann war sie zum Studium nach England gegangen. Dort sagten englische Freunde zu ihr: »Du kommst aus einem asiatischen

Land, in dem der Buddhismus und der Taoismus vorherrschen. Du hättest deiner alten Religion treu bleiben sollen!« Im »christlichen« Europa war sie von ihrem Glauben an Jesus abgebracht worden. Wir hatten ihre Sehnsucht entdeckt und durften ihr helfen, wieder zu Gott zurückzufinden. Sie kam dann eine Zeitlang weiter zu uns, um mit uns die Bibel zu lesen.

Wie viele Sprachstudenten gingen durch unsere Wohnung! Alle hatten ihre eigene Geschichte, eigene Ziele, ihre eigene Art zu lernen. Mit der Zeit wurden sie zu Freunden. Der Name unseres Vereins war gut gewählt: *Brücke der Freundschaft*! Das alles geschah zunächst in unserem kleinen Wohnzimmer in der Morrison Hill Road, aus dem, während wir Sprachunterricht gaben, alle verschwinden mussten, Gäste eingeschlossen! Entweder zogen sie sich in ihr Zimmer zurück oder sie gingen spazieren!

Wir gaben diesen Sprachunterricht von Ende 1992 bis zur Übergabe Hongkongs an China Ende Juni 1997. Von da an kamen keine Sprachstudenten mehr. Der Wunsch, Deutsch zu lernen, hörte schlagartig auf. Viele Hongkonger lernten nun lieber Putong Hua, das Festland-Chinesisch.

Auch für uns begann etwas Neues! Nach fünf Jahren Pause durften wir wieder an unsere eigentliche Aufgabe gehen, Material für die biblische Unterweisung von Kindern bereitzustellen.

Dafür brauchten wir aber mehr als nur die Schutzherrschaft des Vereins *Brücke der Freundschaft*, der uns nach Hongkong entsandt hatte. Wir brauchten einen in Hongkong verankerten Verein, in dem das Sonntagsschulkurrikulum, das in andere asiatische Sprachen übersetzt werden würde, eingegliedert werden konnte. So gründeten wir am 5. November 1996 einen Hongkonger Verein mit dem Namen *Sun Focus Foundation LTD* (zu deutsch: Auf die

Sonne ausgerichtet... Die Sonne, die mir lachet, ist mein Herr Jesus Christ).

Morrison Hill Road wird Eigentumswohnung

Schon lange vor der Übergabe der englischen Kronkolonie Hongkong an China im Jahr 1997 beschäftigte dieses bevorstehende Ereignis die Bewohner der Stadt in höchstem Maß. Trotz vieler Konferenzen, Besprechungen und Vereinbarungen zwischen England und der Volksrepublik China wussten die Bewohner Hongkongs letztendlich doch nicht, was auf sie zukommen würde. Hongkonger sind eifrige Zeitungsleser. Wir sahen einmal einen Straßenschläfer unter einer Brücke, der im Licht einer Funzel seine Zeitung las. Es wurde viel geschrieben und debattiert, je näher der Tag X kam: Die Übergabe sollte in der Nacht vor dem 1. Juli stattfinden. Die Preise von Wohnungen schossen in die Höhe!

Auch für uns gewann dieses Datum wachsende Bedeutung. Wir waren immer noch auf der Suche nach einer Eigentumswohnung. Unsere Mietwohnung in der Morrison Hill Road schien uns zu eng für die Pläne, die in unseren Herzen waren. Zudem schien es, als ob die Besitzer diese Wohnung bald für sich selbst brauchen würden. So gingen wir immer wieder auf Wohnungssuche. Wenn nämlich »Brücke der Freundschaft« eine Wohnung in Hongkong vorweisen könnte, bestünde eher die Möglichkeit, dass wir auch nach der Übernahme durch China in Hongkong bleiben könnten.

Schräg gegenüber unseres 12-stöckigen Hauses stand ein sehr viel höheres Gebäude, wo wir uns eine sonnige Wohnung mit offener Veranda im 16. Stock ansahen. Es war eine Altbauwohnung, in der wir mehr Raum haben würden. Aber auf einmal änderten die Banken ihre Strategie im Blick auf Anleihen für Wohnungen. Sie setzten mehr auf Neubauten, und die Preise kamen für uns nicht in Frage. So suchten wir weiter in verschiedenen Stadtteilen Hongkongs, mit und ohne befreundete Makler.

Anfang 1996 zeigte uns eine Maklerin die schönste Wohnung, die wir bis dahin gesehen hatten. Sie lag in dem Stadtteil, in dem wir eine Gemeinde besuchten, hoch auf einem Berg, im 20. Stock eines Hochhauses. Der weite Rundblick und die Nähe zu einem Wäldchen ließen die laute Stadt vergessen. Die Räume waren so gestaltet, dass wir in ihnen auch einmal kleinere Tagungen mit Leitern der Kinderarbeit aus anderen Ländern würden halten können. Auch unsere Teammitglieder hätten hier ein schönes Zuhause, wenn sie müde und abgespannt vom Festland herüberkämen. Der Preis für diese Wohnung war hoch, aber wir hofften, ein genügend hohes Darlehen erhalten zu können. Allerdings hatte sich ein weiterer Kaufwilliger vor uns gemeldet ...

Am frühen Nachmittag des 9. Februar 1996 erhielten wir einen Anruf von dem Anbieter unserer Traumwohnung. Er teilte uns mit, dass der andere Bewerber uns zuvorgekommen sei; ihm würde er die Wohnung nun verkaufen. Das war das Ende unserer Wohnungssuche. Wir konnten endlich aus Gottes Hand annehmen, dass wir in der Wohnung im 4. Stock der Morrison Hill Road bleiben sollten und bleiben würden, auch nach der Wiedervereinigung! »Brücke der Freundschaft« erwarb diese Wohnung als Eigentumswohnung. Im Lauf einer gründlichen Renovierung erhielten auch alle Fenster Doppelscheiben. Damit fand der entnervende Straßenlärm ein Ende. Morrison Hill Road ist bis heute die Eigentumswohnung von »Brücke der Freundschaft«. Indem wir so in Hongkong investierten, konnte unsere Arbeit auch nach dem 1. Juli 1997 unangefochten in Hongkong weitergehen – bis heute!

Leider mussten wir zwei Jahre nach diesem Wohnungskauf die große Verandaküche abreißen, weil sie als »illegale

Struktur« entdeckt worden war. Der frühere Besitzer hatte sie auf dem Dach einer Wohnung im dritten Stock aufgebaut. So etwas war gang und gäbe in der überbevölkerten Stadt, wo jeder seinen engen Wohnraum auf alle nur mögliche Weise zu vergrößern versuchte. Im Verlauf dieser Veränderung musste auch unser kleinster Raum weichen, der zunächst Vernnys Reisebüro gewesen war und später Gästezimmer wurde. Denn schließlich brauchten wir nach dem Abriss unserer Verandaküche eine Kochnische, wenn sie auch nur 1,80 Meter lang und 1,5 Meter breit war. Und wenn später Gäste kamen, konnte man noch auf der breiten Ausziehcouch im Wohnzimmer schlafen. Hongkong ist Hongkong, und wir waren in diese Stadt gerufen, um dort und von dort aus zu wirken. Es brauchte aber ein williges »Ja« zu der Führung Gottes, der wusste was er tat und was er uns zumuten konnte.

13. Zurück zum eigentlichen Auftrag

Besuch aus Macau und seine Folgen

Ein Jahr vor dem Erwerb der Wohnung, im Sommer 1995, gab es eine Veränderung bei uns. Für Vernny genügte das kleine Zimmer schon lange nicht mehr für ihre wachsende Arbeit. Sie hatte einen kleinen Büroraum in einem weit draußen liegenden Stadtteil von Hongkong mieten können.

Aber auch wir brauchten dringend mehr Raum, in dem wir gezielter arbeiten konnten, vor allem in der Zeit, in der eine von uns Deutschunterricht gab. Am 15. Juli 1995 mieteten wir für »Brücke der Freundschaft« einen kleinen Büroraum in der Hennessy Road. Für den Fußweg zum Büro benötigten wir nur sieben Minuten, in denen wir allerdings viermal eine Straße überqueren mussten. Dieses neue Büro war ein großer Schritt vorwärts.

Kurz darauf stand eine hochgewachsene junge Chinesin vor unserer Tür. Etty hatte in Macau ihre Ausbildung als Erzieherin abgeschlossen. Sie war eine überzeugte Christin, der es sehr am Herzen lag, dass schon Kindergartenkinder etwas über Gott erfuhren, der Himmel und Erde und alle Menschen geschaffen hatte. Sie arbeitete nun in Hongkong. Wer hatte ihr den Weg zu uns gewiesen?

In Macau wohnte Thelma Alfsen, eine Norwegerin, die wir aus Indonesien kannten. Sie war Evangelistin und wo immer sich eine Gelegenheit bot, zeigte sie Menschen ihr kleines buntbebildertes Heft »Der Weg zum Himmel«. Thelma hatte zu Etty gesagt: »Geh zu Ruth und Anni, sie haben gutes Material zur biblischen Unterweisung von Kindern.« Dieses Material wollte Etty nun sehen. »Denn«, so sagte sie, »es gibt noch manche Erzieherin hier in Hongkong, die gar nicht weiß, wie man mit kleinen Kindern über die Bibel und über Gott und Jesus spricht. Könntet ihr uns nicht lehren, wie man das macht? Könnt ihr uns das Material erklären, von dem Thelma gesprochen hat?«

Wir trauten unseren Ohren nicht! Wollten wirklich junge Erzieherinnen in Hongkong den *Sonntagsschulhelfer* kennenlernen, dessen Bücher seit Jahren unbenützt in unserem Schrank unter der Decke lagen? Und außerdem – sie waren ja noch nicht ins Englische übersetzt! Etty blieb dabei. Sie wollte unsere Bücher und Bilder sehen. Wir holten die große Trittleiter und beförderten unser Material ans Tageslicht. »Meine Kolleginnen verstehen Englisch,« versicherte sie uns. »Ihr könnt in Englisch unterrichten und ihnen anhand der Bilder zeigen, wie man für Kinder dieses Alters eine gute Kinderstunde hält, auch wenn sie das Material noch nicht lesen können.«

Als Etty gegangen war, dankten wir Gott von ganzem Herzen. Und dann machten wir Pläne. Die Erzieherinnen konnten sich nur am Samstagnachmittag freimachen. Also mussten wir einige Wochen Unterricht einplanen. Etty hatte die Monate Oktober und November vorgeschlagen. So blieb noch genug Zeit zur Vorbereitung.

Mit dem Unterrichten der sechs Erzieherinnen kamen wir zurück zu unserem eigentlichen Auftrag: Anleitung für die Gestaltung von Kinderstunden zu geben, in deren Mittelpunkt Geschichten aus der Bibel standen. Wir wollten, dass diese jungen Frauen das auch ganz praktisch einüben konnten. So suchten wir unter unseren Bekannten nach einigen Müttern, die Kinder im Alter zwischen vier und sechs Jahren hatten. Wir luden sie ein, uns zusammen mit ihren Kindern an einigen Samstagnachmittagen zu besuchen. Unser Büroraum war eigentlich zu klein für so viele Erwachsene und eine Kindergruppe, aber wir rückten eng zusammen. Jedes Mal gab es ein »Aha-Erlebnis«. Manchmal saß auch Vernny unter uns, die ja in Indonesien Sonntagsschulleiterin gewesen war.

Erstes Zeichen für Interesse

Die nächste Frage war: Wie konnten wir unser Kindermaterial in Hongkong für Leute wie diese Erzieherinnen einführen und vielleicht auch für die Sonntagsschulen in den Kirchen Hongkongs, die nach Material Ausschau hielten? Wir machten eine interessante Erfahrung. Als wir einige Lektionen übersetzen ließen und sie Freunden zu lesen gaben, war ihre Reaktion: »Unmöglich! Die Sprache ist viel zu hoch; Kindergartenkinder können sie nicht verstehen. Es muss kindgemäßer übersetzt werden.« Als wir dann einige »kindgemäße« Lektionen testeten, kam das »unmöglich« von der anderen Seite: »Gottes Wort kann man nicht so auf die Ebene eines Kindes herunterziehen. Es ist heilig; das muss sich in einer ehrfürchtigen Sprache ausdrücken.«

Wir besuchten Buchhandlungen, um zu sehen, was dort für den biblischen Unterricht von Kindern angeboten wurde. Es gab Bücher mit biblischen Geschichten, im Comic-Buch-Stil illustriert, der nun wiederum für uns nicht annehmbar war. Wir fanden auch Material aus Taiwan, wo Kantonesisch gesprochen wird und die gleichen chinesischen Schriftzeichen verwendet werden wie in Hongkong. Auch aus Amerika war einiges übersetzt worden. Hongkong brauchte den *Sonntagsschulhelfer* wohl nicht!

Aber da war noch jemand, der Leiter eines Verlags, der während seiner Besuche auf dem Festland immer wieder von Gemeinden der Hauskirchen mit Bitten angegangen wurde, ihnen doch auch Material zum biblischen Unterricht ihrer Kinder zu bringen. Er lud uns zu einem Gespräch in seinem Büro ein. Bei einer Tasse Kaffee machte er uns folgenden Vorschlag: »Übersetzt zunächst einmal einige

Lektionen für alle Altersstufen in Putong Hua, das auf dem gesamten Festland gesprochen wird. Auf meiner nächsten Reise nach drüben werde ich dann einheimische Leiter die Lektionen prüfen lassen, ob das Material in ihren Gemeinden ankommt.«

Nun gingen wir ans Werk! Für jede Altersstufe ließen wir zehn Lektionen in Putong Hua übertragen. Diese Lektionen wurden fotokopiert, zu Heften zusammengefügt und mit dem dazugehörigen Bildmaterial versehen. Bei seinem nächsten Besuch auf dem Festland verstaute der Verlagsleiter das Material ganz unten in seinem Koffer. Kindern biblischen Unterricht zu geben war damals auf dem Festland noch streng verboten. Als er zurückkam, brachte er die gute Nachricht mit, dass unsere Hefte große Freude und die Erwartung ausgelöst hätten, bald mehr davon zu bekommen!

Erstes Leiterseminar in Guangzhou

Dann erhielten wir eine Einladung aus Guangzhou um uns mit Leitern zu treffen, die in den verschiedenen Netzwerken der Hauskirchen Verantwortung für die Unterweisung der Kinder hatten.

Die Woche, die wir ausgemacht hatten, erwies sich als denkbar ungünstig. Denn in dieser Woche schlug die chinesische Regierung gegen die Sekte der Falung Gong zu, die im Frühjahr vor dem Regierungssitz in Beijing einen Sitzstreik organisiert hatte. Alle Bahnhöfe und Züge sowie andere Fahrzeuge wurden überwacht und durchsucht. Besonders schwierig war es für einige Teilnehmer unserer Schulung, die aus dem Norden des Landes kamen und eine lange Bahnfahrt vor sich hatten. Sollten wir sie benachrichtigen, nicht aufzubrechen? Wir beteten ernstlich und erhielten die Gewissheit, dass Gott seine schützende Hand über allen Anreisenden auf der Hin- und auch auf der Rückfahrt halten würde. Auch Ruth und ich kamen mit dem Material gut über die Grenze.

In einer geschlossenen Wohnung, die wir während der Schulung nicht verließen, begannen wir das einwöchige Seminar. Mit großer Freude nahmen die Teilnehmer die Hefte mit den ersten zehn Lektionen, ihre Bildbogen und das Versprechen entgegen, dass sie nach und nach genug Material für ihre Kinder erhalten würden. Sie berichteten von ihrer Situation in den Hausgemeinden, wo die Väter oft unterwegs waren um das Wort Gottes weiterzugeben, ihre Kinder daheim aber nicht in der Bibel unterrichtet wurden. Wir erarbeiteten gemeinsam, warum und wie auch Kinder Gottes Wort hören und verstehen lernen sollen, um einen festen Anker im Leben zu haben. An drei Nachmittagen luden wir jeweils einige Kinder ein, die von ihren Eltern gebracht wurden. Wie gut, dass auch Victor unter uns war! Er hielt die erste Stunde mit zwei Kindergartenkindern und zog dabei einige der Kursteilnehmer aktiv in den Unterricht mit ein. Dann leitete er zwei andere an, die nächsten zwei Stunden zu halten. Wieder gab es das »Aha-Erlebnis« wie an allen Orten, an denen das Unterrichtslabor durchgeführt wird. Alle freuten sich wie schnell die Kinder verstanden hatten und wie sie bei der Sache gewesen waren.

»Wir wollen dieses Material«, beteuerten sie dem Verleger aus Hongkong, der uns am letzten Tag des Schulungskurses besuchte. Er fragte jeden einzelnen Teilnehmer, wie viele Exemplare er für seine Gruppen bestellen wolle.

»Zweitausend!«

»Fünftausend!«

Wir konnten kaum glauben, was wir hörten. Aber die kommenden Jahre – bis heute – bestätigen den großen Bedarf. Während der abschließenden Gebetsgemeinschaft waren wir tief bewegt über die Bitte eines Teilnehmers: »Herr, lass diese beiden alten Damen nicht sterben, bevor sie uns alles gegeben haben, was sie vorbereiten.« Das war 1995! Trotz mancher Schwierigkeit in der Verteilung in einem so großen Land öffneten sich immer wieder neue Möglichkeiten und Gott hielt seine schützende Hand über der Sache. Auch in China sollten Seine Kinder Gutes essen und bekennen können mit Psalm 23,5: »Du deckst mir den Tisch im Angesicht meiner Feinde. Mein Becher fließt über.«

Unser »Mount Everest«

Es ging nun ernsthaft um das Übersetzen unserer 16 Bücher für die Lehrer und die beiden Handbücher für die Leiter. Am Anfang dieser Periode sahen wir uns einen Film an, der die Erstbesteigung des Mount Everest in allen Details zeigte. Was mir noch klar in Erinnerung ist waren die Rückschläge. Das Team dachte, es sei gut vorangekommen, der Gipfel lockte. Dann setzte eine Schlechtwetterperiode ein oder jemand wurde bergkrank ... Und doch: Am Ende sahen wir sie auf dem Gipfel stehen! Als wir aus der Vorstellung kamen sagte ich zu den anderen: »Das ist es, was uns erwartet: eine Erstbesteigung mit vielen Hindernissen. Wir brauchen einen langen Atem und viel Ausdauer. Und wir müssen ein gutes Team sein!«

Gott ließ uns auch in dieser »Bergbesteigung« nicht allein. Er wusste, was wir brauchten – und vor allem, *wen* wir brauchten. Es handelte sich ja um eine Doppelübersetzung: vom Indonesischen ins Englische und vom Englischen in Mandarin. 18 Bücher! Aber wir waren nicht allein. Andere erklommen den Berg zusammen mit uns, bis wir auf dem Gipfel standen.

Der *Sonntagsschulhelfer* spricht Englisch

Die Übersetzer aus dem Indonesischen ins Englische suchten wir uns aus dem Kreis unserer indonesischen Freunde, die zum Studium nach Amerika gegangen waren oder im Begriff waren zu gehen. Was wir an Übersetzungen erhielten, war oft nur Rohmaterial, weil die englische Sprache der indonesischen nicht gut vergleichbar ist und die Übersetzer ungeübt waren. Aber für mich war es eine große Hilfe und sparte sehr viel Zeit. Allerdings war auch für mich Englisch eine Zweitsprache. Was uns fehlte, war ein »native speaker«, jemand, dessen Muttersprache Englisch war. Also wandte Ruth sich an ihre frühere Kollegin Marcia, die damals in Neuseeland wohnte. Diese gab uns einen goldenen Tipp: »Fragt einmal Ellen Bay.«

Ellen war viele Jahre Missionarin bei *Gospels Recordings* gewesen, heute *Global Recordings Network*. Ihren ersten Einsatz hatte sie in Indonesien gemacht, wo sie in einer Sprachschule gründlich Indonesisch lernte. Als sie das Pensionsalter erreicht hatte, beschloss sie, ein kleines Haus zu erwerben. In diesem Haus wohnte sie bereits, als die überraschende Anfrage von Marcia kam. Sollte Gott andere Pläne für sie haben? Sollte es noch zu früh sein, sich zur Ruhe zu setzen? Ja, es war zu früh! Gott hatte Pläne, die sie sich nie ausgedacht hätte. Ellen sagte Ja.

Eines Nachmittags im Januar stand ich auf dem Hongkonger Flughafen, um Ellen abzuholen. Sie hatte sich entschlossen, uns in Hongkong zu besuchen um sich die Sache zuerst einmal aus der Nähe anzusehen. Aber wer nicht unter den Ankommenden war, war Ellen. Keine Nachricht. Am nächsten Nachmittag stand ich wieder an der Sperre und schaute mir die Ankommenden genau an. Ich wusste nur Ellens ungefähres Alter. Da entdeckte ich eine ältere Dame, die sich nicht viel umsah und geradeaus auf die Sperre zuging. Vielleicht… Ich versuchte ihre Aufmerksamkeit durch Winken auf mich zu richten. Sie sah zu mir herüber, nickte kurz und ging weiter auf die Sperre zu, ihren Koffer hinter sich herziehend. So war Ellen. Sie machte nicht viel Wind um sich und um eine Sache, sie war einfach da und ging ans Werk.

Ellen war eine ausgezeichnete Korrekturleserin. Sie brachte unsere Manuskripte, die wir mit unserem besten Englisch angefertigt hatten, in ein Englisch, das sich sehen lassen konnte. Dazu war sie uns eine liebe Hausgenossin. Wir passten zusammen und die Arbeit an den Sonntagsschulbüchern ging voran.

Ellen kehrte nach einigen Monaten nach Neuseeland zurück, um dort weiter zu übersetzen. Sie übernahm den schwierigsten Teil der Arbeit: die sechs Halbjahresbände für die 9–11-Jährigen ins Englische zu übertragen. Bald darauf kam sie wieder, um längere Zeit in Hongkong mitzuarbeiten, bis… ja, bis Malcolm Noble eines Tages an unserem runden Glastisch in Hongkong saß. Er kannte Ellen aus Neuseeland und hatte als Gemeindeältester oft ihre Mutter besucht, während sie in Hongkong war. Malcolms erste Frau war sehr plötzlich verstorben, nun bat er Ellen um ihre Hand. Während Malcolm in Neuseeland auf sie wartete, halfen wir ihr, das Brautkleid in Hongkong auszusuchen. Und dann wurde sie Ellen Noble. Damit hatten wir einen weiteren Sprachhelfer gewonnen, denn Malcolm war Brite. Nach ihrer Hochzeit arbeiteten beide eine Zeit lang in Hongkong mit. Und als sie nach Neuseeland zurückgingen, blieben sie uns und der begonnenen Arbeit verbunden, bis unsere ganze Serie in gutes Englisch übersetzt war.

Der *Sonntagsschulhelfer* spricht Chinesisch

Aber wie sollten nun alle Bücher ins Chinesische kommen? Gott hatte auch für diese Phase der Arbeit sein Auge auf bestimmte Menschen gerichtet. Die sprachbegabte Camille war seine erste Wahl. Nicht als Übersetzerin, sondern als Editorin. Sie war es die 1990 als junge Lehrerin während unseres Sprachstudiums in Beijing in unserem Zimmer gestanden, auf die Bilder an der Wand gezeigt und gefragt hatte: »Denkt ihr, wir könnten dies Material einmal auch in China haben?« Sie war inzwischen mit Leon, unserem früheren Sprachhelfer, verheiratet. Vom ersten bis zum 18. Buch blieb sie bei der Stange, über Jahre hinweg. Ihr drittes Kind war schon geboren, als sie ihren Computer nach dem letzten Buch endgültig herunterfuhr was diese Arbeit betraf.

Über Camille kam auch die erste Übersetzerin zu uns, Tracy. Tracy begleitete eines Tages einen Freund in Beijing, der für Camille eine Kamera aus Hongkong mitgebracht hatte. Sie stand mit ihm in demselben einfachen Raum des Sprachinstituts, in dem wir Camille ab und zu besucht hatten. Während ihr Freund mit Camille sprach, fielen Tracys Augen auf einen Spruch an der Wand: »Ich bin der Weg, die Wahrheit und das Leben.« Dieses Wort machte einen tiefen Eindruck auf sie. Als sie später zu dritt in der Cafeteria saßen, beobachtete sie, wie Camille vor dem Essen kurz den Kopf senkte und eine Weile still war. »Sie ist Christin«, erklärte ihr Freund später. »Christen glauben an Jesus und beten vor dem Essen.« Das war alles, was sie erfuhr. Aber das Wort auf der Karte ließ sie nicht mehr los, auch als sie sich später von ihrem Freund trennte. Wer war das, der von sich sagte: »Ich bin der Weg, die Wahrheit und das Leben«? Wenn sie an dieses Wort dachte, war es, als würde eine lebendige Person ihre Aufmerksamkeit suchen.

Das hatte sie bei den Tempelbesuchen mit ihrer Mutter noch nie erlebt. Wer war das nur?

Diese Frage trieb sie nach sieben Monaten zurück zu Camille. Tracy erfuhr, dass es Jesus Christus war, der Sohn Gottes, der von sich gesagt hat: »Ich bin der Weg, die Wahrheit und das Leben. Niemand kommt zum Vater denn durch mich.« Tracy betete nach einem langen Gespräch mit Camille zum ersten Mal zu Jesus. »Bin ich nun Christ geworden?«, fragte sie vor dem Weggehen. »Ja, du bist heute Christ geworden«, antwortete Camille. Tiefe Freude erfüllte Tracys Herz, und diese Freude blieb, obwohl sie noch durch manche Tiefen gehen musste. Tracy heiratete einen Mann aus Hongkong, der kein Christ war, ihr aber versprach, dass er ihren Glauben achten würde.

Bald nach der Hochzeit fand Tracys Mann wieder Arbeit in Hongkong und sie zogen nach dort um. Für Tracy begann eine schwere Zeit. Vom Festland kommend fühlte sie sich in Hongkong nicht angenommen. Der Familie ihres Mannes war es nicht recht, dass sie Christ war. Eines Tages schrieb Camille uns aus Beijing, ob Tracy nicht für uns übersetzen könnte. So fand sie eine Anstellung in unserem Büro und »Mitchristen«, die sie in ihrem Glauben stärkten. Als die Familie versuchte, eine andere Arbeit für Tracy zu finden, wurde sie unter dieser Spannung krank. Ihr Mann musste sie ins Krankenhaus bringen. Nach ihrer Genesung sagte er zu ihr: »Geh du ruhig wieder bei Ruth und Anni arbeiten, da warst du gesund und froh.« So durfte Tracy eineinhalb Jahre bei der Übersetzung ins Chinesische mithelfen. Dann siedelte sie mit ihrem Mann und ihrer kleinen Tochter nach Ontario in Kanada über.

Nun brauchten wir aber auch Künstler, die uns bei der Überarbeitung und Erneuerung des Bildmaterials für unsere Bücher halfen. Und wieder schenkte Gott uns das Beste. Anneke Bosmann aus Neuseeland, die uns schon zweimal in

Indonesien besucht und für uns gezeichnet hatte, kam auch nach Hongkong, um neue Bilder zu schaffen. Für die oberste Altersstufe entstand eine Serie zur Leidensgeschichte Jesu.

Eine junge Balinesin, Erlina Doho, hatte Ruth in Beijing kennengelernt. Sie war dort zum Glauben gekommen und wollte nun auch ihre künstlerische Begabung in den Dienst Gottes stellen. Sie freute sich über eine Einladung, nach Hongkong zu kommen, und setzte Zeit und Kraft sowie ihre Gaben ein, um für den *Sonntagsschulhelfer* und auch für das Material der Kinderbibelwochen zu zeichnen.

Außer Anneke und Erlina boten sich auch zeichnerisch begabte Freunde aus Hongkong an um uns zu helfen. Einmal empfahl uns jemand ein taubes Mädchen, die mehr im japanischen Stil zeichnete. Sie kam mit einer Betreuerin zur Besprechung in unser Büro und illustrierte danach einige Beispielsgeschichten, die die biblischen Geschichten ergänzten. Gerade durch die Vielseitigkeit und Verschiedenartigkeit der einzelnen Künstler waren wir auf keinen Stil festgelegt und damit blieb die Serie als Ganzes erfrischend und anregend.

Nach der Übergabe Hongkongs an China hatten wir begonnen, unseren »Mount Everest« zu erklimmen. In einem Jahr hatten nach Absprache mit unserem Verein »Brücke der Freundschaft« weder Ruth noch ich Heimaturlaub in Deutschland gemacht. Alle Kraft und Zeit ging in das Fertigstellen der Serie, denn die Bücher und Bilder wurden nun auf dem Festland in regelmäßigem Abstand erwartet. Sie gingen zu Tausenden über die Grenze. Und dann – nach sechs Jahren – hatten wir es im Jahr 2003 geschafft! Das letzte Buch war fertig übersetzt und konnte in die Druckerei gebracht werden. Unser »Mount Everest« war erklommen!

SARS – hundert Tage Angst und Tränen

Das Jahr 2003 wird in Hongkong nie vergessen werden und auch für uns gewann es eine tiefe Bedeutung. Wir litten mit den Menschen, die von einer gefährlichen Seuche betroffen und zum Teil dahingerafft wurden.

SARS ist die Abkürzung von ***S**evere **A**cute **R**espiratory **S**yndrome*. Anfang des Jahres kamen die ersten Gerüchte aus unserer Nachbarprovinz Guangdong, es gehe dort eine gefährliche Lungenentzündung um, gegen die kein Antibiotikum helfe und die zum Teil tödlich verlaufe. Aus Guangzhou hörten wir Berichte, dass die Straßen fast menschenleer seien, nachdem Panikeinkäufe getätigt worden waren.

Am 21. Februar kam ein pensionierter Arzt von Guangzhou nach Hongkong, um an einer Hochzeit teilzunehmen. Er hatte schon einige Tage Fieber, ohne zu wissen, dass er an SARS erkrankt und hochgradig ansteckend war. Dieser Mann logierte im Metropole-Hotel und infizierte dort fünfzehn weitere Personen. Er selbst starb am 4. März. Eine von den Angesteckten war eine Dame aus Toronto. Sie brachte den Virus nach Kanada, wo sie und ihr Sohn und später weitere an SARS erkrankte Personen starben. Auch die anderen infizierten Hotelgäste kehrten nichts Böses ahnend in ihre Länder zurück, u. a. nach Singapur, nach Taiwan … und infizierten andere. So breitete sich die Epidemie auch dort aus.

Auf dem Festland war der Ausbruch von SARS lange verschwiegen worden, um die Bevölkerung nicht zu beunruhigen. Das war in Hongkong anders. Sehr schnell erfuhren wir durch die Presse, dass im *Prince of Wales-Krankenhaus* die Zahl der an SARS Erkrankten täglich stieg und dass auch viele vom Pflegepersonal angesteckt worden waren. Die

Regierung ordnete Maßnahmen zur Isolierung der Kranken an.

Bald nach dem Krankheitsausbruch im Prince of Wales-Krankenhaus gab es einen neuen Massenausbruch in einer Gruppe von Hochhäusern, *Amoy Garden* genannt. In einem Gebäude wurden einige hundert Menschen kurz nacheinander krank und bald verbreitete sich die Seuche auch in den benachbarten Hochhäusern, in denen in einem allein 1500 Menschen wohnen konnten. Alle Bewohner des ersten Hauses, die noch gesund waren, wurden in Freizeitcamps am Stadtrand zwangsweise isoliert, damit ihre Wohnungen desinfiziert werden konnten.

Vom Gesundheitsministerium wurden bald alle Krankenbesuche bei SARS-Patienten untersagt und strengste Isolierung angeordnet. Das war für die Kranken sehr schwer zu verkraften, waren sie doch gewohnt, fast den ganzen Tag über Besucher an ihren Betten zu haben. Nun sahen sie nur noch Ärzte und Schwestern mit Schutzmasken und Gummihandschuhen zur Behandlung an ihr Bett kommen. Zum Glück gab es das Handy! So konnten die Kranken die Verbindung zu ihren Familienangehörigen aufrechterhalten, solange sie noch sprechen konnten. Am 1. April sprach die Weltgesundheitsorganisation (WHO) eine Warnung für Reisen nach Hongkong aus. Von da an war die Stadt isoliert, ein neuer Schlag gegen die sowieso darniederliegende Wirtschaft! Es durften keine internationalen Ausstellungen mehr veranstaltet werden und Aussteller aus Hongkong waren aus Angst vor Ansteckung im Ausland nicht mehr willkommen!

Bald gewöhnten wir uns an unsere Schutzmasken und erkannten uns auf der Straße an Haaren und Augen. Auch an gedämpfte Stimmen musste man sich gewöhnen. In den Aufzügen wurden die Zahlen der Stockwerke an den Tastaturen mit Plastik überklebt, das alle paar Stunden gewechselt wurde. Wir waren angewiesen, nicht mehr mit dem Daumen, sondern mit dem Haustürschlüssel die Taste mit der Zahl unseres Stockwerks anzutippen. Wir sollten ebenfalls keine Geländer und Haltegriffe auf Rolltreppen oder in der Untergrundbahn anfassen. Niemand wagte mehr öffentlich zu husten oder zu niesen, da man sofort SARS verdächtig war und andere einen erschrocken anstarrten oder sich wegdrehten. Viele Restaurants mussten schließen und die Kinos standen leer.

»Seid ihr gesund? Habt ihr Angst?« So wurden wir manchmal über Telefon oder über Email gefragt. Hatten wir Angst? Um ehrlich zu sein: Jeder von uns schwamm von Zeit zu Zeit durch eine Welle von Angst, besonders an Tagen, an denen man sich nicht so wohlfühlte. Wir lebten mit Psalm 91: »Er wird dich mit seinen Fittichen decken und deine Zuversicht wirst du haben unter seinen Flügeln … dass du nicht erschrecken musst vor der Pest, die im Finstern schleicht, vor der Seuche, die am Mittag Verderben bringt …«. Aber es wurde bald klar, dass nicht alle, die sich Gottes Schutz anbefahlen, verschont blieben. Christen und Nichtchristen kamen ins Krankenhaus, einige starben nach langen quälenden Wochen auf einer Isolierstation, andere wurden wieder gesund. Es gab keine einfachen Antworten. Es blieb bei der Anweisung des Engels aus einer Erzählung, der einen Wanderer von einem unverstandenen Ereignis zum anderen begleitete und nur eine Antwort hatte: »Schweige und ehre die Wege Gottes.«

Auch unter den acht verstorbenen Ärzten, Schwestern und Pflegern waren Christen, für die viel gebetet worden war. Alle acht wurden als Helden geehrt für ihren opferbereiten Einsatz. Sie wurden unter großer Beteiligung der Bevölkerung in Gallant Garden beerdigt, wo Hongkongs Staatsbeamte beigesetzt werden. Die anderen an SARS Verstorbenen wurden, um weitere Ansteckungen zu vermeiden, in aller Stille eingeäschert.

In diesen hundert Tagen voller Angst und Tränen fanden die Betroffenheit und das Mitgefühl der Gesunden doch auch solidarische Ausdrucksformen, obwohl keine Krankenbesuche gemacht werden durften. Unter dem Namen *Project Shield* (Projekt *Schild*) wurde eine große Sammlung organisiert, um Schutzkleidung und Gesichtsmasken für Ärzte und Pfleger zu beschaffen. Sie erbrachte 1.7 Millionen Euro. Einige Male erschienen in Tageszeitungen ganzseitige Briefe von christlichen Gemeindegruppen, die Betroffenen Mut machten, durchzuhalten und ihnen versicherten, dass für sie gebetet wurde. Das waren keine leeren Worte. An einem Sonntag im April kamen 1.500 Menschen im Stadtteil Central zum gemeinsamen Gebet zusammen. Sie verteilten sich später auf einzelne Busse und fuhren zu den Krankenhäusern, in denen SARS Patienten lagen. Da sie sie nicht besuchen durften, beteten sie in Gruppen vor den Krankenhäusern. Etwas später begannen im Victoriapark regelmäßige Gebetstreffen, die Abend für Abend abgehalten und zahlreich besucht wurden.

Und dann, am 23. Mai um 15 Uhr, wurde Hongkong von der Weltgesundheitsorganisation für SARS-frei erklärt, nachdem an 20 aufeinanderfolgenden Tagen kein neuer Krankheitsfall mehr aufgetreten war. Schon am Morgen war in der »South China Morning Post« eine Bilanz über die 104 Tage Angst und Tränen erschienen:

> »1.755 Menschen erkrankten an SARS, 321 allein in Amoy Garden.
> 296 Menschen starben, unter ihnen vier Ärzte und Ärztinnen und vier Krankenpfleger/innen.
> 13.300 Arbeitsplätze gingen verloren, 4.000 Geschäftsunternehmen wurden geschlossen.

52 Tage lang hing die Reisewarnung über der Stadt und 13.783 Flüge wurden abgesagt.
3.600.000 weniger Hongkonger gingen über die Grenze nach China.
104 Tage nach SARS-Ausbruch ist die Stadt Hongkong heute SARS-frei!«

Stabübergabe im Team

Ostern 2003, noch während Hongkong unter Quarantäne stand, gingen wir für eine Rüstzeit über die Grenze nach China.

In einem hügeligen Urlaubsgebiet wollten wir zu unserer jährlichen Teamzeit zusammenkommen, dankbar, dass wir alle von der SARS-Seuche verschont geblieben waren. Victor und Rita reisten mit ihren inzwischen drei Kindern aus der Provinz Anhui an, wohin sie umgezogen waren. Tek Lie, die mit ihnen zusammen arbeitete, begleitete sie. Den kürzesten Weg hatte May Ing, die von ihrem Kinderheim in Guangzhou zu uns stieß. Gintings waren schon in Tibet und konnten nicht teilnehmen. Ronny und Indiria hatten in Beijing eine eigene Arbeit begonnen. So waren wir sieben Erwachsene und drei Kinder.

Es tat unendlich gut, vor allem für uns Hongkonger, nach dem langen Eingeschlossensein in unserer von Krankheit geplagten Stadt nun in einem wunderschönen grünen Hügelland durchatmen zu können. Dazu kam der lebendige Austausch mit unserem Team. Auf einem kleinen See hinter dem Haus konnte Victor mit seinen Kindern auf dem Floß fahren, so dass sie nicht zu kurz kamen.

Wir wohnten in zwei kleinen Ferienhäusern verteilt, jedes lag auf einem Hügel. In einem Speisesaal wurden gute Mahlzeiten angeboten. An den Vor- und Nachmittagen hielten wir unsere Teambesprechungen. Ruth und ich hatten vor, die Teamleitung in Vernnys und Victors Hände zu legen. Ruth war 75 und ich 72 Jahre alt. Es war Zeit, uns zurückzunehmen, wenigstens, was die Verantwortung im Team betraf, in dem Vernny nun elf und Victor neun Jahre Mitglieder waren. Für »Brücke der Freundschaft« und die Verlagsarbeit in Hongkong war jedoch noch kein Nachfolger in Aussicht.

Wir schlugen vor, dass es eine Teilung der Verantwortung geben könnte: Victor wäre auf dem Festland verantwortlich für Planung und Umsetzung. Vernny könnte die Verantwortung in Hongkong haben und vor allem für die Finanzverwaltung zuständig sein. So wurde es dann auch beschlossen.

Am Karsamstag überlegten wir, wie wir Ostern miteinander feiern könnten. Wir hatten eine Flanelllektion über die Ostergeschichte mitgebracht. Dieses Planen weckte Osterfreude! Selbst die Kinder beteiligten sich und halfen mit bei der Dekoration des Raumes. Wir beschlossen, die Hotelangestellten zu unserer Feierstunde am Sonntagmorgen einzuladen. Victor, unser »Evangelist«, übernahm die Erzählung der Geschichte von der Auferstehung Jesu, illustriert mit Hilfe der Flanellbilder. Es kamen wirklich einige der Hotelangestellten. Sie kamen sogar gerne und freuten sich über die Osterfeier. So wurde es ein froher Morgen. Jesus als der Auferstandene war unter uns.

Am Montag setzten wir unter Gebet Victor und Vernny als neue Teamleiter ein. Damit hatte ein neuer Abschnitt unserer Teamgemeinschaft begonnen. Ruth und ich traten ins zweite Glied und halfen den neuen Leitern in ihre Rollen zu finden. Wir wussten, dass wir nicht mehr lange in Hongkong bleiben würden.

Abschied und Neubeginn

Fünf Jahre lang durfte das *Team Hongkong*, wie wir uns nannten, unter Victors und Vernnys Leitung weiter seinen Aufgaben nachgehen und manches Neue beginnen. 1992 hatten wir in Indonesien gemeinsam begonnen. Ende Januar 2008, sechzehn Jahre später, schien die Zeit gekommen, uns als Team zu verabschieden. Ruth und ich hatten unseren Wohnsitz inzwischen nach Deutschland verlegt, kamen aber regelmäßig ein oder zweimal jährlich nach Hongkong, um von dort aus an Einsätzen in asiatischen Ländern teilzunehmen.

Wir trafen uns als Team in einem einfachen Hotel in Guangzhou, der Großstadt über der Grenze. Seitdem wir gemeinsam aufgebrochen waren, war viel Positives geschehen. Aber nicht alle fanden ihren Weg in die Kinderarbeit. Einige indonesische Freunde waren nur einige Jahre geblieben und hatten dann eine eigene Arbeit begonnen. Andere waren hinzugekommen. Wir hatten uns über Familie Ginting gefreut, die sich nach Tibet gerufen wussten. Aber nachdem sie in fünf Jahren zuerst Chinesisch und danach die Landessprache erlernt hatten, waren auch sie gekommen um sich zu verabschieden. Ihr größtes Anliegen war die Übertragung des Johannes-Evangeliums ins Tibetische. Unsere Teamgemeinschaft durfte ihnen als Sprungbrett dienen. Danach waren noch einmal zwei junge Familien zu uns gestoßen. Es bestand Hoffnung, Neues beginnen zu können. Aber es war anders gekommen. Die eine Familie war bereits nach Indonesien zurückgekehrt, die zweite war auf dem Weg dorthin. Auch Victor, der mit seiner Familie am längsten mit dem Team zusammen gearbeitet und dann die Arbeit im Inland verantwortlich geleitet hatte, war gekommen um sich zu verabschieden.

Was hatte Gott mit uns allen vor? War es seine Führung, dass unsere Teamgemeinschaft in dieser Form zu Ende kam? Wir waren dankbar, dass wir am letzten Nachmittag, nachdem alle internen Fragen besprochen waren und wir der Möglichkeit eines Abschieds ins Auge gesehen hatten, nicht nur unter uns waren. Ein Freund, der auch anderen Gruppen in schwierigen Situationen beistand, war zu uns gekommen, ein älterer Afro-Amerikaner, der sofort unser Vertrauen gewann. Er brachte zunächst ein wegweisendes Wort Gottes. Dann schlug er eine längere Zeit der Stille vor. In dieser Zeit sollte es nicht um unsere Fragen und Probleme gehen, um unsere Arbeit, unsere Teamgemeinschaft ... Jeder sollte für sich allein Gott suchen und ihn fragen: »Herr, wie siehst Du mich? Was möchtest Du mir sagen?« Er bat uns aufzuschreiben, was wir hörten, eine für uns recht ungewohnte Sache; aber wir ließen uns darauf ein.

Nach dieser ausgedehnten Zeit der Stille tauschten wir aus. Zu jedem von uns hatte Gott auf Seine Weise geredet, zu denen, die weiterziehen wollten und zu denen, die etwas ratlos zurückblieben. Einer unter uns, die im Aufbruch nach Indonesien war, versprach Gott, sie zurückzubringen in das Land ihrer Berufung. Einen anderen nannte er mit einem neuen Namen, der ihn aufrichtete. Wieder anderen sagte Gott zu, ihre Arbeit, die sie getan hatten, zu kennen und dass die Frucht nicht ausbleiben würde.

Wir konnten nach diesem Nachmittag im Frieden auseinandergehen und später stellte sich heraus: Jeder fand seinen ihm von Gott gewiesenen Weg. Victor baute seine Basis in Kalimantan auf und bietet von dort Missionsschulungen an. Eine andere Familie schloss sich einer großen Kirche in Westjava an und hält über diese Kontakt zu ihrem früheren Einsatzgebiet. Vernny und Tek Lie wurden Mitglieder von

Sun Focus Foundation und arbeiten weiter im Land ihrer Berufung. Es hatte sich gelohnt auf Gott zu hören und ihn zu fragen: »Herr, wie siehst Du mich? Was hast Du mir zu sagen?«

IV. Der Acker ist die Welt

14. Vietnam und Bangladesch

Leiterschulung auf der Insel Cheung Chau

Jahrelang hatten wir nach einer größeren Wohnung im Raum Hongkong gesucht. Wir hatten den Eindruck, dass wir dort einmal Leiter aus verschiedenen Ländern in den Gebrauch des Materials für biblische Unterweisung von Kindern einführen würden. Die Verheißung »Der Acker ist die Welt« hatte uns in diese Richtung denken lassen. Diesen Plan hatten wir jedoch aufgegeben, als Gott uns beharrlich zu verstehen gab: »Morrison Hill Road«.

Dann konnten wir 1999 eine Wohnung auf der Insel Cheung Chau mieten. Jahre zuvor hatten wir auf dieser Insel alte Ruinen angesehen mit der Frage: »Sollten wir solch eine Ruine aufkaufen und dort ein Haus der Gemeinschaft, ein kleines Junggo errichten?« Aber Gott tut selten zweimal das Gleiche, und – es war nicht zu leugnen – wir waren inzwischen älter geworden. Cheung Chau ja. Aber Gottes Wahl für uns war die Wohnung im zweiten Stock eines Hauses, das auf einer Ruine erbaut worden war! Dort konnte immer eine von uns ungestört arbeiten und auch auftanken.

Im Sommer 2002 wurde dann auf der Insel Cheung Chau Wirklichkeit – ein einziges Mal – was uns vorgeschwebt hatte: Verantwortliche Leiter von Kindernetzwerken kamen zu einem einwöchigen Schulungs-Seminar, um danach mit der Übersetzung der Kreativen Bibellektionen in ihren Ländern zu beginnen.

Einige Jahre zuvor hatten wir Peter und Beverly van der Westhuyzen aus Neuseeland kennen gelernt. Wie das zustande kam? Wir entdeckten eine Anzeige für eine Schulung für KIndermitarbeiter. Peter und Beverly waren die Trainer. Warum nicht einmal sehen, wie andere es machen? fragten wir uns und meldeten uns an. Mit sieben anderen Teilnehmern standen wir bald in einer Reihe und übten das Erzählen von biblischen Geschichten. Hatte Peter etwas gemerkt? In der Pause fragte er mich leise: »Haben Sie schon einmal mit Kindern gearbeitet?« »Mein ganzes Leben lang«, gab ich genau so leise zurück. »Warum sind Sie denn zu diesem Seminar gekommen?« wollten Peter und Bev wissen, als sie sich beim Abendessen zu uns setzten. »Weil wir einmal sehen wollten, wie andere es machen!«

Diese Begegnung war der Anfang zu einem fruchtbaren Austausch. Peter und Bev schulten Mitarbeiter für die Arbeit unter Kindern in verschiedenen asiatischen Ländern. Auch sie hatten begonnen, Unterrichtsmaterial zu schreiben. Aber ihr häufiges Unterwegssein zu Schulungen in Asien forderte ihre ganze Zeit und Aufmerksamkeit. Wir hingegen reisten noch nicht viel und waren dabei, unser indonesisches Material in Englisch zu übertragen, alle sechzehn Bücher mit Bibellektionen für drei Altersstufen samt den beiden Handbüchern. Damit hatten wir genau das, was Peter und Bev für ihre Schulungen brauchten. Sie baten um die Übersetzungsrechte für Bangladesch und Vietnam. Gleichzeitig regten sie ein Seminar für Schlüsselleute aus beiden Ländern an, das ihnen einen Überblick über das gesamte Material geben würde. Für eine solche Woche konnten wir im Juli 2002 auf der Insel Cheung Chau ein kleines Haus mieten. Unsere Wohnung wäre zu klein für ein solches Unternehmen gewesen.

Zehn Teilnehmer nahmen an dieser Seminarwoche teil. Zwei Frauen kamen aus Vietnam, eine vertrat die Hauskirchen des Nachbarlandes und die andere die registrierten Gemeinden. Noch im gleichen Jahr begannen sie einen eigenen Schulungskurs in ihrem Land. Drei junge Männer kamen aus Bangladesch. Ein chinesisches Ehepaar reiste aus San Francisco an; sie hielten Leiterschulungen in China, Burma und Malaysia. Mit ihnen zusammen hatte sich eine Oberschullehrerin aus Hongkong angemeldet, die in nächster Zeit einen fortlaufenden Kurs über einige Wochenenden in Taiwan geben wollte. Ellen und Malcolm wollten lernen, selbst Kurse zu geben, denn es lag eine Einladung aus den Salomonen vor.

Am Ankunftstag lief nichts normal. Vernny und ich waren Stunden unterwegs, bis wir unsere Freunde aus Bangladesch und Vietnam, die wir am Flughafen abholen wollten, endlich ganz frustriert vor unserer Haustür in der Morrison Hill Road fanden. Die Männer waren drei Stunden von einem Immigrationsbeamten festgehalten worden. Danach hatten sie sich mit den beiden Frauen, die auf sie gewartet hatten, selbst auf den langen Weg in unseren Stadtteil gemacht, während Vernny und ich zum zweiten Mal zum Flughafen unterwegs waren, sie zu suchen. Das chinesische Ehepaar hatte große Mühe bis sie den Weg nach dem Tagungsort in Cheung Chau fanden, wo Ruth und Tek Lie dabei waren, sich in der fremden Küche zurechtzufinden.

Als wir uns dann recht erschöpft und doch erleichtert am Abendbrottisch gegenübersaßen, ahnten wir, dass dies Seminar kein Spaziergang werden würde. Einige Teilnehmer verfügten nur über ein begrenztes Englisch; auch an die verschiedenen Aussprachen und Akzente mussten wir uns gewöhnen. Dazu gab es grundverschiedene Temperamente in der Gruppe. Die Männer aus Bangladesch waren gelassen und gönnten sich gern einmal eine Pause, die Vietnamesinnen lernten gespannt und zielgerichtet.

Es machte Freude, Lehrtalente zu entdecken und zu entwickeln. In Hoffnung und Vertrauen beteten wir für die Länder, die unter uns vertreten waren und für die Kinder, die nun bald das Material in ihrer Sprache haben würden. In Bangladesch und Vietnam hatte die Übersetzung bereits begonnen. Aus erster Hand erfuhren wir, dass die Situation in Bangladesch etwa so war wie vor dreißig Jahren in Indonesien: Große Offenheit, Zustrom von Kindern, wenig TV und Radio in den Dörfern. Wir hörten von chinesischen Bibelschulen in Burma und von der Erweckung in Vietnams Hochland. »Kommt uns doch einmal besuchen«, baten die Teilnehmer, als wir uns nach einer Woche trennten. Wir versprachen es und hielten unser Versprechen.

Der *Sonntagsschulhelfer* spricht Vietnamesisch

Ein Jahr später, Mitte Mai 2003. In Hongkong war die SARS-Seuche abgeklungen, die die Stadt mehr als drei Monate in Angst und Leid versetzt hatte. Nun konnte man wieder reisen. Vernny hatte über ihr Reisebüro »Modern Wing« einen Gruppenflug nach Saigon, Südvietnam gebucht, den sie begleitete, und bot mir eine Freikarte an. So konnte ich das Versprechen wahrmachen und die zwei Teilnehmerinnen am Seminar in Cheung Chau besuchen.

Ein neues Land und eine neue Kultur erschlossen sich uns. Vieles erinnerte an Indonesien, aber die Vietnamesen waren disziplinierter. Wir wohnten in einem Hotel in Saigon und machten Ausflüge in die nähere Umgebung, auch eine Fahrt auf dem Mekong-Fluss, der majestätisch durch drei Länder fließt. Was aber das Wichtigste war: Am Abend kamen unsere Freunde uns besuchen. Wir erfuhren, dass das neu übersetzte Material nicht nur in Saigon, sondern auch in den Bergen eingesetzt wurde, wo es unter den Hmong viele christliche Gemeinden gab. An einem Abend besuchte uns der leitende Beauftragte für die Kinderarbeit der registrierten Kirche. Auch er hatte von dem ins Vietnamesische übersetzte Material gehört und war daran interessiert. Er hatte ein gutes Verhältnis zu dem Leiter der Hauskirchen, aber die Behörden ließen keine Zusammenarbeit zu. Beide Gruppen baten um Schulungen. Schon im Herbst kam es dann zu einem ersten Seminar.

Ruth und ich waren uns bewusst, dass wir in ein »unfreies« Land aufbrachen. Wir kannten die gespannte Atmosphäre von unseren Reisen in China. Ich erinnerte mich zudem an meine Besuche in der damaligen DDR mit allem, was ein Grenzübergang in sich barg, noch dazu mit nicht erwünschtem Material im Reisegepäck. Aber es ging gut, obwohl ich Ruth aus den Augen verlor und als Letzte am Grenzschalter stand. Als wir im Hotelzimmer die Koffer abgestellt hatten, erfuhren wir zu unserer Überraschung, dass die Schulung für etwa 40 Teilnehmer in einem Nebenraum eines großen Hotels stattfinden sollte! Ob das erlaubt sei? »No problem« war die Antwort.

Am nächsten Tag wurden wir mit allem Material zu dem Hotel gefahren. In der Lobby sahen wir unser Seminar an der Tafel der Veranstaltungen angekündigt. In dem für uns gemieteten Raum stellten wir unsere Schautafeln auf, legten die Bücher aus … Nach der Begrüßung des Seminarleiters war ich an der Reihe. Ich ging ans Rednerpult und sah mich nach meiner Übersetzerin um … Sie war nicht da! Plötzlich bemerkte ich, wie alle Bücher verschwanden und das Bastelmaterial auf den Tischen ausgebreitet wurde. Die Teilnehmer gruppierten sich um die Tische. Ich verdrückte mich in eine Ecke.

Was war geschehen? Jemand aus der Gruppe hatte Männer gesehen, die auf den Raum hinter dem unsrigen zugingen. Dort fand ein Predigerseminar statt, dessen Teilnehmer sich gerade im Speisesaal befanden. Die Männer konfiszierten alles Material, die Leiter der Tagung wurden später verhaftet. Anschließend besuchten die Kontrolleure auch uns. Sie sahen unsere Leute friedlich um die Tische sitzen und Bilder ausschneiden. Das sah nicht gefährlich aus, so gingen sie weiter. Das Hotel war keine gute Wahl gewesen!

Am nächsten Morgen saßen Ruth und ich auf den hinteren Sitzen von zwei Mopeds – mit Staubmasken über Mund und unseren zu langen Nasen (!) und tief ins Gesicht gedrückten Hüten – und wurden zu einer Kirche am Stadtrand gefahren. Dort konnten wir unser fünftägiges Seminar ungehindert durchführen. Die Teilnehmer saßen vor uns auf dem Boden. Wie gut, dass die ersten Unterrichtsbücher schon in Vietnamesisch übersetzt waren. So konnten alle den Darbietungen besser folgen. Dass wir uns nur mit denen, die Englisch sprachen, verständigen konnten, tat uns sehr leid. Aber wir hatten eine gute Übersetzerin. Zu den Mahlzeiten setzten wir uns zu den Teilnehmern auf den Boden in kleinen Gruppen um die verschiedenen Schüsseln herum.

Ob wir wohl Kinder bekommen könnten für eine Lehrstunde, die alle Teilnehmer beobachten sollten? Dies sei ein unverzichtbares Element unserer Schulungen. Bedenkliche Gesichter! Alle Kinder wären den Tag über in der Schule. Doch dann sprachen einige Teilnehmer untereinander und signalisierten dann: »Ja. Ok. Einige ältere KInder!« Etwas später marschierten sie auch schon herein, Neun- bis Zwölfjährige. Sie waren Auge und Ohr und machten gut mit. Gegen Ende der Stunde standen die Kinder plötzlich auf und verließen den Raum mit dem Teilnehmer, der sie gebracht hatte. Ohne ein Wort zu verlieren rückten drei Reihen der Teilnehmer, die eigentlich »Beobachter« waren, nach vorne und nahmen die Plätze der Kinder ein. Die Stunde wurde ohne Unterbrechung zu Ende geführt.

Wie war dieses Husarenstück zustande gekommen? Neben der Kirche befand sich eine Schule, und während der großen Pause begann unsere Lehrstunde. Einer unserer Teilnehmer hatte die Kinder eingeladen und zu uns gebracht. Und als die große Pause zu Ende ging, ehe bei uns die Stunde aus war, brachte er die Kinder wieder auf den Schulhof, wo sie mit ihren Klassenkameraden zurück ins Schulhaus marschierten!

Ruth erinnert sich an einen späteren Besuch in Vietnam: Unter Einhaltung größter Vorsichtsmaßnahmen wurde ich nach beendigtem Seminar in ein kleines Büro gebracht, in dem die Übersetzungen im Computer formatiert wurden. Es war nicht schwer zu erkennen, wieviel Mühe das neu eingespielte »Pagemaker«-Programm der tüchtigen Frau machte, die diese Arbeit verantwortete. Zudem fehlte ein Drucker. Ein Ausdruck in einem öffentlichen Geschäft war immer mit großem Risiko verbunden. Keine Seite durfte in den Papierkorb wandern; sie hätte später entdeckt und gelesen werden können! Da, in diesem Büro, unter dem enormen Druck als Ausländerin entdeckt zu werden, wurde ein neuer Plan geboren. Ich wurde eingladen wiederzukommen. Und bei meinem nächsten Besuch stand der Computer in einem Wohngebiet für Ausländer, in das auch die vietnamesische Fachkraft Zugang hatte. Nach diesem Besuch schrieb sie uns: »Jetzt schaffe ich in einer Woche soviel wie zuvor in einem Monat.« Dazu kam noch ein gespendeter Drucker, der die Arbeitslast zusätzlich erleichterte.

Aber es gab noch ein weiteres kulturelles Lernen während dieses Besuches. Die Gastfamilie ermutigte mich, an einem Nachmittag alleine Ho Chi Min City weiter zu erkunden. Mit genauen Anweisungen und klopfendem Herzen zog ich los. Vietnam war einfach anders als das, was wir inzwischen von

Asien kannten: die Menschen waren gestrafft wie in China, und doch waren die Straßen in dieser Großstadt mit vielen kleinen unscheinbaren Läden gesäumt wie in Indonesien. Dazu war der Verkehr chaotisch! Der Strom der schnellen Motorräder bis zu zwölf nebeneinander riß nicht ab, auch wenn die Ampel auf grün stand und den Fußgängern erlaubte, die Straße zu überqueren. Zuletzt erbarmte sich ein Fahrradtaxifahrer über mich, nachdem er mich lange beobachtet hatte, und brachte mich mit seinem Gefährt mitten durch das Verkehrschaos hindurch sicher auf die andere Straßenseite. Eine kleine Trophäe dieses Tages schmückt bis heute unsere Wohnung.

Der *Sonntagsschulhelfer* spricht Bengali

Als Sukhen Biswas zu dem Seminar nach Cheung Chau kam, stand er schon mit beiden Füßen in seinem Dienst für die Kinder seines Landes, mit festen Zukunftsplänen: Er würde das ganze Kurrikulum in seine Landessprache übersetzen. Und diesen Entschluss führte er aus, aber in seinem eigenen Tempo. Während in Vietnam die Bücher zügig herauskamen und, wie versprochen, gleichzeitig Material für die verschiedenen Altersstufen übersetzt wurde, ließ Sukhen sich Zeit. »Erst alle Kindergartenbücher, und nur ein Buch pro Jahr«, entschied er. »Und wie werden die älteren Kinder unterrichtet?« fragten wir ihn über E-Mail. »Mit dem Kindergartenmaterial, das macht bei uns nichts. Ich kenne mein Land und unsere Situation hier. No problem, sister!« Bei diesem Plan blieb es.

Sukhen hatte einen großen Stab von Kindermitarbeitern um sich gesammelt, die das jeweilige Buch, das erschienen war, in vielen Gemeinden unterschiedlicher Denominationen einführten. In einem Abstand von einigen Jahren veranstaltete seine Organisation »Generation Bangladesch«

regelmäßig ein Trainingscamp, zu dem manchmal bis zu 600 Kindermitarbeitern aus 18 verschiedenen Denominationen kamen, die ihre Kinder mit den Kreativen Bibellektionen unterrichteten. In Bangladesch hießen sie »Growing up with Jesus«. In diesem Camp lernten sie das in der Zwischenzeit neu erschienene Material kennen. Gemeinsam erarbeiteten alle das Bildmaterial, für das Sukhens Mitarbeiterstab schon Wochen zuvor Pappe und Papier eingekauft und teilweise zugeschnitten hatte.

Das alles hörten wir durch regelmäßig eintreffende Jahresberichte, und erhielten auch Belegexemplare der erschienenen Bücher. Aber erst 2009 kam eine Einladung zu einem Training, in dem Sukhens Mitarbeiter selbst durch einen Grundkurs geführt würden, der ihnen helfen sollte, in Gemeinden solche Kurse anzubieten. Dieses Training sollte vom 4.–7. März stattfinden. Ruth und ich waren wieder einmal für einige Zeit in Hongkong und wollten von dort aus aufbrechen.

Am 2. März, dem Tag, an dem wir fliegen wollten, lasen wir einen Bericht in der »South China Morning Post« von der Meuterei, die in Dhaka ausgebrochen war. Schlecht bezahlte Grenztruppen, die zudem in der Beförderung vernachlässigt wurden, hatten sich gegen führende Offiziere der Armee aufgelehnt. Der Aufstand dauerte 33 Stunden. Die Grenztruppen lockten die Offiziere in einem Militärgebäude mitten in der Stadt in eine Falle und ermordeten 77 von ihnen. 71 Offiziere wurden zur Zeit des Berichts noch vermisst. Es war noch völlig unklar, wie alles weiter gehen würde. 1000 Aufständische sollten vor Gericht gestellt werden.

Was hieß das für uns? Sollten wir fliegen? Wir beteten … und dann hörte Ruth auf dem Weg zum Büro ein leises »ja« in ihrem Herzen. Im Büro angekommen fand sie eine kurze Nachricht von Sukhen: »Kommt, es ist alles o.k.« Also flogen wir in einer fast leeren Maschine nach Dhaka. Sukhen holte uns ab, ohne irgendeine Unruhe zu zeigen. Aber wir wurden nicht aus den Augen gelassen. Er und seine Mitarbeiter hatten inzwischen ein ganzes Haus für ihre Arbeit mieten können. Es wurde ein sehr guter Grundkurs mit erfahrenen Leuten, die schnell verstanden und eifrig mitmachten. Sie holten uns am Morgen in unserem Gästehaus mit ihrem Auto ab und brachten uns abends wieder zurück, ohne dass wir irgendwo aussteigen durften. Erst am letzten Tag wurde uns bewusst, wie nahe wir dem Krisenherd in der Stadtmitte gewesen waren, in dem es viele Tote gegeben hatte. Und immer noch hieß es: »No problem, sister!«

15. »Die Inseln warten auf Seine Weisung«

Das Jahr 2004 war ein atemberaubendes Reisejahr, das uns auf drei Inselgruppen brachte: Im Februar auf die Salomonen, im Oktober auf die Fiji-Inseln und im November auf die Insel Cebu in den Philippinen! Diese Einsätze machten wir zu dritt: Malcolm, Ellen, und ich.

Als wir Ende des Jahres in unserem kleinen Büro in Hongkong einige Dias von unseren Einsätzen des »Reisejahrs« zeigten, Ruth von Vietnam, Nord-Thailand und Südchina und ich von unseren Inselreisen, fragte eine junge Hongkongerin, die zuschaute: »Darf ich etwas fragen? Warum tut ihr das alles? Warum steckt ihr euer Geld in solche Reisen? Sie sind doch teuer!« Ja, warum taten wir es? Es ist unser leidenschaftlicher Wunsch – und dafür haben wir viele Jahre unseres Lebens eingesetzt – dass das Wort Gottes der jungen Generation so weitergegeben wird, dass sie es mit Freuden aufnimmt. Andere auf diesem Weg mitzunehmen, sie anzuleiten und ihnen Material in die Hände zu geben, wo immer Gott Türen auftut, war der Auftrag unseres Lebens. Gott hatte 2004 die Tür zu drei Inselgruppen aufgetan, nicht früher! Denn wir hatten unsere ganze Kraft gebraucht, um die Fertigstellung des Gesamtmaterials abzuschließen.

In Honiara, Hauptstadt der Salomonen

Der Hauptpastor der Evangelischen Südseekirche (SSEC) auf den Salomonen war 2002 zu einer Konferenz nach Neuseeland gefahren. Dort hatte er Malcolm und Ellens Stand besucht, an dem sie das in Hongkong entstehende englische Sonntagsschulmaterial ausstellten. Die Kirche dieses

Pastors war jahrelang von einem kleinen Verlagshaus mit Unterrichtsmaterial versorgt worden, aber dieses hatte vor einigen Jahren seine Arbeit eingestellt. Nun waren seine Gemeinden ohne Unterrichtshilfen für die zahlreichen Kinder, die mit ihren Eltern am Sonntagmorgen in die Kirche strömten. Er lud Ellen und Malcolm zu einer Seminarwoche in Honiara, der Hauptstadt der Salomonen, ein, um unser Material vorzustellen.

Ehe wir noch einen Termin ausgemacht hatten, brach ein Bürgerkrieg zwischen der Hauptinsel Guadalcanal und der Nachbarinsel Malaita aus. Das Seminar musste verschoben werden. Es wurde Februar 2004, bis wir zu dritt – Malcolm, Ellen und ich – nach Honiara fliegen konnten. Da von den 538.000 Bewohnern in den wirtschaftlich sehr armen Salomonen etwa 60% Kinder und Jugendliche aufwachsen, war der Andrang zu unserer Schulung groß. So wurden ein einwöchiges Tages- und ein Abendseminar angeboten, für die sich 150 Teilnehmer aus verschiedenen Denominationen einschrieben.

Wir waren noch nie in einem so heißen Land gewesen, und es gab keine Klimaanlagen. Was aber gravierender war: Die für die Teilnehmer benötigten Bücher, die wir im September in Hongkong abgeschickt hatten, waren im Februar noch nicht angekommen. Wir erfuhren zu spät, dass man bei einem Schiffstransport in die Salomonen damals mit einem halben Jahr rechnen musste bis zur Ankunft der Ware. Zum Glück hatten wir in unseren Koffern Anschauungsmaterial mitgebracht und dieses nicht der Post anvertraut.

Eine Abordnung in traditioneller Tracht begrüßte uns am Flughafen, und am Abend ging es weiter mit einem festlichen Barbecue mit allen Seminarteilnehmern. Wir spürten, dass wir herzlich willkommen waren. Mehr noch, wir spürten ein geistliches Wachsein! Einige Jahrzehnte zuvor hatte Gott in den Salomonen eine große Erweckung geschenkt, nach der Mitglieder aus erweckten Gemeinden alle Inseln bereist und dort evangelisiert hatten, sodass nur noch einige dunkle Ecken des Aberglaubens übriggeblieben waren. Eine große Aufgeschlossenheit für das Wort Gottes war das Ergebnis.

Wie gut, dass wir einen Mann in unserem Dreierteam hatten! Denn wir befanden uns in einer patriarchalischen Kultur. Das half Malcolm, der sich manchmal ziemlich überflüssig vorkam. Immer, wenn wir abends zum Essen in Familien eingeladen waren, war Malcolm der Hahn im Korb. Er kannte auch bald die Geschäfte in der Stadt, in denen man Papier und Pappe zu Mengenrabatten bekam, besonders im Chinesenviertel. In einem Fotoladen erbat Malcolm sich auch 75 leere Filmdosen, in denen wir am letzten Tag jedem Teilnehmer eine kleine Menge des begehrten »blue tack« mitgaben. Damit konnte man Bilder an die Wand heften, ohne Spuren zu hinterlassen und es nach Gebrauch wieder in die Dose tun. Das war ein hilfreiches Abschiedsgeschenk, das große Freude auslöste.

Wenn wir Anschauungsmaterial erarbeiteten, hielt Malcolm sich zu den wenigen Männern, die teilnahmen, und schnitt mit ihnen mit scharfen Messern unzählige Pappteile zu. Er hielt auch die Morgenandachten. Da die Salomonen seit 1883 unter britischer Verwaltung gelebt hatten, sprachen die dunkelhäutigen Inselbewohner ein gutes Englisch.

Unter den Teilnehmern des Tagesseminars fiel uns eine ältere bescheiden wirkende Frau auf, die fast jeden Morgen etwas zu spät kam, sich aber wie selbstverständlich unter die Teilnehmer mischte. Erst nach einigen Tagen erfuhren wir, dass sie es gewesen war, die vor vielen Jahren die Sonntagsschule in der Hauptkirche begonnen hatte, in der nun rund 35 Sonntagsschullehrer etwa 240 Kinder in verschiedenen Altersgruppen unterrichteten!

Es ging in unserem Seminar weniger um das Erzählen der biblischen Geschichten. Das konnten die Sonntagsschullehrer! Aber wir brachten ihnen Unterrichtshilfen (vielmehr, sie würden im Juni eintreffen…) in denen der biblische Stoff auf acht Jahre verteilt war und nicht immer wieder die gleichen »Lieblingsgeschichten« drankamen. Außerdem halfen wir ihnen, Anschauungsmaterial herzustellen und zu gebrauchen. Sie sahen mir zu, wie ich am Sonntagmorgen 80 kleine Vorschulkinder vor mir sitzen hatte in klatschnassen Kleidern, weil sie eben durch einen Platzregen gegangen waren. (Natürlich würden sie in der warmen Luft schnell wieder trocknen.) Ich erzählte ihnen wie Gott am vierten Schöpfungstag Sonne, Mond und Sterne geschaffen hatte, die Wolken und den Regen und legte die einzelnen Bilder dazu an die Flanelltafel. Als ich den Regen anheftete, hörte ich achtzig Kinder ehrfürchtig flüstern: »Rain, rain!« Sie hatten ihn eben auf ihrer Haut gespürt, nun erkannten sie den Regen als Gottes Schöpfung an der Tafel und freuten sich staunend.

Im Abendseminar waren die Unterrichtsstunden sehr verkürzt, wir konnten auch kein Anschauungsmaterial herstellen. Aber wir zeigten den Teilnehmern, was die andern am Tag erarbeitet hatten. Wenn der Strom ausfiel – was oft der Fall war – hatten wir nur eine Petromaxlampe, die wir auf die Tafel richteten. Der Vortragende sah nur die ersten Reihen seiner Zuhörer, aber auch die im Dunkel Sitzenden konnten ihn sehen. Unter denen, die am Abend kamen, war auch ein Schreiner, der sehr engagiert mitmachte. Er brachte uns vierkantige Holzleisten, aus denen er zusammen mit anderen Männern unzählige kleine 5 cm lange Stücke sägte, die einen Schlitz bekamen zum Hineinstecken von Stehbildern für die Kindergartenklasse. Beim Erzählen konnten man sie somit bewegen und die Geschichte »spielen«. Jeder Teilnehmer bekam am Ende des Seminars fünf solche Klötzchen.

Der Kurs ging schon zu Ende, als einige neue Teilnehmer sich meldeten. Sie kamen von der Nachbarinsel Malaita und hatten kein früheres Schiff bekommen. So blieben wir noch einige Tage länger, um von ihrer Situation zu hören und ihnen das Material zu erklären. Ein junger Sonntagsschulleiter von dort, der schon früher nach Honiara gekommen war und das ganze Programm mitgemacht hatte, wich nicht von unserer Seite. Ehe wir uns endgültig verabschiedeten, sagte er zu mir: »Bitte gib mir dein Buch! Ich habe so lange gewartet, bis du fertig warst mit Unterrichten. Nun brauchst du es nicht mehr.« Mein persönliches Buch mit manchen eigenen Notizen? Ich sagte nein, das könne ich ihm nicht geben, ich brauche es selber. Da sagte er: «Gib es mir. Du hast noch viele solcher Bücher in Hongkong, wir haben dann nur dies eine auf Malaita. Ich will in meiner Kirche weitersagen, was wir hier gelernt haben. Dazu brauche ich dein Buch.« Er bekam es, »wegen seines unverschämten Drängens« (Lukas 11,8)!

Wir verließen Honiara und wussten, dass die Unterweisung der Kinder in Händen von Frauen und Männern war, die Jesus lieb hatten und nun ausgerüstet und motiviert waren, ihr Bestes zu geben für die Kinder in ihren Gemeinden. Die christliche Buchhandlung bestellt auch weiterhin Material von uns in Hongkong. Malcolm und Ellen hielten den Kontakt zu unseren Freunden von Neuseeland aus. Sie teilten uns mit, dass einige Zeit später einige leitende Frauen aus der Sonntagsschule ein Boot gemietet hatten und auf eine Nachbarinsel gefahren seien, um dort einen Sonntagsschullehrerkurs zu geben. Während sie unterrichteten, bat eine Gruppe auf der Insel, ob sie das Boot für einige Tage mieten dürften, um Waren auf eine andere Insel zu bringen. Als sie wieder zurückkamen, bezahlten sie für das Boot, und somit hatten die Frauen von Honiara ihr Geld zurück, das sie investiert hatten!

Auf der Fiji-Insel Viti Levu

Wir kannten Jeanette von unserem Sprachstudium in Beijing. Das war 1991 gewesen. Damals machte sie Nachtdienst in einer Telefonabteilung der Universität, wo ihr Englisch gefragt war. Sie gehörte zu dem kleinen Kreis engagierter Christen, die in aller Stille Salz und Licht sein wollten. Die sportliche Australierin wurde später Leiterin eines Lehrer-Colleges und Schulleiterin einer Elite-Schule auf der Fiji-Insel Viti Levu im Südpazifik. Jeanette wusste, dass wir inzwischen in Hongkong englisches Sonntagsschulmaterial herausgaben und lud uns ein, einige Seminare auf ihrer Insel zu geben. Da die Sprache wie auf den Salomonen Englisch war, würden wir damit kein Problem haben.

Nachdem wir jahrelang an unsere Schreibtische gebunden gewesen waren, bedeutete jede Einladung eine Freude. So sagten wir als Dreierteam – Malcolm, Ellen und ich (Anni) – für einige Wochen im Oktober zu. Ich hatte noch etwas Urlaub und verbrachte mit Jeanette eine erholsame Woche an einem Mangrovenstrand auf einer der kleinen Nebeninseln. In dieser Woche erzählte mir Jeanette von ihrer Lehrtätigkeit in dieser Inselrepublik am Rande der Welt, für die ihr Herz schlug. Sie spürte die Sehnsucht mancher Kinder und deren Eltern, etwas im Leben zu erreichen und zu bewegen. Nicht nur in anderen Ländern, in die sie vielleicht auswandern würden, sondern hier in ihrer Insel-Republik: die Besten zu werden im Sport, im Geschäftsleben. Die Bevölkerung Fijis bestand zu 50% aus Indern, die 1874, als die Inseln Kronkolonie der Briten wurde, aus ihrem überbevölkerten Land als Arbeiter auf die Plantagen in die Fiji-Inseln gebracht worden waren. Später hatten sie sich in den Städten etabliert, da sie keinen Landbesitz erwerben durften. Diese Indo-Fijianer waren zur beherrschenden Klasse geworden. Die anderen 50% waren Melanesen, dunkelhäutig und kraushaarig, die das Land bebauten oder Fischer waren, oder auch Angestellte in den Geschäften der Inder. Es gab immer wieder Spannungen zwischen den beiden Gruppen. Aber nach manchen Revolten war es zu einem friedlicheren Zusammenleben der verschiedenen Ethnien gekommen. An dieser Versöhnung hatten die christlichen Gemeinden einen aktiven Anteil gehabt.

Nach unserer Ferienwoche stießen Malcolm und Ellen, aus Neuseeland kommend, zu uns. An einem Wochenendseminar in der Hauptstadt Suva nahmen Sonntagsschulmitarbeiter und Religionslehrer aus verschiedenen Kirchen und Schulen teil. Sie besaßen nur ein regelmäßig erscheinendes Heft mit kurzen Hinweisen für den Unterricht der verschiedenen Altersklassen im Kindergottesdienst. Wie gut, dass wir nach dieser Einführung Bücher und Anschauungsmaterial zurücklassen konnten.

In der Hafenstadt Lautoka waren wir in Jeanettes Elite-Schule, einem Zweig der Schule in Suva. Wieder kamen Teilnehmer aus verschiedenen umliegenden Kirchen und Schulen. Wir durften die praktischen Klassenräume der Schule benutzen. Die Schüler kamen zur Morgenandacht und machten mit, wenn wir sie für Lehrproben brauchten, die von den Kursteilnehmern beobachtet und besprochen wurden.

Das letzte Seminar fand in einer großen Gemeinde in Tawua statt, weiter im Inneren der Insel. Die Leiter des Kindergottesdienstes interessierte vor allem, dass mit den *Kreativen Bibellektionen* ein Material zur Verfügung stand, das einen kontinuierlichen Unterricht über acht Jahre hinweg gewährleistete. Hier wie in allen Schulungen war das Abhalten einer Sonntagsschulstunde für die verschiedenen Altersstufen sehr wichtig.

Ich war wie immer für die Stunde mit der Gruppe der Vorschulpflichtigen verantwortlich. In der großen Wohnküche eines Hauses saß die krausköpfige Kinderschar auf den Matten, die Kursteilnehmer als Beobachter auf einer Stuhlreihe hinter ihnen. Ich baute vorne auf einem kleinen Tisch das Palästinahaus auf, um die Geschichte von der Heilung des Sohnes des königlichen Beamten zu erzählen.

Wer sich über den Andrang in der Küche wunderte, war die große Hauskatze. Sie setzte sich vorne in Position, so dass sie alle Kinder und alle Kinder sie sehen konnten. Sie war durch nichts zu bewegen, ihren Platz aufzugeben. Noch spannender wurde es, als während der Einleitung ihr kleines Kätzchen nach vorne kam und mit seiner Katzenmutter spielen wollte! Da hatte ich starke Konkurrenz, was die Aufmerksamkeit der Kinder anbelangte. Aber da wir ja auch über die Nähe kleiner Kinder zu Tieren und Pflanzen gesprochen hatten, nahm ich es einfach an. Natürlich gehören Katzen nicht in die Kirche. Aber dies war eine Küche ...

Als ich mich von Malcolm und Ellen auf dem Flughafen in Australien trennte, um in eine andere Richtung weiterzufliegen, war unser letzter Satz: »See you in November in the Philippines!« (Wir sehen uns dann im November auf den Philippinen!)

Auf der Insel Cebu in den Philippinen

Der Anstoß, ein Seminar auf der Insel Cebu zu geben, war von Kathrin Wöhrle gekommen. Sie unterrichtete dort Kinder des Missionsleiters von »Christ for Asia«. Wir hatten uns während eines Seminars in der Hochschule für Weltmission in Korntal kennengelernt, wo sie sich für einen einwöchigen Kurs »Kinderarbeit in anderen Kulturen« eingeschrieben hatte. Kathrin zeigte sich sehr interessiert für das Kurriculum des *Sonntagsschulhelfers* und erwarb die englischen Bücher, so wie sie bei uns in Hongkong nacheinander erschienen. Sie halfen ihr im Religionsunterricht mit ihrer Schülerin. Sie wünschte so sehr, dass die *Kreativen Bibellektionen* doch auch anderen bekanntgemacht werden könnten, die Kinder in Gemeinden und Schulen im Wort Gottes unterwiesen. Da die Hauptsprache auf den Philippinen Englisch war, hätte das Material gute Chancen. So stand sie wohl hinter der Einladung, die von »Christ for Asia (CfA)« an uns gegangen war.

Ich erinnere mich noch gut an den Morgen, an dem Malcolm, Ellen und ich in der Cafeteria von »CfA« unser Frühstück einnahmen. Wir waren vorbereitet für einen Grundkurs, in dem wir die *Kreativen Bibellektionen* vorstellen und auch einüben wollten. Nicht nur die Mitarbeiter von »Christ for Asia«, sondern auch Teilnehmer aus anderen Kirchen hatten sich für dieses Training eingeschrieben. Kathrin war freigestellt, um uns dabei zu begleiten. Wir machten sie kurzerhand zu unserem Teammitglied, auch wenn sie zuerst zögerte! Niemand von uns dreien konnte das Singen und das Lehren neuer Lieder so gut handhaben wie sie. Außerdem konnte ich nun wie immer für die jüngste Altersstufe, Kathrin für die mittlere und Ellen mit Malcolm für die ältesten Kinder verantwortlich sein.

»Christ for Asia« unterhielt nicht nur ein Kinderheim für ältere Jungen und eins für Mädchen, sondern hatte an verschiedenen Stellen der Stadt sogenannte »feeding stations« (»Essensstationen«) eingerichtet. Dort sammelten sie wöchentlich Straßenkinder, denen sie biblische Geschichten erzählten und anschließend eine warme Mahlzeit anboten. Einer dieser Orte war in der Nähe eines Friedhofs, ein anderer mitten in der Stadt, ein dritter in einer Slum-Siedlung. So füllten wir die Vormittage mit theoretischem Unterricht.

An den zwei ersten Nachmittagen und Abenden stellten wir Anschauungsmaterialien her. Gerade rechtzeitig wurde ein neuer Kühlschrank für das Heim geliefert. Er war sehr sorgfältig in starke feste Wellpappe verpackt. Dieses Packmaterial verarbeiteten wir zu Lernspruchbrettern!

Die drei folgenden Tage teilten wir uns nach dem Mittagessen in drei Gruppen und fuhren bis zu einer Stunde in die verschiedenen Gegenden, in denen sich die »feeding stations« befanden. Dort unterrichteten zuerst wir als Leiter und später auch die Kursteilnehmer in Teams. Zum Abendessen trafen wir wieder in unserem Zentrum ein. Danach hielt jede Gruppe ihre Besprechung über die Kinderstunden am Nachmittag. Jeder brachte seine Beobachtung ein. Wir entwickelten uns zu einer gut funktionierenden Gemeinschaft!

Eins war nach dieser Woche klar geworden: Kathrin hatte Feuer gefangen. »Genau das, was wir diese Woche getan haben, möchte ich auch gern tun«, vertraute sie mir am letzten Abend an. Sie hatte ihre Schülerin soweit unterrichtet, dass sie nun selbstständig weiterlernen konnte. So war Kathrin frei. Wir hatten nicht gleich eine Antwort für sie. Aber Im Dezember schrieben wir ihr und fragten sie, ob sie sich vorstellen könne, mit »Brücke der Freundschaft« in Hongkong zu arbeiten. Im Februar besuchte Kathrin uns über ein langes Wochenende und im Juni fing sie als unsere Mitarbeiterin in Hongkong an. Für uns war sie Gottes ganz spezielle Antwort auf intensives Gebet. Ruth und ich wollten 2006 definitiv nach Deutschland zurückkehren, ich 75-jährig, Ruth 78-jährig. So blieb uns gerade noch ein Jahr, um Kathrin einzuarbeiten und mit ihr zusammen um eine weitere Mitarbeiterin zu beten, die sie ergänzen konnte.

Diese Bitte wurde schnell erhört. Bernadette Sy, eine Philippinin, die viele Jahre in China gearbeitet hatte, kam einige Monate später um mit uns zusammenzuarbeiten, allerdings nur für zwei Jahre. Dann musste Kathrin drei Jahre lang das Schiff allein steuern, bis Susanne Döttling mit einer klaren Berufung zu ihr stieß und seither mit Kathrin zusammenarbeitet.

16. Von Thailand bis Kambodscha

Schulung im Norden Thailands

Meinem, Ruths, stillen Einsatz in Vietnam im Jahr 2004, bei dem ich Kenntnisse im Formatieren der Kreativen Bibellektionen weitergeben konnte, folgte ein gut vorbereiteter Dienst im Bethel Institut im Norden Thailands. Es lag in der Nähe des sogenannten »Golden Triangle«, dem Dreiländereck Thailand/Laos/Myanmar (Birma).

Nahe der Nahtstelle, an der man noch auf Thailands Boden steht und über den Mekong hinüber nach Laos und Birma sieht, hatten Baptisten aus dem Süden eine Bibelschule errichtet. Die Lage war günstig, sodass Studenten aus den Grenzgebieten von Birma und Laos mit Passierscheinen jeweils für fünf Tage über die Grenze kommen konnten. Während der Wochenenden gaben sie in ihrer Heimat die gute Botschaft weiter, wie sie es in der Bibelschule lernten.

Tek Lie und ich bekamen von der Schulleitung zwei volle Wochen Unterrichtszeit eingeräumt. So konnte Tek Lie 50 chinesisch sprechende Studenten in ihrer Sprache unterrichten, während ich beim Unterrichten der anderen 40 Studenten vom Englischen in die Thaisprache übersetz wurde. Es war eine helle Freude, soviel Zeit zu bekommen um diese jungen Freunde in die Arbeit unter den Kindern einzuführen. Die Vielfalt der Studenten war erfrischend.

Drama war für die Thais ein Lieblingsfach. Die Männer aus den Bergen, die zum Teil nicht unberührt waren vom blühenden Drogenhandel dieser Grenzregion, waren nicht weniger eifrig dabei. Denn sie wollten ihren Kindern zu Hause die spannenden Geschichten erzählen, die sie sich aus dem Unterrichtsmaterial angeeignet hatten.

Nur zu gut verstanden wir die Leiterin des Christian Education Departments – eine begabte Frau aus dem Lisu-Stamm – die sich die Übersetzung aller Bücher in der Thai-Sprache wünschte. Aber leider war das Projekt zu groß für eine Ausbildungsstätte und die Zentrale in Bangkok teilte ihr starkes Interesse nicht.

Nagaland lädt ein

Ganz im Nordosten Indiens, mit einer langen Grenze zu Myanmar, liegt die kleine Provinz Nagaland, die eigentlich gar nicht zu Indien gehören möchte. Die Menschen, die dort wohnen, haben tibetischen Einschlag. Viele Nagaleute leben im benachbarten Myanmar.

Es gibt 25 verschiedene Stämme, von denen der Angami-Stamm der größte ist. Vor über hundert Jahren waren die Einwohner von Nagaland noch gefürchtete Kopfjäger. Stolz hängten sie sich einen Perlenstrang um den Hals, an dem jeder zählen konnte, wie viele Köpfe sie erbeutet hatten. Die Kopfjägerei war für sie ein Zeichen männlicher Tapferkeit.

Baptistische Missionare, die in angrenzenden Ländern tätig waren, wagten es schließlich, auch den gefürchteten Stämmen im Nagaland das Evangelium zu verkündigen. Nachdem Indien 1947 seine Unabhängigkeit erworben hatte, mussten sie jedoch das Land verlassen. In der schweren Zeit, die danach für die Bewohner Nagalands anbrach, wirkte der Geist Gottes sichtbar unter den Naga-Christen durch drei Wellen der Erweckung – 1956, 1966 und 1972 –, die begleitet waren von Zeichen und Wundern. Viele Menschen erlebten eine durchgreifende Verwandlung. Heute ist Nagaland der größte Baptistenstaat der Welt.

Peter und Beverly van der Westhuyzen hatten eine Einladung zu einem Schulungsseminar für Angehörige des Angami-Stammes erhalten. Sie kam von Menuo Keditsu, einer Frau aus diesem Stamm, die Lehrerin war. Nach ihrer eigenen geistlichen Erneuerung ließ es Menuo keine Ruhe mehr, wenn sie den Mangel an lebensbezogener christlicher Unterweisung für die Kinder wahrnahm, die Sonntag für Sonntag in Scharen zum traditionellen Kindergottesdienst kamen. Es lag ihr am Herzen, dass die Kinder Jesus bewusst Raum gaben und schon in jungen Jahren seine Nachfolger wurden. In dieser Hoffnung hatte sie ihren Beruf aufgegeben, um unter den Kindern Nagalands evangelistisch zu arbeiten.

2005 luden Peter und Bev uns ein, die *Kreativen Bibellektionen* während ihres Kurses vorzustellen. Zusammen mit Kathrin Wöhrle, die erst zwei Wochen in Hongkong mitarbeitete, **machte ich, Anni,** mich auf den Weg nach Nordindien. In Kalcutta trafen wir uns mit Peter und Bev und flogen zusammen weiter nach Dimapur, einer Grenzstadt in Nagaland. Am Flughafen erwartete uns Menuo Keditsu mit unserer Einreiseerlaubnis, die sie erst am Vortag erhalten hatte. Sie war sehr daran interessiert, unser Material kennenzulernen und es in ihrem Dienst unter den verschiedenen Naga-Stämmen zu gebrauchen. Sie blieb unsere ständige Begleiterin und »Verbindungsfrau« zu den Leitern der Angami-Synode.

Nachdem wir in Dimapur fürstlich übernachtet hatten – die Zimmer waren dreimal so groß wie unsere ganze Wohnung in Hongkong – gingen wir am folgenden Tag einkaufen: Karton und Bastelpapier zur Herstellung des Anschauungsmaterials.

Die Bergstadt Kohima, wo das Seminar stattfinden sollte, ist die Hauptstadt der Provinz. Sie liegt aber weitab vom Schuss! Das merkten wir am nächsten Tag bei der Anreise. Nachdem wir am Morgen einen Grenzposten passiert hatten, stieg unsere Straße immer mehr an. Zuerst war sie rechts und links von fruchtbaren Feldern gesäumt. Später führte sie in Serpentinen in eine bewaldete Bergregion. Und dann sahen wir nach vielen weiteren Kurven Kohima vor uns liegen in einer Höhe von 1400 Metern, eine Stadt auf sieben Hügeln erbaut.

Endlich stiegen wir auf einer der vielen Anhöhen am Seminargebäude der Angami-Baptistensynode aus. Nach der schwülen Hitze der Hafenstadt Dimapur wehte uns nun frische Bergluft entgegen. Wir wurden über einen weiten grünen Rasen ins Missionsgebäude geführt, von dessen Wänden die Porträts der ersten Baptistenpioniere ehrfurchtgebietend auf uns herabsahen. Sie haben unter Einsatz ihres Lebens den Grund zu dem gelegt, was wir jetzt sahen und in den kommenden Tagen kennenlernen durften.

Am nächsten Morgen saßen 29 Vertreter/innen aus 22 der hundert Angami-Gemeinden erwartungsvoll vor uns. Es waren erfahrene Leute, die jeden Sonntag große Kindergruppen unterrichteten. Nun wollten sie lernen, wie man biblische Unterweisung in den verschiedenen Altersstufen kontinuierlich und spannend gestalten kann. Unser Englisch wurde ohne Übersetzung verstanden – oder doch nicht? Wir hatten noch nie eine so schweigsame Gruppe von Erwachsenen unterrichtet. Das blieb so während des ganzen Seminars. Aber es gab deutliche Zeichen ihres Interesses, besonders in den späten Nachmittags- und Abendstunden, wenn wir an vier großen runden Tischen das Anschauungsmaterial herstellten.

An jedem Nachmittag stellten sich acht Kinder aus der benachbarten großen Schule pünktlich ein, vier Mädchen und vier Jungen der jeweiligen Altersstufe, über die wir am Vormittag gesprochen hatten. Am vierten und fünften Tag, an denen die Teilnehmer jeweils zu dritt eine Gruppe unterrichteten, waren es fünfmal acht Kinder, sodass wir am Ende 104 Kinder unter uns gehabt hatten: keine scheuen Kinder, aber zu Beginn genauso schweigsam wie die Erwachsenen.

Während des Unterrichtens wurden sie dann etwas lebhafter. Aber während der Besprechung der Stunden nachher war es wieder schwierig, Beiträge zu erhalten, obwohl alle interessiert dabei waren. Es war eben eine andere Kultur.

Wir freuten uns sehr, dass Menuo Keditsu im gleichen Jahr im Dezember ein weiteres Seminar in Kohima hielt. Etwa vierzig Teilnehmer bekamen wertvolle Anleitung. Mit einer großen Büchersendung, die nach Kohima ging, konnten fünfzig Angami-Gemeinden im Januar ihren Kindergottesdienst mit dem neuen Material beginnen. Es hatte sich gelohnt, den Weg unter die Füße zu nehmen.

Ein Jahr später, Im September 2006, hielten wir zu viert eine zweite Schulung in Nagaland, Ruth, Kathrin, Bernadette und ich. Noch ehe wir Nagaland verlassen hatten, legte sich Ruth und mir unabhängig voneinander eine große Bürde für die weiteren 16 Nagastämme aufs Herz. Wir beteten inständig um die Möglichkeit, auch ihnen neue Impulse zur Erfrischung ihrer Verkündigung für ihre vielen Kinder anbieten zu können.

Gott erhörte dieses Gebet auf wunderbare Weise. Als wir 2010 zum dritten Mal in Nagaland waren, saßen Vertreter von 16 verschiedenen Stämmen vor uns, nur der Angami-Stamm war nicht vertreten, in dem wir schon zweimal unterrichtet hatten.

Diesmal waren außer Ruth und mir zwei weitere Partner dazugekommen, Joy aus den USA, die in China arbeitete, und Kim Ting aus Malaysia. Die Überzeugung, dass die *Kreativen Bibellektionen* gut sind und weiter bekanntgemacht werden sollten, verband Joy und Kim Ting mit uns. Nachdem beide in ihren Gebieten Mitarbeiter unter Kindern angeleitet hatten, wollten sie nun in einer gemeinsamen Schulung mit uns weitere Erfahrungen sammeln. Es wurde eine fruchtbare Zusammenarbeit.

Da saßen unsere Nagaleute nun, zunächst noch in Gruppen, da jeder Stamm seine eigene Sprache spricht. Aber sie konnten sich untereinander in einer Marktsprache verständigen, die allen geläufig war: Nagami.

Dass wir am Sonntagmorgen auch Kinderstunden für die verschiedenen Altersstufen halten konnten, war eine große Bereicherung. Wir hatten die Stunden in Gruppen sorgfältig vorbereitet, sodass eigentlich jeder hätte unterrichten können. Dann wurden drei kleine Teams gebildet, die den Kindergottesdienst hielten. Die anderen Kursteilnehmer saßen in den letzten Bänken und beobachteten betend, wie wir ihnen vorgeschlagen hatten. Daneben entdeckten sie, was sie am kommenden Sonntag in ihrer Kindergruppe in der Heimatgemeinde besser machen konnten und wollten. Das brachten sie dann in der gemeinsamen Besprechung nach dem Kindergottesdienst zum Ausdruck.

Nach diesem Seminar begann der Sumi-Stamm, der in Dimapur große Gemeinden hat, das Material zu übersetzen. Das hielt uns in ständiger Verbindung mit ihnen, denn es war eine große Aufgabe.

Als wir vom 6.–20. März 2012 noch einmal eingeladen wurden, machten wir zur Bedingung, dass zum ersten Lehrgang nur Leiter kommen sollten, die an einer der ersten Schulungen teilgenommen hatten. Ihnen wollten wir nun den Fortsetzungskurs bieten. Danach würden sie den Grundkurs für die nächste Gruppe von Anfängern halten. Zu dieser Schulung reisten wir zu fünft an: Joy, Kathrin, Ruth, Beate Reins, die in Tansania den *Sonntagsschulhelfer* in Suaheli zu übersetzte, und ich.

Nagaland war wohl zu weit weg von Hongkong, um dieses Konzept, das gut durchdacht war, zu verstehen und entsprechend einzuladen. Warum den Fortgeschrittenenkurs vor dem Kurs für die Anfänger geben? Das war für die Leitung nicht logisch. Sie fanden es anders herum passender und luden alle Teilnehmer zusammen ein. Wir mussten sehr schnell umplanen und das Beste daraus machen.

Noch einmal in China

Im gleichen Jahr durften wir dann in China zwei ausgezeichnete Schulungen erleben, die nach dem Prinzip, das wir für Nagaland geplant hatten, aufgebaut waren und dort verstanden wurden. Den ersten Lehrgang für 29 erfahrene Trainer hielten wir in einem Hotel in einer größeren Stadt. Die anschließende Schulung für neunzig Sonntagsschullehrer aus vierzig Gemeinden, die noch nie an einem Training teilgenommen hatten, hielten 16 Teilnehmer des ersten Kurses. Wir halfen ihnen aus dem Hintergrund bei ihrer Vorbereitung und hielten die Nachbesprechung. Das Konzept war aufgegangen und war eine willkommene Förderung der Leiter, die aus weit zerstreut liegenden Gegenden des Landes angereist waren. Sie konnten sich während des Kurses gegenseitig austauschen – eine seltene Gelegenheit für diese Trainer, die oft sehr allein in ihrem Dienst standen – um dann zuversichtlich in die Gegenden zurückkehren, für die sie verantwortlich waren.

Pakistan findet, was es sucht

Nachdem wir in Hongkong 2003 unseren »Mount Everest« erklommen hatten – die Übertragung aller 18 Bücher vom Indonesischen ins Englische und ins Chinesische war abgeschlossen – hatten wir wieder mehr Zeit, über unseren Tellerrand zu schauen. Menuo Keditsu verschaffte uns eine Einladung zu einem »Global Summit for Children`s Work«, ein weltweites Treffen von Leitern, die sich in einem Land oder in Ländern für Kinder einsetzten. Das Gipfeltreffen fand 2005 in Kuala Lumpur, der Hauptstadt Malaysias, statt. Ruth, Bernadette und ich meldeten uns an. Auch Lexy Pello aus Indonesien war unter den Teilnehmern!

Auf diesem Gipfeltreffen ging es hauptsächlich um das Vorstellen von verschiedenen Arbeitszweigen und Materialien aus aller Welt, die für Kinder entworfen waren. Diese konnten in einer großen Ausstellung angesehen und bestellt werden. Auch die *Kreativen Bibellektionen* waren darunter. Es ging um das Knüpfen von Beziehungen, um den Austausch, das Berichten von dem, was Gott durch die Arbeit der Frauen und Männer getan hatte, die in Kuala Lumpur versammelt waren.

Unter den Teilnehmern waren auch Vater Sandhu und sein Sohn Adnan aus Pakistan. Das Material aus Hongkong hatte ihre Aufmerksamkeit geweckt, sie hatten es gründlich angesehen. Fünf Jahre lang hatte Adnan um Sonntagsschulmaterial für sein Land gebetet, wie er uns später anvertraute. Vater und Sohn baten um Zeit mit uns sprechen zu können. Da saßen sie dann sichtlich bewegt, stellten sich und ihre Arbeit für Kinder vor und fragten uns dann: »Würdet ihr uns die Erlaubnis zum Übersetzen und Drucken eures Materials geben?« Solche Stunden sind Sternstunden. Wir versprachen Adnan, ihm einen rechtlich beglaubigten Vertrag zuzuschicken, der seiner Organisation das Recht zur Herausgabe unseres Materials gab. Ein Jahr später kam es dann zu einem Schulungsseminar in Lahore und Gujranwala, im Nordosten Pakistans.

Am späten Abend des 3. Juli 2006 trafen Kathrin und ich auf dem Flughafen von Lahore in Nord-Pakistan ein. Dort hatten Adnan und sein Vater mit einem weiteren Mitarbeiter bereits einige Stunden auf unseren verspäteten Flug gewartet. Die Freude des Wiedersehens war groß, ging doch der Traum, der im Jahr zuvor in Kuala Lumpur entstanden war, in Erfüllung! Adnan hatte die Lizenz zum Übersetzen und Drucken des Kindermaterials erhalten. Wir saßen kaum im Bus, da zeigte er uns stolz das erste fertig übersetzte und gedruckte Buch mit schwungvollen arabischen Schriftzeichen in Urdu, der Landessprache Pakistans. Es war schon Mitternacht, als wir in Gujranwala ankamen, aber Adnans Familie war noch wach: Seine Frau mit der drei Monate alten Tochter, Vater und Mutter und die jüngere Schwester. Die Eltern überließen uns ihr Schlafzimmer mit Klimaanlage, während sie sich im Wohnzimmer mit den Sofas und einer Matratze am Boden begnügten.

Am nächsten Morgen fuhr Adnan uns zu seinem Büro. Vor sechs Jahren hatte Gott den hochgewachsenen kräftigen Mann gerufen, eine Kinderarbeit zu gründen; in den letzten Jahren war sie erstaunlich gewachsen. Adnan stellte uns sein Mitarbeiter-Team vor: Fünf Männer und zwei junge Frauen, die uns zwei Wochen lang in Pakistan unterstützten, beschützten, und uns jederzeit zur Verfügung standen.

Das erste Seminar fand in Lahore statt. Im Laufe des nächsten Morgens trafen die Teilnehmer/innen ein, über vierzig Männer und Frauen, unter ihnen ein Mann von der Heilsarmee und drei junge angehende Nonnen eines katholischen Ordens in weißen Gewändern. Adnan war unserer Bitte gefolgt und hatte ein fünftägiges Seminar organisiert, obwohl ihm die Zeit lang schien. Am dritten Tag feierten wir Adnans 28. Geburtstag und das Erscheinen des zweiten übersetzten Buches.

Dankbar waren wir, als am vierten Tag der ersehnte Regen fiel, denn es war inzwischen so heiß und staubig geworden, dass alles im Haus mit einer feinen Sandschicht überzogen war.

Das anschließende Seminar fand in Adnans Heimatstadt Gujranwala statt, der fünftgrößten Stadt Pakistans. Auch hier hatten wir über 40 Teilnehmer, die motiviert bei der Sache waren. Wir winkten ihnen nach, als sie sich am letzten Tag mit ihren Bildern und Büchern unter dem Arm auf den Heimweg machten, zu Fuß, per Fahrrad und mit dem Motorrad. Wir waren Freunde geworden. Zwei reich gefüllte Wochen in diesem uns vorher ganz unbekannten Land lagen hinter uns. Wir waren bewahrt geblieben und hatten echte Gastfreundschaft und Zusammenarbeit mit einheimischen Mitarbeitern erlebt. Wieder hatte ein Land die Hände nach hilfreichem Kindermaterial ausgestreckt! Es würde weitergehen.

Vom 16.–19. Oktober 2008 reisten Ruth und ich zum zweitenmal nach Pakistan. In Gujranwala war ein weiterführendes Seminar für Fortgeschrittene geplant, die bereits zwei Jahre mit den Kreativen Bibellektionen gearbeitet hatten. Wir gewannen noch einmal Einblick, wie es für die Kinder in diesem Land, in dem christliche Unterweisung zusehends schwieriger wurde, weiterging. Am letzten Nachmittag nahmen Adnan und zwei seiner Mitarbeiter uns mit in eine große Nachmittagsversammlung für Schulkinder evangelischer und katholischer Konfession. Sie fand in dem Kirchenschiff einer neu errichteten katholischen Kirche statt, das noch keine Bänke hatte. Der Boden war mit Matten ausgelegt, auf denen eine schier unüberschaubare Kinderschar in den schmucken Uniformen ihrer jeweiligen Schulen saßen. Mit Interesse folgten sie dem fröhlichen, evangelistisch ausgerichteten Nachmittagsprogramm.

Als wir danach im Hause des katholischen Priesters zusammensaßen, sagte er eindringlich: »In einem Land wie Pakistan müssen wir von den verschiedenen christlichen Denominationen eng zusammenarbeiten; wir wollen uns gegenseitig stärken!«

Kambodscha beginnt zu übersetzen

Wieder waren es Peter und Beverly van der Westhuyzen, durch die wir die Verbindung zu Gruppen in Kambodscha bekamen, die nach Material zur biblischen Unterweisung ihrer Kinder suchten.

Peter und Bev waren 1992 zum ersten Mal nach Kambodscha gereist. Viele Jahre der Zerstörung durch die Terrorherrschaft der Roten Khmer und durch das vietnamesische kommunistische Regime hatten eine traumatisierte Bevölkerung zurückgelassen. Bis 1990 drängten sich Hunderttausende von Flüchtlingen aus Kambodscha in Auffanglagern an der thailändischen Grenze. Dort begann eine erstaunliche Hinwendung zum christlichen Glauben. Gemeinden wuchsen im Exil, während es in ihrem Heimatland weiter chaotisch zuging. 1991 übernahm dann die UNO die Schutzherrschaft über Kambodscha und 300.000 Flüchtlinge aus den Lagern in Thailand strömten zurück in ihre Heimat, unter ihnen nun viele Christen. 1996 wurde die »Evangelical Fellowship of Cambodia« gegründet. Bald gab es etwa hundert kleine Gemeinden im Land. Peter und Bev halfen ihnen, ihren Kindern die Botschaft des Evangeliums zu sagen. In den folgenden Jahren hielten sie immer wieder Schulungskurse ab und begannen, erstes Kindermaterial zu veröffentlichen.

Eine erfolgreiche Bankkauffrau aus Singapur, Magdeline Chia, kam oft beruflich oder mit Mitgliedern ihrer Gemeinde nach Phnom Penh, um Aufbauarbeit zu leisten. Sie war es, die 2007 Peter van der Westheuzen drängte, die Kreativen Bibel- Lektionen in Kambodscha vorzustellen. Peter begann nach einem Team zu suchen, das die notwendigen Kontakte besaß und eine Plattform für Schulungen bieten könnte. Er traf sich mit der Evangelical Fellowship of Cambodia – Children's Commission (EFCCC), einer Dachorganisation der evangelikalen Gemeinden in Kambodscha. Der Leiter der Kommission für Kinderarbeit bestätigte, dass die Gemeinden dringend ein Kurriculum zur Unterweisung der Kinder benötigten. In zwei Drittel der Gemeinden gäbe es keine Kinderarbeit.

Ein weiterer Kontakt kam 2008 zustande. Peter traf sich mit Stephen Westergren, einem Amerikaner, der bereits seit 1990 einen christlichen Verlag aufgebaut hatte. Stephen hatte einen guten Übersetzer gefunden. Das ermutigte Peter. Er hatte den Eindruck, dass Gott den Zeitpunkt bestätigte und die Gemeinden Kambodschas für die Kreativen Bibellektionen bereit waren.

Die Children's Commission organisierte im November 2008 eine zweitägige Einführung, die Peter, Bev und Kathrin – aus Hongkong kommend – gemeinsam durchführten. Danach unterrichteten die etwa 28 Teilnehmer zehn bereits übersetzte Lektionen in ihren Gemeinden. Als Peter einige Wochen später erneut nach Kambodscha reiste, bekam er eine positive Resonanz. So gab er Stephen Westergren grünes Licht, mit den Übersetzungsarbeiten der ersten beiden Bücher der Kreativen Bibellektionen in die Landessprache Khmer zu beginnen, nachdem er die Verlagsrechte von Sun Focus Foundation e.V. in Hongkong dafür eingeholt hatte.

Vom 20.–24. September 2009 wurde ein erstes Grundlagenseminar angeboten. Da Peter und Bev nicht von Neuseeland anreisen konnten, übernahmen Kathrin und Kim Ting Wong, ein Leiter in der Kinderarbeit in Malaysia, die Verantwortung. Von Kathrin erfuhren wir:

Als es am Nachmittag an das Herstellen von Lernspruchtafeln ging, wurde allen Teilnehmern klar, dass es sich nicht nur um Theorie handelte. Im Gegenteil, diese 48 Kindermitarbeiter aus 13 verschiedenen Kirchen und 16 weiteren Organisationen erhielten konkrete Anleitung, um die Kreativen Bibellektionen später wirklich unterrichten zu können. Deshalb demonstrierten Kathrin und Kim Ting am folgenden Tag zwei Lektionen mit Kindern aus einem

Kinderheim, bastelten mit den Teilnehmern das Bildmaterial und führten einige der vorgeschlagenen Aktivitäten mit ihnen durch.

Am vierten und letzten Tag überraschten Magdeline und ein Pastor aus Singapur die Gruppe durch ihren Besuch. Der Pastor war sehr interessiert, das neue Material und das Unterrichten im Seminar kennenzulernen. Sie erlebten mit, wie nun die Teilnehmer vor der Gruppe standen und mit kräftigen Stimmen – jeder in seiner Muttersprache – eine biblische Geschichte erzählte und dabei das passende Bildmaterial einsetzte. Diese überwiegend jungen, motivierten Leute hatten Kathrin und Kim Ting einiges abgeschaut und bewiesen nun auch, dass sie keine Anfänger waren. Auf kleinen Zetteln brachten sie ihren Dank zum Ausdruck, bevor jeder sich mit seinem Material auf den Motorroller schwang und den Heimweg antrat!

Die weitere Schulung liegt heute in den Händen der Kinderkommission, während Stephens Team in seiner Druckerei die Herausgabe weiterer Bücher der Kreativen Bibellektionen vorantreibt.

17. Nach Afrika

Ghana, das Land des Goldes

Wieder war es Menuo Keditsu aus Nagaland, die uns zu einem überraschenden Kontakt verhalf. Sie hatte einem Pastor aus Ghana unser Material für kreative Gestaltung von Kindergottesdiensten gezeigt. Daraufhin hatte die Anglikanische Diözese der Synode in Accra weitere Bücher in Hongkong bestellt und sie geprüft. Die leitenden Männer entschieden sich, die *Kreativen Bibellektionen* in ihren englischsprachigen Kindergottesdiensten einzuführen. So erhielten wir eine Einladung nach Ghana, einem christlich geprägten Land West-Afrikas, um im Juni 2007 einer anglikanischen Diözese bei Einführung des Kindermaterials zu helfen.

»Ghana – das Tor zu Afrika« – dieser in großen Buchstaben geschriebene Satz begrüßt die Ankommenden auf dem Flughafen in Accra. Für uns war Ghana wirklich das Tor zu Afrika, das erste afrikanische Land, das wir betraten.

Bernadette, Ruth und ich waren überrascht, dass wir uns auf afrikanischem Boden nicht so fremd fühlten, wie wir es uns vorgestellt hatten. Natürlich gab es kulturelle Unterschiede, z.B. in Bezug auf Essen und Höflichkeitsformen, die wir erst kennenlernen mussten. Als Bernadette einmal im Haus unserer Gastgeber die Fahrer die uns abholen wollten, nach gut asiatischer Sitte an unseren reichgedeckten Frühstückstisch einlud, stand am nächsten Tag kein Frühstück auf dem Tisch. Beide Männer waren Leiter im Kindergottesdienst. Aber wir hatten wohl unsere Befugnisse überschritten.

Der Bischof der Synode begrüßte uns in seinem Büro mit den Worten: »Wo die Gegenwart Gottes ist, sind wir zu

Hause.« »Wir spüren hier die Gegenwart Gottes und fühlen uns zu Hause« erwiderte Ruth. Und das, obwohl die einladende Kirche eine sogenannte Hochkirche (High Church) mit Hierarchie und strenger liturgischer Ordnung war. Es half uns, dass wir am ersten Sonntag in Accra noch drei Kirchen besuchen konnten, ehe unsere beiden Seminare begannen. Was uns beeindruckte: Im Rahmen eines Gottesdienstes gab es zweimal Gelegenheit, ein Opfer einzulegen. Dabei bewegten sich die Gottesdienstbesucher begleitet von Flöten und Trommeln freudig tanzend auf den Altar zu, wo der Opferkasten stand.

Die 27 Teilnehmer des viertägigen Seminars in einem Freizeitzentrum in den Bergen waren größtenteils erfahrene Leiter von Sonntagsschulen. Die Ghanaer mussten sich zunächst an unser Englisch gewöhnen – und wir an ihres! Aber wie gut und zeitsparend, dass es ohne Übersetzung ging. Das Anfertigen des Anschauungsmaterials war für die Teilnehmer ungewohnt, besonders den Männern. Sie erkannten aber den Wert, als sie in den sich anschließenden Kinderstunden sahen, wie aufgeschlossen die Kinder darauf reagierten und wie sie das Gehörte besser verstanden und behielten.

Zu dem anschließenden Kurzseminar in Accra – Freitagabend bis Samstagmittag – kamen 76 Teilnehmer. Auch sie konnten durch vier Referate und die in fünf Gruppen durchgeführte praktische Planung einer Kindergottesdienststunde einen guten Einblick gewinnen.

Einige größere Materialbestellungen erreichten uns später in Hongkong. Aber nach und nach verlor sich die Verbindung. Ghana ist in einem anderen Erdteil und hat trotz der gemeinsamen englischen Sprache eine recht andere Kultur. Für sie war Hongkong weit weg und die Korrespondenz mühsam. Aber ein Same war ausgestreut in einen weiteren Teil des weltweiten Ackers.

Auf meinem Schreibtisch steht ein Bleistifthalter bemalt mit der Flagge von Ghana und der Aufschrift: »Greetings from Ghana, the land of Gold«. Ich schrieb zurück an die Geber dieses Andenkens: »Your children are the true gold of Ghana!« (Eure Kinder sind das wahre Gold Ghanas).

Im Land der Pharaonen

Von Deutschland aus ist Kairo viel näher als Hongkong, wenn man die Flugmeilen misst. Aber in unseren Gedanken war diese Stadt in Ägypten viel weiter entfernt als Hongkong. Wie waren wir überhaupt auf den Gedanken gekommen, im September 2007 nach Kairo zu fliegen? Das hatte eine längere Vorgeschichte.

2002 besuchte uns ein befreundetes Ehepaar, das eine Zeit lang in Kairo gewesen war. Sie hatten einige Bücher der *Kreativen Bibellektionen* dem Bischof einer koptischen Kirche gezeigt. Er hatte spontan gesagt: »Solches Material haben wir für unsere Kinder nicht. Dies sollte es auch auf Arabisch geben.« Leider brach diese Beziehung ab. Einige Jahre später suchte eine evangelikale Gruppe aus Ägypten Kontakt zu uns. Sie hatten die englischen Bücher sorgfältig studiert. Auf unseren Rat hin übersetzten sie erst einmal einige Probelektionen in Arabisch und testeten sie im Unterricht mit ägyptischen Kindern. »Wir möchten dieses Material in unserer Sprache haben«, ließen sie uns danach wissen.

Im Herbst 2006 stand ich gegen Abend auf dem Hauptbahnhof in Frankfurt. Ein breiter Menschenstrom kam aus dem eben eingefahrenen ICE-Zug auf mich zu. Ich suchte nach einem mir unbekannten Gesicht: Dr. Nathan B. aus Kairo. Er hatte in der Nähe von Celle einige Vorträge gehalten und wollte uns anschließend besuchen. Plötzlich stand ein gedrungener Herr mittleren Alters vor mir und sah mich freundlich an. Das musste er sein! Wir hatten ihn zu uns nach Rödermark eingeladen. An diesem Abend und am nächsten Vormittag legte er uns seinen Plan vor. Sechs seiner Mitarbeiter würden in Kairo beginnen, die jeweils ersten Bücher der drei Altersstufen zu übersetzen. Er lud uns ein, im Sommer 2007 zu einem Seminar nach Ägypten zu kommen.

Aus Sommer wurde Herbst, und Ende September war es dann soweit. Ruth und ich warteten auf dem Flughafen in Paris auf die Maschine die uns nach Kairo bringen sollte. Um uns herum saßen arabische Frauen mit ihren Kindern, die wohl auf dem Heimflug waren. Es ging in ein uns unbekanntes Land und in eine uns noch fremde Kultur.

Gegen Abend landete unsere Maschine in Kairo. Diesmal war es Dr. Nathan, dessen Augen uns in der Menge suchten, die dem Ausgang des Flughafens zustrebte. Nun waren wir seine Gäste und er ein sehr aufmerksamer Gastgeber vom ersten bis zum letzten Tag. Er fuhr uns in seinem Auto durch die Stadt und hielt vor dem Haus seines Bruders, in dem eine Etagenwohnung für uns bereitstand. Dr. Nathans Schule und seine Wohnung lagen in einem anderen Sektor der Stadt. Beim Weggehen bemerkte er: »Bitte lasst euch morgen früh nicht durch den Kinderlärm stören. Nebenan ist eine große Grundschule.«

Am nächsten Morgen weckte uns fröhlicher Kinderlärm. Wir beobachteten vom Fenster aus gespannt, wie es in einem ägyptischen Schulhof zugeht. (Dabei vergaßen wir fast unser Fladenbrot und den Frühstückskaffee.) Kinder kamen in ihren schmucken Schuluniformen selbstbewusst durchs Eingangstor, vorbei an der Pförtnerin. Sie schubsten sich, lachten miteinander, spielten Fangen ... Als dann die Lehrer und Lehrerinnen sich dazu gesellten – die Direktorin streng arabisch gekleidet – waren die Kinder im Nu in Klassen aufgereiht. Zwei der Älteren schlugen große Trommeln und alle

Schüler machten im Rhythmus Gymnastikübungen. Dann folgten die Flaggenehrung und viele Bekanntmachungen, ehe die Schüler in ihre Klassenzimmer marschierten.

Wir sollten an diesem Morgen noch eine andere Schule sehen, die von Dr. Nathan. Der Plan für seine Schule war an dem Tag geboren worden, an dem sein Sohn seiner Lehrerin widersprochen hatte. Sie hatte gesagt, dass nur der in den Himmel komme, der nach dem Koran lebt. Daraufhin hatte die Lehrerin ihn aus der Klasse geschickt mit der Bemerkung: »Wenn du so weitermachst, wirst du aus der Schule verwiesen werden!« Der Junge kam weinend nach Hause. So entstand der Plan seines Vaters eine Privatschule zu gründen, in der Kinder aus christlichen Familien ohne Einschüchterung ihre Meinung sagen und über ihren Glauben sprechen konnten. Die *New Life Language School* war geboren, in der bis zur dritten Oberschulklasse fast alle Fächer in Englisch unterrichtet wurden. Sie ist für ihren hohen Standard bekannt, sodass auch Kinder aus moslemischen Familien sie besuchten. Statt des christlichen Religionsunterrichts werden diese im Koran unterrichtet.

In Dr. Nathans Büro liefen alle Fäden für das geplante Seminar und auch für unser persönliches Wohl zusammen. Wir konnten einander vertrauen! Das machte die Zusammenarbeit leicht. Er stellte uns auch zwei Übersetzerinnen vor, die die *Kreativen Bibellektionen* bereits ins Arabische übertrugen.

Inzwischen war auch Kathrin aus Hongkong zu uns gestoßen. Das Seminar fand in Alexandria statt, in einem abgeschlossenen Hotelkomplex, in dem christliche Konferenzen gestattet sind. Auf der Fahrt dorthin sahen wir etwas von der Wüstenlandschaft Unterägyptens, Pyramiden tauchten in der Ferne auf. Als wir später einen Blick in den Speisesaal des Hotels warfen, sahen wir eine Reihe wohlbeleibter und teils ergrauter Herren an den Tischen sitzen. »Seminarteilnehmer«, erklärte Dr. Nathan, der uns mit Frau und Kindern nach Alexandria begleitetet hatte. Wir sahen uns an. Vorträge halten, ja. Aber wie konnten wir diesen Herren Scheren und Klebstoff in die Hand geben, zum Anfertigen des Anschauungsmaterials? »No problem«, versicherte uns Dr. Nathan. Er hatte zu diesem Seminar bewusst Gemeindeleiter eingeladen, die später das neue Material in ihren Gemeinden vertreten sollten. Sie müssten auch die praktische Seite kennenlernen, um ihre Sonntagsschullehrer anweisen zu können. Zwei Drittel der Seminarteilnehmer waren Männer. Das war außergewöhnlich!

Die Morgenandachten und das anschließende gemeinsame Gebet fanden auf Arabisch statt. Unsere Referate wurden vom Englischen ins Arabische übersetzt. Jede von uns dreien hatte einen Übersetzer zur Seite, der darauf achtete, dass wir nichts verpassten, besonders, wenn es um die Kommunikation mit unseren Teilnehmern ging. Manche von ihnen bemühten sich auch, uns direkt anzusprechen. Ein älterer Herr kam während der Herstellung von Anschauungsmaterial zu mir und zeigte mir seine ausgeschnittene Figur. »Is this nice?« »Hmm ... ja ...«, sagte ich zögernd – seine Figur war etwas schief geraten. Mit einem überzeugten »Very nice!« ging er zurück an die Arbeit.

Als es um die Praxis ging und wir Kinder für unsere Unterrichtsproben brauchten, konnten wir sie von einer parallel laufenden Konferenz »leihen«; sie wurden von ihren Schaukeln, Sportgeräten und aus dem Schwimmbecken gerufen und zu uns geschickt.

Am meisten beeindruckte uns ein alter weißhaariger Herr, der viele Jahre Leiter für die gesamte Sonntagsschularbeit seiner Synode gewesen war. Er hatte auch eigenes Material herausgegeben. Nun saß er ruhig unter den Zuhörern, einer unter anderen, und nahm die Veränderung, die sich mit dem neuen Material anbahnte, wohlwollend zur Kenntnis.

Als wir wieder in Kairo waren, gab es für uns noch einen Höhepunkt: Eine Abendeinladung in die Familie einer der sechs Übersetzerinnen des Kindermaterials. »Ich wollte Sie so gern kennenlernen«, gestand sie uns, während sie das Auto durch die abendlichen Straßen lenkte. »Ich habe viel Segen beim Übersetzen eines ihrer Bücher empfangen. Sie und wir müssen in einem Geist arbeiten, wenn das Werk gelingen soll.«

Kein anderes Land, das die Übersetzungsrechte von *Sun Focus Foundation* erhielt, hat so zügig übersetzt wie Ägypten. Als 2011 der »Arabische Frühling« begann, waren alle 18 Bücher auf Arabisch erschienen und wurden nach Jordanien, in den Libanon sowie – versteckt in einem Koffer – bis in den Sudan getragen. Wir sind froh und dankbar, dass das Material, das wir mit Gottes Hilfe erarbeiten durften, nun auch in jenem »Acker der Welt« helfen darf, Kindern das Wort Gottes so lebendig zu machen, dass es in ihren Herzen Wurzeln schlägt und sie verändert.

Offene Türen in Tansania

Ich, Anni, lernte Beate Reins 1998 während einer Unterrichtswoche in der »Akademie für Weltmission« in Korntal kennen. Sie arbeitete seit 1992 in Tansania und hatte meinen Kurs »Kinder – eine vergessene Altersstufe« belegt. Als zu Beginn der Unterrichtswoche jede Studentin ihr Arbeitsfeld vorstellte, gewannen wir auch wertvolle Einblicke in die Verhältnisse in ihrem Land. Die biblische Unterweisung geschieht in Tansania nicht in erster Linie in den Kirchen, sondern in den Schulen. Dort werden für das Fach Religion wöchentlich zwei Stunden reserviert, in denen kirchliche Mitarbeiter die Schulkinder unterrichten dürfen. Die Pfarrer oder andere kirchliche Mitarbeiter sind leider oft überlastet und daher nicht sehr willig, Religionsunterricht zu übernehmen. Es gibt auch kaum geeignetes Material für die biblische Unterweisung.

Während ich Beate zuhörte, fiel mir auf, dass es in Tansania ähnlich ist wie wir es in Indonesien und China erlebt hatten: Erstens ist es ein kinderreiches Land. Und wie in Indonesien und China hat die Regierung eine Sprache bestimmt und entwickelt, in der öffentlich unterrichtet werden musste. Wenn das Kindermaterial erst in dieser Landessprache geschaffen war, konnte es in weiten Gebieten eingesetzt werden. Bald nach ihrer Rückkehr nach Tansania bat Beate um die Erlaubnis, die Bücher der jüngsten Altersstufe der *Kreativen Bibellektionen* in Suaheli übersetzen zu dürfen, damit es in Kindergärten unterrichtet werden könne. *Sun Focus Foundation* in Hongkong freute sich über die Anfrage und gewährte gern das Übersetzungsrecht. So begannen die *Kreativen Bibellektionen* Suaheli zu sprechen. Die Kindergartenkinder waren die ersten, die die Geschichten und Bilder in ihrer Sprache kennenlernten.

Beates Arbeitsschwerpunkt lag damals in der Freizeitarbeit, für die sie mit leitenden Mitarbeitern Jahr für Jahr eigenes Material herstellte. Beim Lesen ihrer Rundbriefe staunte ich über die große Zahl der Mitarbeiter, die die Kirchen zu den Vorbereitungswochen für die Sommercamps entsandten. Sie kamen aus den verschiedenen Distrikten, für die das Material geplant war, und führten später die Ferienwochen für die Kinder in ihren Gegenden durch. Ich las aber auch zwischen den Zeilen dass, wenn die Sommercamps vorüber waren, in den Kirchen selbst nicht viel für Kinder geschah.

Das sollte anders werden. Und so begann ein lebhafter Austausch zwischen Tansania und Hongkong. Beate sah ein unbearbeitetes Feld vor sich: Der Kindergottesdienst in den Kirchen! Die Kinder brauchten mehr als interessante und lebendige Sommercamps, an denen ja auch nicht alle

Gemeindekinder teilnehmen konnten. Beates Mitarbeiter, die jahrelang mit ihr zusammengewirkt hatten, konnten diesen Zweig der Arbeit inzwischen selbständig weiterführen. Sie wollte Arbeitshilfen für den Kindergottesdienst schaffen, die Anleitung gaben, das Wort Gottes so lebendig weiterzusagen, dass Kinder es für ihr Leben verstehen und eine Entscheidung für Jesus Christus treffen können. Gerne gab *Sun Focus Foundation* Beate die Verlagsrechte, auch die Bücher für die 6- bis 11-jährigen zu übersetzen.

Beate hatte ihren Wohnsitz und ihr Büro aus dem Katunggo-Gebiet im Landesinneren nach Daressalam, an die Küste verlegt. So war sie näher bei der Hauptstadt Dodoma, wo die Brüdergemeinde schon jahrzehntelang eine gut gehende Verlagsarbeit unterhält, Dieser Verlag war bereit, die Lagerung der Bücher und Bildbogen und den Versand zu übernehmen. Einige Übersetzer erhielten einen Vertrag und gingen an die Arbeit, jüngere kamen in ihren Semesterferien dazu ... Es war eine große Arbeit, die zwölf Bücher für die mittlere und obere Altersstufe vom Englischen ins Suaheli zu übertragen. Beate hatte einen festen Zeitrahmen gesetzt, den einzuhalten ihr gelang. Das war nicht so einfach, mussten doch die zwölf Bildbogen für jedes der Bücher aus Hongkong kommen und der Druck der Bücher selbst in Bombay, Indien getätigt werden. Dort war das Drucken preiswerter als in Tansania.

Zeitgleich mit der Übersetzung lief das Testen der Lektionen in Kindergottesdiensten und auch im Religionsunterricht. Dafür hatte Beate einige Teams von Freiwilligen gewinnen können. Was nicht afrikanisch genug war, durfte in Absprache mit *Sun Focus Foundation* in Hongkong geändert werden, auch einige Bilder, die aus dem asiatischen Kontext kamen und von Afrikanern neu gezeichnet wurden.

Als ein solches Einführungsseminar für die ersten Suaheli-Bücher stattfand, nahmen auch vier Mitarbeiter der

Organisation *Christ`s Hope* daran teil, die unter aidsgeschädigten Kindern und Aidswaisen in sechs afrikanischen Ländern arbeitet. Im Herbst 2012 erhielten Ruth und ich ganz unerwartet eine Einladung nach Herborn in Nordhessen, wo diese Organisation damals ihr deutsches Büro hatte. Ob wir wohl bereit seien, einer Gruppe von sieben jungen Leuten, von denen die meisten bald nach Südafrika in die Arbeit mit Aids-geschädigten Kindern gehen würden, die *Kreativen Bibellektionen* vorzustellen? Wir sagten zu.

Es war eine »bunte« Gruppe, die wir antrafen: die Leiter Südafrikaner, drei Amerikaner, eine Französin, ein Ehepaar aus Kenia, und ein Deutscher. Da mussten wir uns wieder alle an die verschiedenen Aussprachen gewöhnen. Aber da unsere Herzen für das Wohl dieser Kinder schlugen, fanden wir schnell zusammen. *Christ's Hope* hatte gutes Material entwickelt, dass Kinder lehrt, wie sie sich auf der Grundlage der Schöpfungsordnung von 1. Mose 1–3 vor Ansteckung von Aids schützen können. Nun lernten sie die *Kreativen Bibellektionen* kennen, die Kinder ihrem Alter entsprechend durch die ganze Bibel führen.

Im Frühjahr 2016 war die ganze Serie der *Kreativen Bibellektionen* in Suaheli übersetzt. Nun war Beate frei, Einführungsseminare in Tansania und auch im benachbarten Kenia, im Kongo und auf der Pirateninsel Sansibar anzubieten. Zwei Jahre zuvor hatten wir Beate eingeladen, an zwei Schulungen in Asien mitzuarbeiten. Dort hatte sie gesehen, wie effizient es war, in einem kürzeren Seminar erfahrene Sonntagsschulleiter zu Trainern auszubilden, um sie dann in einem anschließenden Kurs für Anfänger selbst unterrichten zu lassen. Nun konnte sie diese Erfahrungen zusammen mit Susanne im afrikanischen Kontext einbringen.

... und auch in Nigeria

An den beiden überregionalen Seminaren in Kenia und Tansania nahmen auch Leiter des Gemeindeverbundes Charismatic Renewal Ministry (CRM) aus Nigeria/Westafrika teil. CRM ist eine Erneuerungsbewegung, die sich aus der katholischen Kirche heraus entwickelt hat. Sie umfasst etwa 600 Gemeinden. Pastor Leo, der Direktor der Kinderarbeit, lud die Mitarbeiterinnen von Brücke der Freundschaft und Beate zu einem Trainerseminar mit anschließenden Grundlagenseminaren nach Nigeria ein. Im August 2016 trafen Susanne aus Hongkong kommend und Beate dort ein. Sie führten zunächst einen Trainerkurs mit 25 Teilnehmern durch. Ein Teil dieser neu ausgebildeten Trainer führte dann – unter Anleitung von Beate und Susanne – parallel-laufende Grundlagenseminare durch. Beate und Susanne berichten, dass sie das Ziel, Multiplikatoren für den Gemeindeverbund auszubilden erreicht haben. Sie hätten dort motivierte Mitarbeiter mit einem Herz und einer Vision für das Erreichen ihrer Kinder mit der Guten Nachricht getroffen. Es ist für uns eine große Freude, dass nun auch im bevölkerungsreichsten Land Afrikas mit dem weltweit größten Anteil an Kindern und Jugendlichen unser Material helfen darf, die junge Generation dort tief in Gottes Wort zu gründen.

So hat Gott auch in Afrika Türen für eine Zusammenarbeit aufgetan, über die wir nur staunen und uns freuen können. Er, der gesagt hat: »Der Acker ist die Welt«, hat selbst Verbindungen geknüpft, über Jahre hinweg... Das ist für Gott, der jenseits von Zeit und Raum wirkt, kein Problem.

18. Gottes Gnade genügt

10 Jahre leben Ruth und ich nun schon im Haus Mamre der Christusträger-Schwesternschaft in Rödermark. Wir fühlen uns zu Hause in unserer Wohnung im ersten Stock mit einem kleinen Balkon, von dem aus man in einen ruhigen Garten sieht. Ruths Schwester Frieda war im Juli 2013 heimgegangen, bis zuletzt gepflegt von ihrer Schwester Luise. Etwas später hatte Luise die langjährige Hausmutter des WEC Vockenhausen in ihre Wohnung im Parterre eingeladen. So sind wir vier eine Haus- und Wohngemeinschaft. Wenn dann immer wieder einmal die eine oder andere oder auch zwei zusammen zu einem Einsatz in Asien oder zu einem Besuch in Ost Timor ausflogen, blieb keine allein zurück. Außerdem hatten wir in den Häusern Mamre und Moria Freunde in nächster Nähe, auf die wir uns verlassen können. Eigentlich hatten wir nach unserem letzten Seminar in Nagaland im Sommer 2012 nicht mehr vor, noch einmal nach Asien zu reisen.

Ein überraschender Vorschlag

Dann kam im Januar 2014 ein überraschender Vorschlag von Vernny, der in ihrer Situation in China gereift war. Warum nicht einige der tüchtigsten und begabtesten Trainer in der Sonntagsschularbeit aus China nach Indonesien einladen! Dort sollten sie den Ort kennenlernen, an dem die *Kreativen Bibellektionen* entstanden und in der Praxis getestet worden waren, ehe sie in andere Länder gingen. Vernnys Frage an uns: »Seid ihr bereit, ein einmonatiges Leiterseminar für diese Freunde zu planen, die seit Jahren unser Material für ihre Schulungen benutzen? Sie sind es, die die Arbeit weiterführen werden!«

Wir waren nach einigem Zögern bereit zu gehen. Trotz dieser Bereitschaft erlebten wir ungewöhnliche Schwierigkeiten, während wir uns vorbereiteten und uns auf den Weg machten. Genau so ging es Vernny und Tek Lie, die mit den zwölf Seminarteilnehmern unterwegs nach Indonesien waren. Diese Störungen hörten erst auf, als Ruth und ich und kurz darauf auch das Team aus China in Batu eintrafen.

Während der ersten drei Wochen waren wir in einem katholischen Rüstzentrum untergebracht, das außerhalb der Stadt Batu in einer Zitronenplantage lag. Diese Verborgenheit war gut, denn so waren wir ungestört und die Gruppe der Chinesen erregte unter der Dorfbevölkerung kein Aufsehen. Als wir uns am ersten Morgen im Speisesaal trafen, gab es eine frohe Begrüßung. Jesu Liebe verband uns trotz aller Sprachschwierigkeiten. Und dann durften die, die sonst andere lehrten, selbst aufnehmen!

In der ersten Woche stellte Traugott Böker Gottes suchende Liebe im Alten Testament ins Licht. Hanni Böker half den Teilnehmern zu verstehen, dass auch die, die andere unterrichten, seelsorgerliche Hilfe brauchen und wie diese aussehen kann. Wir beendeten diese erste Woche mit einem Abendgebet in der Kapelle. Da wurde manche Not vor Gott gebracht und auch Seelsorge in Anspruch genommen.

In der zweiten Woche legte Lexy Pello in einem Vortrag den Grund zu einem vielseitigen Camping-Programm. Das war sein Spezialgebiet, in dem er viel Erfahrung gesammelt hatte. Zum Wochenende lud er uns und alle Kursteilnehmer nach Junggo ein, wo wir auf dem weiten Gelände als Beobachter an einem zweitägigen Camping teilnehmen konnten. – Mein Spezialgebiet waren die verschiedenen Altersstufen und wie man jeder Altersstufe das bieten kann, was sie in ihrer Entwicklung geistig und geistlich fördert. Ich stellte dann das Material für die Dreijährigen vor, das noch wenig bekannt war.

In der dritten Woche durften Lies Pello und ich in unserem früheren Haus Tekoa, das von einer Sozialarbeit übernommen und ausgebaut worden war, eine Kinderstunde für Dreijährige halten. Die Seminarteilnehmer beobachteten still und besprachen sie später in einer abschließenden Runde. Sie erwarten nun gespannt die Herausgabe dieses Materials in ihrer Sprache. – Die Erwartung wuchs, als Eunike Pello und Ruth auch das kommende für zwei Jahre geplante Material für die 12- bis 14-Jährigen vorstellten, an dem sie arbeiten. Denn für diese Altersstufe gibt es sehr wenig Anleitung für einen kreativen biblischen Unterricht.

Ein absoluter Höhepunkt der zweiten Woche kam, als alle Teilnehmer in gemeinsamer Arbeit eine Ausstellung des Bildmaterials für die acht Jahre des schon zur Verfügung stehenden Sonntagsschulmaterials veranstalteten. Wir staunten über die Fülle der biblischen Geschichten, die die Kinder im Lauf der Jahre Sonntag für Sonntag aufnehmen dürfen und die mit Hilfe der Bilder in ihrem Gedächtnis und in ihren Herzen haften bleiben.

Am Karfreitag verließen wir unser Gartenparadies und zogen nach Junggo um, wo Lexy und Lies mit ihrem Stab uns erwarteten und uns nach Strich und Faden verwöhnten. Dort in Junggo erlebten wir die letzten Tage unseres Beisammenseins. Der Abschied fiel allen schwer, besonders Vernny und Tek Lie. Wussten wir doch nicht, ob wir uns noch einmal wiedersehen würden!

Abschied

Aber auch das schenkte der Herr. Im April 2016 konnten wir Vernny und Tek Lie für drei Wochen zu uns nach Rödermark einladen. Nur mit großer Mühe hatten sie ihre Papiere für diesen Deutschlandaufenthalt erlangt. Wir genossen die Zeit vom ersten bis zum letzten Tag. Als sie dann nach

China zurückkehrten stand schon der nächste Einsatz vor der Tür. Sie hatten kaum Zeit ihre Koffer auszupacken als sie schon ihre Wanderschuhe anziehen mussten. Nach einer vielstündigen Busfahrt in den Norden leitete sie ein kundiger Führer über oder vom Regen ausgewaschene Bergpfade ins Lisu-Land. Dort, auf dem »Dach der Welt«, wartete eine große Gruppe von Lisu-Leuten aus vielen Dörfern auf sie. Auch sie hatten kein Material zur biblischen Unterweisung ihrer Kinder und wollten lernen, wie man Gottes Wort interessant weitergibt. Reich beladen mit Bildern und Büchern zogen sie am Ende des Kurses in ihre Dörfer zurück.

So durften wir erleben, wie Gottes Gnade sich über ganze Länder des asiatischen und afrikanischen Kontinents spannte. Deshalb wollen wir Gottes Führung vertrauen, auch wenn wir nun die Verantwortung für die Arbeit aus der Hand gelegt haben. Wir sind froh und dankbar, dass andere sie weiterführen. Gottes Verheißung galt von Anfang an auch immer Kindern und Kindeskindern.

Nachwort

»Der Acker ist die Welt.«

Dieser Satz, den wir unserem Buch als Titel gegeben haben, stammt aus einem Gleichnis Jesu (Matthäus 13,38). Jesus selbst ging ganz selten über die Grenzen Palästinas hinaus, obwohl sein göttlicher Auftrag der ganzen Welt galt! In Palestina wurde der Grund gelegt. Aber nach seinem Tod und seiner Auferstehung gab Jesus vor seiner Himmelfahrt seinen Jüngern den Auftrag: »Gehet hin in alle Welt und machet zu Jüngern alle Völker. Lehret sie halten alles, was ich Euch befohlen habe. Und siehe, ich bin bei euch alle Tage, bis an der Welt Ende.«

Gott hat auch uns, die wir unsere Geschichte in diesem Buch erzählen, auf den Acker der Welt geschickt. Unser Teil war die junge Generation und die, die Gottes Wort in ihre Herzen pflanzen sollten.

Auf dem Acker der Welt wächst eine Generation nach der anderen der Ernte Gottes entgegen. Vielleicht gehören unsere Kinder denen wir heute die biblischen Geschichten erzählen schon zu einer der letzten Generationen vor dieser großen Ernte. Deswegen dürfen wir nicht nachlassen mit der Aussaat des Wortes Gottes, damit Glauben wachsen kann.

Anni Dyck

Gute Worte sind Bäume ins Erdreich des Herzens gepflanzt

Sätze, die mein Leben prägten

Es gibt Sätze, die unser Leben zerstören können. Und es gibt Sätze, die aufhorchen lassen, Richtung weisen, zum Guten verändern, vor Irrwegen bewahren. Anni Dyck erzählt in diesem Buch von der Wirkung solcher ermutigenden und hilfreichen Worte in ihrem Leben. Empfangen von Freunden, von Kritikern, aus Gottes Wort und manchmal auch direkt aus seinem persönlichen Reden.

Entstanden ist so nicht nur ein lebendiges und persönliches Stück Missions- und Reich-Gottes-Geschichte aus über 50 Jahren, sondern auch eine Anregung, selbst über Sätze nachzudenken, die das eigene Leben geprägt haben.

Ein ehrliches und lebensnahes Buch, das Mut macht, Gottes lebendiges Wort ganz persönlich zu hören, sein Reden ernst zu nehmen und sich seiner Leitung anzuvertrauen.

»Wer Lebensfreude gewinnen will, der greife zu diesem Buch.« *Zeitschrift LebensLauf*

176 Seiten, gebunden, Format 13,5 x 21 cm
Bestell-Nummer 588 744, ISBN 978-3-86256-011-0
Neufeld Verlag, Schwarzenfeld 2011